法哲学叢書 10

遵法責務論

横濱竜也

弘文堂

まえがき

わたしのことを人はがん固者、わからず屋というかもしれぬ。現世でどのように思われようと後世が必ず正義を証明してくれる。わたしはそれに喜びに感じて、いままでもやってきたし、これからもやっていく。蜂ノ巣城の落城を世間は室原の敗北とみるかもしれぬが、わたしは敗けたとは思わぬ。強がりでもなんでもない。勝ちとか負けとかいうことは、とことんの結果をみてもらわねばわからぬことだ。蜂ノ巣城の落城はまだ長い闘争の一現象にしか過ぎぬ。

こんどの代執行で城は落ちたが、建設省と警察が法も情けも踏みにじった無謀が白日のもとにさらされ、天下の人に知れわたったことは厳然たる事実だ。世間の批判も出てくるだろうし、出てこなければウソだ。……法にかない、理にかない、情にかなう。これが民主的なやり方だ。それを破った建設省を歴史の審判が許すはずがない（松下 1989、287-288頁）。

不正な法に従う道徳的義務はあるか。本書はこの問いに答えるために書かれた。問いに対する著者の解答がどのようなものかは、本文を読んでいただくほかはない。しかし、本書を手に取られた方のうちどれだけが、この問いを共有しているだろうか。むしろ違和感をもつ方のほうが多いかもしれない。不正な法があったとしても、それに従わず道徳的に正しい行為をすればよいではないか。そういう振る舞いのどこに問題があるというのか。あるいは仮に不正な法に従うとしても、それは法に背いて制裁を被ることが自分にとって損だからで、それ以上ではない。

そういう態度に何の問題があるというのだろうか。どちらの考え方をするとしても、不正な法に従うことが道徳的義務であり、損得勘定は関係がない、などということにはならないはずである。

実は著者自身、遵法責務論を研究し始めた当初、同様の違和感を抱いていた。不正な法に従う道徳的義務なるものつまり遵法責務の正当化根拠を探るなどというのは、法に対して行きすぎた思い入れのある者、法に憑りつかれた者のなすことだろう。もっと淡泊に、冷静に法を捉えるべきではないのか。

しかし研究を進めていくうちに、著者は、遵法責務論を単なる法に対する過剰な思い入れや憑りつかれとして片付けることができなくなった。そのきっかけの一つが、冒頭に挙げた、松下竜一『砦に拠る』に記されている室原知幸の言葉である。

室原は、大分県と熊本県にまたがる下筌ダム建設に反対した。建設決定の際、ダム建設地選定が適切でなく、また水没予定地の住民に十分な説明が行われていないというのがその理由だった。彼は、土地収用を阻止すべく、ダム建設地に砦（「蜂ノ巣城」）を築き組織的抵抗を行った。同時に、下筌ダム建設を含む筑後川総合開発事業の事業認定の無効確認を求めて、行政訴訟を起こした。行政訴訟は不慮の事情で休止満了となった。そして蜂ノ巣城も行政代執行により「落城」した。しかし室原は、敗勢が明らかになってもなお、孤立無援であっても、捨て石となることがわかっていても、ダム建設地に居座り、最後の最後まで抵抗し続けたのであった。

室原のダム建設反対に理があるかどうかは議論の分かれるところである。しかし著者にとって示唆的なのは、室原が文字どおり人生を賭けてダム建設に反対し続けたその動機の一つが、法に対する彼の強いこだわりだというところである。下筌ダム建設が誤りであることを明らかにするために、法的に認められたあらゆる手段を尽くして、時に違法行為に訴えその制裁を甘受しても、敢然抵抗する。抵抗し続ければ、いつか、自分の生きている間ではなくても、世間は行政の判断の不正に気付き、ダム建設を批判するはずだ。

法はどうであれ道徳的に正しい行為をすればよい、あるいは法の制裁を避けて不正な法に従っていればよい。そのように考えている限り、室原のこだわりは理解しきれないだろう。彼が行っていることは、法的制裁がもたらす自らの犠牲を顧みず、法の不正を暴き、それを是正することだからだ。そこまで法に付き合うことにいったいどんな意味があるのだろうか。はたして法は室原のこだわりに見合うものなのか。

このように考えたとき、遵法責務を正当化することにどんな意義があるか、著者にはほの見えるようになってきた。遵法責務とは、単に不正な法に唯々諾々と服する義務ではない。法的制裁を甘受しながら、不正な法を是正する負担を負う義務でもある。その負担を誰にどれだけ分配すべきか問題となるし、そもそも法がいつ負担に見合うものとなるのか、その条件も明らかにしなくてはならない。本書はこの課題に取り組むものである。課題の解決が成功しているかどうかは、読者に判断してもらうほかない。しかし成功の見通しがある限り、遵法責務論は真面目に問うに値する実践的問題である。

遵法責務論を長く研究しているうちに、問いに憑りつかれ、ミイラ取りがミイラになってしまった。著者に対してそういう診断を下す読者がいたとしても不思議ではない。しかしそのような読者にとっても、著者がなぜミイラになったか、その経緯をたどることは、新たなミイラを増やさないようにするために有益であるはずだ。もちろん著者自身は、遵法責務論がミイラだなどと考えてはいない。いまなお、そしてこれからもずっと、生きた問いである。遵法責務論が本当に「生命」を有しているのか、どうすれば「命脈」を保つことができるのか、本文にお付き合いいただき見定めていただければ幸いである。

二〇一六年六月

横濱　竜也

遵法責務論◎目次

第二部　政治的責務論

はじめに

本書の目的は、「不正な法もまた法であるか、我々の国の不正な法に服従する道徳的義務は存在するか」という問いに答えることである。

この問いは、プラトンの初期対話篇『クリトン』におけるソクラテスの議論を一つの嚆矢として、長く問われてきた。ソクラテスは、冤罪で訴追され、死刑判決を受けた。彼は、道徳的に不正な行いをすることは自分自身にとって悪であると説いていた。それにもかかわらず、不正な判決に従って死刑を甘受した(1)。いったいなぜ、ソクラテスはこのようなことをしたのか。彼の死刑の甘受がただの犬死でなく、道徳的な振る舞いであるとすれば、それはどういう根拠に基づくものであろうか。

この問いに直面するのは、不正な法に従う者だけではない。不正な法に対して、道徳に従って敢然抗議すべきと考える者もまた、応答を迫られてきた。奴隷制度とメキシコ戦争に反対し、人頭税の支払いを拒否したH・ソローは、その著書『市民的不服従』で、自らの良心に反して法に従うべきではないと説いた（Thoreau 2014, p. 2）。しかしその彼も、税法違反に対する処罰には服し収監されたのである。公民権運動を主導したM・L・キングJr.は、『バーミングハム監獄からの手紙』において、「正しい法に対して服従する責任は法的なもののみならず、道徳的なものでもあるが、反対に不正な法に対しては不服従する道徳的責任を有するのである。私は「不正な法は法ではない」とする聖アウグスティヌスに賛成したい」と述べる。それにもかかわらず、同じ手紙のなかで「不正な法を破る者は、おおっぴらに、誠実に、また自ら望んで刑罰を受容せねばならない」と説く（King 1991）。

ソローやキングは、一見したところ妙である。一方で不正な法に従うべきでないと言いながら、他方で違法行為に対する刑罰には服すべきだと言う。不正な法も刑罰も無視して、道徳的に正しいことをせよと言うのであればわかりやすい。なぜそう言わなかったのだろうか。彼らの議論はただ混乱しているだけなのだろうか。そうでないとすれば、どのように整合的に理解できるか。

ソクラテスとソローとキングの言い分を真面目に受け取るとしよう。そうすると、次のようなことになる。我々は、道徳的に正しいことをすべきである。だとしたら、不正な法に従わなくてもよい、いやむしろ従ってはならない、ということになりそうである。しかしさにあらず、我々は不正な法に従う道徳的義務を負う。それだけではない。不正な法に対して、道徳に従って断固異議申立てをし、その上で法の定める刑罰に服さなくてはならないのである。このような義務は、いったいどうすれば道徳的に正当化できるのであろうか。

これこそ、本書が取り組む問題、すなわち遵法責務問題である。遵法責務問題に答えるためには、不正な法に抗して道徳的に正しい行為を行ったにもかかわらず、その法に従い処罰を甘受すべき理由を示さなくてはならない。別の言い方をすれば、遵法責務問題に取り組むとは、法と道徳とが衝突する場面で、最後には道徳を犠牲にして、法に従うべき理由を明らかにするということである。


遵法責務問題は、我々にとって馴染み深いものであると思われる。我々が生きているのは、あらゆる法が道徳的に正しい理想社会ではない。不正な法が存在する非理想社会である。読者のなかには、道徳に反する法がまかり通っていることに憤り、そのような法に従うことをためらったことがある者も少なくないだろう。

しかし、我々のみるところ、理論的には遵法責務問題に十分な関心が向けられてきたとは言えない。なぜか。主に二つの要因を挙げることができよう。一つは、政治理論において、遵法責務問題を、もっぱら国民相互の関係性の問題としてのみ捉える傾向がみられることである。例えば、我々が国民となることに同意している限り、国家が決めたこと、命じたことの中身が何であれ従うべきだとする、ある種の社会契約論的な議論を考えてみよう。法に従うべきなのは、法が国家の決定や命令として存在しているからである。しかし、このような議論では、法と道徳の衝突に対する関心は、二次的なものになりかねない。法に従うべき理由は、我々が国民となることに同意したことにあるのであって、法が道徳的に正しかろうと正しくなかろうと関係がない。ここでは、不正な法の存在にとまどい、従うことをためらう我々の姿は、主題化されないのである。

もう一つの要因は、法概念論にみられる、遵法責務問題を等閑視する傾向である。法概念論とは、法一般がいかなる性質を有するかを解明するものである。そして、法と道徳がいかなる関係にあるかは、法概念論の主要問題の一つである。しかしそれにもかかわらず、遵法責務問題が法概念論――少なくとも戦後法概念論――の主たる関心であったとは言い難い。そこでは、法概念論は、実際に存在する法すなわち「在る法（law as it is）」の経験的で価値中立的な記述に従事するものとされる一方で、法が有すべき価値とは何かに関する規範的議論は、もっぱら法のあるべき姿――「在るべき法（law as it ought to be）」の構想――を示す正義論に局限されてきた。「在る法」の経験的記述と「在るべき法」を示す正義論の間で、「在る法」に従う道徳的義務があるかどうかは、法概念論の関心から抜け落ちてきたのである。

本書の狙いは、このような政治理論と法概念論のすきまを埋め、不正な法に直面し、ためらいながらも従う態度が、どのような道徳的意味をもつかを明らかにすることにある。

しかし、遵法責務問題を考えることは本当に必要なのだろうか。そもそも法が不正であるにもかかわらず、なおそれに従う道徳的義務があるとはいったいどういうことなのか。例えば、ニュルンベルク法――ドイツ国内のユダヤ人の市民権を剥奪する法――やアパルトヘイトを考えてみよう。ユダヤ人や有色人種の人権を平気で蔑ろにするこれらも、法という名が付いている限り法なのだとすれば、遵法責務なるものを観念するのはそもそも誤りではないだろうか。

遵法責務論の必要性については、別の方向からも疑われうる。我々はたいがいの場合、法に従って生活しているが、その動機は何だろうか。法が道徳的に正しいからと答える者は、さほど多くはないだろう。正味のところで言えば、法に背いた場合にいかなる制裁を被るか、また法の言うとおりに行動した場合どんな利得があるかを考えるのではないか。そういう動機で法に従っている者にとって、遵法責務問題は的外れか、そうでなければ余計である。法に従う場合と背く場合の利害勘定だけで行動するならば、不正な法に従うことの道徳的意味などというものを深刻に捉える必要はない。法に従うべきかどうかを利害勘定だけで判断してはならず、どのように行動するのが道徳的に正しいかを考えるべきだというのであれば、正しい法にだけ従っていればよく、不正な法に従うことが道徳に適うかどうか悩むのは時間の無駄である。遵法責務論はよくても回りくどいもの、悪くすると、ありもしないもののことをあると言いかねない誤ったものではないのか。(2)

L・フラーはこのような疑問に答え、遵法責務問題が真正の問題であると述べる。戦後のドイツ再建期においてなされたいわゆる「過去の克服」を想起してみよう。そこでは、ナチスドイツの法律に従ってなされた非人道的行為に対し、刑事責任が問われた。裁判官は葛藤を抱えることになる。ナチスの法律をそのまま適用して被告人を無罪とするのは、道徳的に許し難い。かと言ってその法律が不正であるゆえにそもそも法でなく、したがって現行の西ドイツの刑事法を遡及適用し刑事責任を認めて全く差し支えないと判断するのも、ためらわれる。ナチスドイツに協力した人々のなかには、どんなに不正な法であっても、それが法的手続にのっとって作られたものである以上、服従すべきだと考え、非人道的行為に手を染めた者もいただろう。そういう者たちに、西ドイツの刑事法を遡及適用して有罪判決を下すのは、あまりに乱暴ではないか。

このような状況で、裁判官はどのように判断すべきなのだろうか。いかに邪悪な法律であっても法ではあるが、遵法責務の根拠となるような価値を法一般に認める必要はない、道徳的に正しい内容をもつ法にだけ従っておけばよい、というのでは、自らの良心に反してナチスの法律に従った者にとってあまりに酷であろう。法に服従すべき理由は法が道徳的に正しいこと以外にはありえないと考えて済ませることも、また同様に不十分である。もし、法概念論が裁判官の葛藤を解決する道筋を示そうとするのであれば、まず不正な法に従う道徳的義務が存在すること、しかもその義務が、その法に従わないことを是とする道徳的理由と競合するだけの重要性を有すること、これらを説明する必要があるだろう。その上で、ナチスの法律について、遵法責務と不正な法に従わない道徳的義務といずれがより優越するかを考えなくてはならない。あるいは、もしナチスの法律があまりに邪悪でそれに服従する道徳的義務を認めることすら許されないというのであれば、法が遵法責務の対象たるに値するのはいつか、値するための条件は何かが明らかにされねばならないのである（Fuller 1958, pp. 648-657）。

同様の問題は、一九九〇年のドイツ再統一後の二度目の「過去の克服」についても生じる。そこでは、旧東ドイツで行われてきた人権侵害や法の歪曲に対し、それらに加担した市民、それらを指導した政府・党幹部の刑事責任が、司法の場で追及された。なかでも、いわゆる「壁の射手」事件——国境を越えて西ドイツへ亡命しようとする市民を、国境警備兵が、政府の命令、また国境法や東ドイツ刑法に従って射殺した事件——では、元国境警備兵を処罰する法的根拠として、——「ラートブルフ公式」が持ち出された。

ラートブルフ公式は次の二つからなる。第一に、ある法律において「正義の追求が全くなされない場合、正義の核心をなす平等が意識的に否認された場合」には、それは不正な法であるのではなく、そもそも法としての性質を有さないものとすべきだとする、「否認」公式である。第二に、法律と正義の矛盾が耐え難い程度に達している場合には、法が何を禁止し何を許容するかに関する人々の期待の安定を、正義よりも優先することは許されないとする、「耐え難さ」公式である（参照、横濱 2009、54-59頁）。

R・アレクシーは、この「耐え難さ」公式を支持し、過去の邪悪な体制下での遵法行為も時に処罰の対象とすべきであると考え、それを裏付けるために以下の議論を行う。まず遵法責務が、法に背いて道徳的に正しい行為を行う義務よりも優越しうる重みを有するためには、法が「正しさの主張（a claim to correctness）」を有すること、そして「正しさの主張」に見合う内容を法が有することが必要である。法の内容の明確さや遡及法禁止などの手続的条件のみでは、「正しさの主張」を認めるに値しない邪悪な法律が制定されるのを食い止められない。また法の妥当性の条件に、法の内容の道徳的善し悪しの考慮を含めることを批判する法実証主義的議論は、次のような内在的限界を有している。法実証主義が重んじる法の実効性の考慮は、ナチ体制のような邪悪な体制下の不正な法に従うことを是とするだけで事足れりとしていてはならない。その国の体制が転換し、前体制の不正な法への服従が、より正義に適う法によって裁かれることになる可能性も考えなくてはならない。また、法実証主義と民主的意思決定過程の結果を尊重する態度とは親和性が高いとされることが多いが、肝心なのはなぜ民主的意思決定過程の結果を尊重すべきなのかである。その理由によって尊重すべき結果とそうでない結果とが区別されるのであり、民主的決定の結果を、善し悪しを度外視して手放しに受容すべきとは言えない（Alexy 1999, pp. 28-39）。

アレクシーの「耐え難さ」公式の擁護は十分とは言えない。とくに、遵法責務が、法に不服従することを是とする他の道徳的義務に対して優越するものとなるために、法がどれだけの内容を有さねばならないか、明確に示されていない。しかもこの問いへの応答は極めて論争的である。しかしアレクシーの如上の議論もまた、不正な法が遵法責務に値するための条件を探求するものであり、遵法責務問題を問う動機の所在を示すものであると言えよう。

さらにアパルトヘイトについても同じことが指摘できる。D・ダイゼンハウスは、アパルトヘイトのような不正な法をそもそも法として扱うべきではなく、法が法であるためには基本権など国民の間で共有された信念に適合するものである必要があると説く（Dyzenhaus 1999）。これに対し、A・ファーガンは、法とは、可謬的存在である人間が、その制定や適用を通じて自らの道徳判断を改善していく場だとする。彼の考え方からすれば、法が基本権などの実体的道徳と適合していることを法の存在条件とすべきではない。なぜなら我々が誤った判断を下し、不正な法を生みだす可能性を予め排除することはできないからである。ファーガンの結論は、フラーの法内在道徳のような手続的条件を満たしている限り、不正な法も法であり、それゆえアパルトヘイトも法であるというものである（Fagan 1999）。アパルトヘイトが遵法責務に値するかどうか、その根拠は何かも争われているのであり、このこともまた遵法責務問題が問われるべき問いであることを裏付けるものであろう。

本書の企図は、遵法責務問題に対して応答すると同時に、遵法責務問題が問うに値するものであることを示すことにある。より詳しく言えば、政治的責務論と記述的法概念論の間で十分な関心を向けられてこなかった遵法責務問題の復権の道筋を示すことである。

この企図の実現のため、本書は、以下のような構成をとる。(3) まず第一部で戦後法概念論が遵法責務問題にどのように対応してきたか、主要な事例を紹介し批判的に検討する。議論の焦点をスローガン的に言えば、「法服従の合理性から法内在的価値へ」である。遵法責務の正当化が成功するためには、法に従えばよりよく道徳的義務を果たせること——その意味で法服従が合理的であること——を示そうとしてもうまくいかない。法が法であるゆえに有する独自の価値に基づいて正当化することが必要である。ではそのような法内在的価値とはいったい何か。この問いへの応答が、第一部の終着点である。

しかし、第六章で明らかになるように、法内在的価値だけでは遵法責務の正当化は成功しない。法内在的価値の最も有望な候補は、法の正義要求であるが、その成否は政治的責務の正当化によって左右されるからである。そこで第二部では、第一部で得た知見を踏まえつつ、現代政治理論における主要な政治的責務論を、順に検討していく。検討を経てたどり着く地点を予示すれば、以下のようになる。遵法責務の正当化根拠は、統治者が法を通じて行う正義要求と、それを成り立たせる被治者から統治者への敬譲である。数多くの法概念論や政治的責務論が遵法責務の存在を否定しており、それらは遵法責務問題の意義自体を疑わせるものでもあった。しかし、遵法責務の正当化がこのようにして成功しうることを示せる限り、遵法責務問題は真正の問題であり続けるのである。

はじめに　注

（1）『弁明』において、ソクラテスは、ソフィストまた当時のアテナイの為政者アニュトスらにより冤罪で訴追され死刑判決を受けた。しかし『クリトン』においてソクラテスは不当な判決であるにもかかわらず、死刑を免れるために別のポリスへ亡命することを勧めるクリトンの提案を断り、不当な判決に対しても服従すべきであることを、国家と国民との関係と親子関係のアナロジー、国民は国家領域内に居住し続けることにより（暗黙に）国家に属しその決定に服することに同意しているとする同意理論、さらに不服従が法秩序に破壊的帰結をもたらすとする議論を提示して正当化した。これらの議論が、政治的責務の正当化として成功しているか否かは、それぞれ第十二章二、第七章、第九章で検討する。

（2）この段落と前の段落で示された遵法責務問題への懐疑は二方向からのものである。一つは、法と道徳の結びつきが偶有的なものであることを真正面から認め、あらゆる悪法を法として扱う傍らで、法に遵法責務を正当化しうるに足る内実を一切認めない法実証主義からのものである。もう一つは、法が従われるべきであるならば、その理由は法が道徳的に正しいから以外に基本的にありえないとする自然法論からのものである。これらの懐疑の詳細と、我々からのより十全な応答は、第三章、第四章で示す。

（3）より詳細な内容予告は、第一部、第二部の冒頭で行う。

第一章　序論――理論的前提

「はじめに」でも述べたとおり、本書の目的は、「不正な法もまた法であるか、我々の国の不正な法に服従する道徳的義務は存在するか」という問いに答えることである。この問いは旧来、遵法責務[1]（obligation to obey the law）問題――不正な法を含み、自らの属する国家の法一般に服従する責務を道徳的に正当化できるか――として扱われてきた。

遵法責務問題が我々にとってとくに切実になるのは、不正な法に直面して従うべきか否かを判断しなくてはならないときである。自らの道徳的信念にそくして法に背くべきか、それとも信念に背いて法に従うべきか。いや、「はじめに」で触れた市民的不服従者のように、敢えて法に背き、その制裁を甘受しながら、異議申立てを行い法の是正を企てる、という対応もありうる。しかし、いずれにしても、不正な法に対してどのような態度をとるべきかを考えなくてはならない。

遵法責務問題への応答は、第二章以降で行っていくことになるが、それに先立って、本章では遵法責務論の理論的前提について、いくつか論じておきたい。遵法責務論の理論的前提に関わる問題としては、以下のようなものがある。

① 遵法責務は「一応の義務」であるかどうか

遵法責務は、しばしば「一応の義務[2]」であると言われる（Cf. Simmons 1979, pp. 24-28）。次の事例を考えてもらいたい。ある先進国の法は、納税義務を定めており、税率は非常に高い。ある国民は、「アフリカの人々が貧困にあえいでいるのに、自分たちは福祉も教育も充実している環境で生活しているというのは、世界正義に反する。先進国と途上国の格差を少しでも是正するために募金することが道徳的義務である」と考えた。しかし、税法にのっとって納税してしまうと、手元に残る金で日常生活を賄っていくのが精一杯で、とても募金する余裕がない。このような場合、彼女が税法に背くことは、道徳的に正当化されないのだろうか。

ここで問われていることの一つは、遵法責務と世界正義の衝突をどうやって解決すればよいかである。(3) この衝突を次のように捉えたとすればどうであろうか。遵法責務は一つの道徳的義務である。したがって、何の道徳的理由もなく、ただ気に入らないから、ということだけで、納税義務を果たさないのは許されない。しかし、遵法責務だけが道徳的義務であるわけではない。世界正義の実現もまた道徳的義務である。我々は、遵法責務と世界正義という二つの道徳的義務を天秤にかけ、より重いほうに従うべきだ。そして、我々は、より重い道徳的義務が出てこない限り、遵法責務を負うべきだ。このような意味で、遵法責務は、多くの道徳的義務のうちの一つであり、我々が最終的に負うべき道徳的義務を確定するものではない。「一応の義務」である。

遵法責務を「一応の義務」として捉えるこのような考え方は、我々に安心感を与えるものでもあるだろう。国民全員にとって道徳的に正しい法であっても、世界全体から見ればそれに従うことが正義にもとる場合もあるかもしれない。あるいは、国民の大多数が正しいものと信じている法でも、一部の国民にとっては不正以外の何物でもないということもあるだろう。そこで、国民はどんなことがあっても遵法責務を負い、果たさなくてはならないということになれば、遵法責務が道徳に適っているものだと説くのに少なからぬためらいが生じるだろう。だが、遵法責務が「一応の義務」であって、他の道徳的義務により覆される可能性があるということならば、それが道徳的に正当化されると述べても、我々の道徳的直観に抵触しにくくなるだろう。

しかし、遵法責務を「一応の義務」として扱うほうが無理がなさそうだということであるとしても、「一応の義務」とは何を意味しているのか、義務にいかなる地位を与えることなのかを明確にする必要がある。**一**では、簡単ではあるが、そのための議論を行いたい。

② 遵法責務は個別的か

「はじめに」でも触れたように、本書において遵法責務とは、「国民が自らの国の法全てに従う責務」である。別の国の法や国際法に従っても、遵法責務は果たされない。(4) つまり遵法責務は、個々の国民がその国の法に従う特別な義務であって、責務の名宛人も責務の対象も国内に限定される。(5) このことを、遵法責務の「個別性（particularity）」と呼ぶ。

しかし、遵法責務が個別的であることと、遵法責務が道徳的義務であることとは、両立するだろうか。次のような事例を考えてほしい。(6) ある国Aは地域連合Bに加盟している。ある時、Bにおいて人権条約が締結された。しかし、A国は批准しなかった。ここでA国の国民Xが、人権条約には適合しているがA国の法には適合しない人権保障を求めて、Bの裁判所に提訴して訴えが認められ、さらに裁判所の判断を楯にA国の法に公然と背いたとしよう。もしこの人権条約が正義に適ったものであるならば、Xは道徳的義務に反すると言えるだろうか。正義があらゆる人々に当てはまる普遍性を有するならば、遵法責務を負わなかったとしても、道徳に反しないのではないか。

このような問いに答えようとすれば、少なくとも、遵法責務が個別的であることを道徳的に正当化する必要がある。つまり、自らの国の法よりも正義に適った法があるとしても、常に後者に従わず前者に従う、そういう責務が、どうやって道徳的に正当化されるのか。遵法責務論はこの問題に答えなくてはならない。このことは、一般に「個別性の要請（particularity requirement）」と呼ばれている（e.g. Simmons 1979, pp. 31-35）。**三**で遵法責務が正当化されるための条件を論じる際、「個別性の要請」についても改めて取り上げたい。

③　法に従うとはどういうことか

繰り返しになるが、遵法責務とは国民がその国の法全てに従う義務である。しかし、法に従うとは、いったいどのような振る舞いを指すのであろうか。例えば、Xは、法によるわいせつ規制が正義に適っているとも思っていないし、遵法責務が道徳的に正当化されるとも思っていないが、法に背いて制裁を科されるのが嫌なので、規制に従っているとしよう。他方、Yは、Xと同じくわいせつ規制を不正だと信じているが、遵法責務ゆえに法に背くことが道徳的に許されないと考えて、規制に従っている。Xの振る舞いとYの振る舞いは、道徳的に等価であろうか。

さらに、次のような事例もあわせて考えてほしい。Zは、日本の酒税法は、個人が酒を自家製造する自由を奪うもので、不正であり、廃止されるべきであると考え、敢えて規制に反する行動をとった。Zは取調べを受けている間、自らが違法行為を犯したことを素直に認め、酒税法の不正を説くほかは一切たてつかなかった。刑事訴追されたのち、裁判所でも同様の振る舞いであった。結局、Zには有罪判決が下った。しかし、Zの一連の言動は国民の関心を呼び、世論の後押しで酒税法が廃止されるに至った[7]。後述するように、Zの振る舞いは市民的不服従として扱うべきものである。Zは、酒税法に背いてはいるが、法制定・法執行・法適用の手続には従っている。しかも、Zの行動は、単に、自分が不正だと信じる法に背くものではない。不正な法が正規の手続に従って改善されるよう促そうとするものである。Zの市民的不服従は、法に従うものではないと言えるだろうか。

これらの事例は、遵法責務が法に対してどのような態度を採ることを求めるか、とりわけ遵法責務と市民的不服従とは相反するものなのか、という問いに関わるものである。この問いに答えるには、法の規範要求とはどのようなものか——法は国民が自らをどのように扱うことを求めるか——、という法概念論の主要課題に取り組む必要がある。第一部でこの課題に立ち入って議論するが、それに先立って二で、この問題に対する我々の立場を予め示しておくことにしたい。

一　一応の義務

1　一見自明な義務

遵法責務が「一応の義務」であるという考え方は、遵法責務にどのような地位を与えることになるか。この問いに答えるには、まずは「一応の義務」論で必ず参照される、D・ロスの議論から出発するのが有益であろう。

ロスは次のように述べている。我々には、義務を遂行することでいかなる帰結がもたらされるかにかかわらず、果たすべき道徳的義務が存在する。①明示的なあるいは暗黙の約束を守ること（約束遵守義務）。②過去に自らが行った不正に対して賠償すること（賠償の義務）。③過去に自らが受けた恩に対して報いること（感謝の義務）。④個々人の功績に見合わない財の分配を阻止すること（正義の義務）。⑤他人の徳や知識増大や幸福を促進すること（善行の義務）。⑥自らの徳や知識を増進すること（自己改善の義務）。⑦他者に危害を与えないこと。(8) これらは「一応の義務（prima facie duties）」である。「一応の」と呼ぶのは、それが本来の義務（duty proper）(9) を示すものではないからである。「一応の義務」は本来の義務に対しては、一見自明だが、実は見かけ上のものでしかない。また、「一応の義務」のうちどれが本来の義務になるかは、「一応の義務」の間の衡量によることになるが、上記の諸義務を衡量する一般的基準は存在しない。あくまで状況に応じ個別的に判断していくほかない（Ross 1930→2002, pp. 20-24）。

ロスの議論は、道徳的義務の衝突が存在するかという問いに対して、本来の義務においては衝突は存在しないと答えるものである。どういうことか、例を用いて説明しよう。XはYと、ある時間に駅前のホテルで会う約束をしている。Xが約束を果たすためにホテルに向かっていたところ、近くを流れる川で子どもが溺れていた。辺りを見回したところ他に通りかかる人や車はない。Xが川に飛び込み子どもを救助しない限り、子どもは確実に溺死する。しかし、子どもを救助していては、Yとの約束は果たせない。Xは一瞬悩んだのち、川に飛び込んだ。彼は子どもを救助する義務とYとの約束を守る義務のうち、前者こそが本来の義務だと判断したわけである。では、Yとの約束を守る義務のほうはどうなるのだろうか。ロスによれば、いま述べた状況に置かれていたXにとって、Yとの約束を守る義務は見かけ上のものでしかない（only of an appearance）ということになる（ibid., p. 20）。その状況では約束遵守義務は道徳的義務ではなかったのである。同じように、複数の道徳的義務が衝突しているように見えたとしても、ある状況で本来の義務であるのは一つだけであり、残りは見かけ上のものである。

しかし、そう考えるのが適切かどうか疑わしい。子どもを助けたXが、Yとの約束を破ったことを後悔したとしても、我々は不自然だとは思わないだろう。また、子どもを助けたのち、XはYに事情を話し約束を破ったことを謝罪したとしても、やはり不自然ではないだろう。そうだとすれば、子どもを救助する義務と並んでYとの約束遵守義務も、同じく本来の義務だったのではないか（Cf. Simmons 1979, pp. 27–28）。

2　ある程度の義務

ロスの「一応の義務」論をとらないとすると、我々は道徳的義務の衝突をどう理解すればよいのか。以下では、S・ハーリーによる「一見自明な（prima facie）義務」と「ある程度の（pro tanto）義務」の区別（Hurley 1989, pp. 130–135）を参照しつつ論じたい。

例えば、ロスの言う、善行の義務と正義の義務が衝突する状況を考えてみよう。善行の義務を果たそうとすると、個々人の功績を無視した財の分配を行うことになってしまう。逆に、正義の義務を守ると、相手に善をもたらすには不十分である。このような状況である。ロスの「一応の義務」論にのっとれば、善行の義務と正義の義務いずれも「一見自明な義務」である。しかし両者の義務の衝突は究極のものではない。いずれかの義務が全ての事情を考慮した道徳的義務（以下では、終局的義務と呼ぶ）となる傍ら、他の義務は道徳的義務としての力を失う。つまり、「一見自明な義務」は、他の「一見自明な義務」との関係によって、終局的義務となるかどうかが決まる（'relational form'）のであり、終局的義務こそが真正の道徳的義務である。そして、覆された「一見自明な義務」には、我々を道徳的に拘束する力は残っていないのである。(10)

一方、ハーリーの言う、「ある程度の義務」の概念にのっとるとどうなるか。善行の義務と正義の義務とが衝突しており、全ての事情を考慮して、正義の義務を果たすのが道徳的に望ましいと判断したとしよう。その場合でも、善行の義務は我々の振る舞いを裏付ける理由としての力を失わない。善行の義務は、全ての事情を考慮した義務を導き出すための、指標であり（'indexed form'）、全ての事情を考慮した義務が何か判断されたのちも、その指標としての力を保持し続けるのである。とりわけ、個々の状況で我々に当てはまる全ての義務を知悉することができないことからすると、衝突し合う義務が指標としての力を持ち続けることには意義がある。以上のような意味で、善行の義務と正義の義務との衝突は究極のものであり、それぞれは指標として機能するために必要な、一定程度の力をもつのである（ibid., pp. 133-134）。

道徳的義務が衝突する状況を記述する上で適切なのは、「一見自明な義務」「ある程度の義務」、いずれであろうか。1で述べたことを踏まえれば、我々の道徳的振る舞いに即しているのは後者であろう。「一応の義務」が、覆されたのちも、我々に一定の振る舞い（後悔や謝罪）を指示する力を有していることを考えれば、そのことは明らかである。

3　遵法責務は「一応の義務」か

2で述べたように、我々は「一応の義務」を「ある程度の義務」として捉える。つまり、「一応の義務」とは、全ての事情を考慮した道徳的義務ではなく、一定の限られた事情のみを考慮した道徳的義務である。考慮されていない別の事情が変わってくれれば、「ある程度の義務」は覆されうる。

さて、遵法責務は「一応の義務」であろうか。ＹＥＳと答えることにはかなりの説得力がある。判例変更について考えてみてほしい。ある判例が変更されるとき、裁判官が判例を根拠づけている理由に誤りがあったと認めることもあるが、判例において考慮していなかった別の事情が生じたため、判例を維持できなくなったと判断する場合も少なくない。つまり、裁判官は、いまや判例の射程を超える例外の存在を無視しえない、例外を射程に収めた新たな規準を作るべきだと考えるのである。このように判例が変更される余地が存在することを踏まえれば、法は一定の限られた事情を考慮して存立し適用されるもので、遵法責務は「一応の義務」だと理解すべきであろう。

しかし、遵法責務が「一応の義務」だとすると、ある不安が首をもたげてくる。我々が法を存立するとき、全ての事情を考慮しているとは決して言えないだろう。将来起こる事態を予期できないということもあるし、全ての事情を考慮していてはとても法をまとめあげることなどできないということもある。そうだとすると、考慮していない事情を勘案するたびに、遵法責務が覆されうる、ということになるのではないか。いつ覆されるとも知れない遵法責務を正当化することに、いったい何の意味があるのだろうか。

この不安に対しては、二つの返答が可能であろう。一つ目は、次のようなものだ。遵法責務――その正当化が成功するとして――だけでなく、ほとんどの道徳的義務もまた「ある程度の義務」である。遵法責務が正当化されたからと言って、我々の道徳判断が常日頃と別のものになるわけではない。ある道徳的義務が別の道徳的義務によって覆される事態は日常的に起こっているのであって、遵法責務が「ある程度の義務」だとしても、我々の日常は変わらない。

二つ目は、遵法責務が正当化されるかどうかで、考慮すべき事情が何かが変わってくる、ということである。遵法責務がなければ、我々は個々の法に従うべきかどうかを、さまざまな道徳的義務に照らして判断していくことになるだろう。問われるのはひとえに、個々の法に従うことで、どのような道徳的義務を果たすあるいは果たさないことになるか、そして全ての事情を考慮した場合、その法に従うことが道徳的に望ましいか否かである。しかし、遵法責務が正当化される場合には、我々の国の法全てに従う義務と、他の道徳的義務とを衡量することになる。遵法責務が正当化されるかどうかで、我々が道徳判断において考慮すべき事情の多寡が変わるのである。

我々はこの二つの返答で満足すべきだろうか。その答えは、遵法責務の性質をどう理解するかによって、また法と道徳の関係に関する法概念論上の立場によって変わってくる。したがって、本格的な回答は第一部を通して行うほかない。ただし、遵法責務の性質についての予備的考察は、二で行いたい。

二　遵法責務とは何をする責務か

1　法服従と法遵守

(1)　法に従うさまざまな動機

遵法責務は、国民にその国の法全てに従うことを求めるものである。しかし「法に従う」とはいったいどのような振る舞いを指すのか。交通法規に従う場合を考えてみよう。法定速度八〇キロメートルの高速道路を、一二〇キロメートルで走行するのは違法である。我々はなぜこのような制限を守らなくてはならないのだろうか。多くの者が法定速度を超えて走行すると事故が起きる危険が大きくなり、社会全体に望ましくない帰結がもたらされる、したがって法定速度を守って走行することが道徳的に正しい、と考える者（以下A）もいるだろう。一方で、次のように考える者（以下B）もいるかもしれない。一二〇キロメートルで走行しても事故のリスクがさほど高くなるとは思わない。少しでも早く目的地に着くためには制限速度を守らないほうがよい。けれども、制限速度違反で反則金を支払うのは嫌だ。制裁を回避するためには、制限速度を守らざるをえない。さらに、以下のように考える者（以下C）もいるだろう。Bが考えるように一二〇キロメートルで走行しても事故のリスクはさほど高くならない。けれども、交通法規が法である以上、従わなくてはならない。交通法規に従うべきか否かを考える際に、交通法規が我々の行動を正しく規制しているかどうか、また交通法規に従うことで我々個々人の利益が増えるか減るかは、問題ではない。交通法規が法であることだけで、それに従うべき十分な理由を与える。

AとBとCは、結果としてみな法に従っているが、その動機は異なる。Aは個々の法が、従うに値するだけ正しい内容を有しているかに関心をもっている。逆に言えば、個々の法の内容が従うに値しないものであれば従わなくてよいと考えている。これに対してBが法に従うのは、法に従わない場合より法に従った場合のほうが、自己利益がより大きいからである。Bにとって大事なのは、法に従うことで自らの利益が増えるか減るかである。Cの場合はさらに動機が異なる。Cが法を守るのは、法の内容が正しいからでも、法に従うと自己利益が増えるからでもない。法が法であること自体が、法に従うべき理由を与えるのである。

遵法責務問題を考える上でさしあたり重要なのは、BとCである。法の内容が正しくなければ従わないというAは、不正な法に従うべき理由を見出しえない(11)。一方で、Bは不正な法にも従う可能性がある。上記の例で、高速道路の制限速度が五〇キロメートルに変えられたとしよう。このような高速道路は役に立たない、制限速度の変更は道徳的に間違っている、と国民全員が考えている。そのような場合でも、速度超過の制裁いかんでは、Bは制限速度を守って運転するだろう。それでは、Bは遵法責務を果たしていると言えるだろうか。

⑵　服従問題としての遵法責務問題——ハートとグリーンの議論を手がかりにして

この問いを考える際に手がかりとなる議論を、H・L・A・ハートが行っている。彼は『法の概念』で以下のように述べている。

> ……法体系の存在にとって必要かつ十分な最低限の条件がある。一方で、その法体系の究極の妥当性の基準により妥当している行動のルールは、一般に服従されていなくてはならない。他方、法的妥当性の基準を特定する認定のルール、および変更、裁定のルールについては、公職者がそれを公職者の行動を規制する共通の公的規準として有効に受容していなくてはならない。第一の条件は、私人が満たす必要のある唯一の条件である。私人が究極の妥当性の基準により妥当する行動のルールに対して服従するのが、各々自分に関係するところのみだったり、また服従の動機も何であっても構わないとされる、という場合もあるだろう。しかし健全な社会では、私人が実際それらのルールを共通の行動の規準として受容し、ルールに対する服従責務を認めていることが多くあるのであり、さらに進んでこの服従責務からたどっていって、憲法尊重責務という、より一般的責務の受容へと至る場合もあるのである。第二の条件は当該法体系の公職者によって満たされねばならない。彼らはこれらのルールを公職者の行動の共通の規準として扱わねばならず、自らあるいは他の公職者のルールからの逸脱を違反行動として批判的に評価せねばならない。……第一次ルールと第二次ルールの結合があるところでは、……集団の共通の規準としてルールを受容することにより、一般人が各々自分の関係するところのみ服従することによりルールに黙従するという比較的受動的な状態から切り離されることもあるかもしれない。〔しかし〕極端な場合には、（「これは妥当なルールである」というような）法的言語の典型的な規範的使用を行う内的観点（internal point of view）は、公職者の世界に限られることになるかもしれない。この一層複雑な体系においては、公職者のみが体系の法的妥当性の基準を受容し使用するのである。そのような

社会は羊の群れのような悲しむべきものであろう。羊たちは屠殺場で生涯を終えることになるだろう。しかしだからといって、このような体系が存在しえないと考えたり、その体系が法体系としての資格をもつことを否定したりする理由はほとんど存在しないのである（Hart 1994, pp. 116-117、補足・傍点引用者）。

ハートがここで述べていることを、⑴の交通法規の例と結びつけて説明してみよう。Bが法に従う理由は、ハートの言う「私人が究極の妥当性の基準により妥当する行動のルールに対して服従するのが、各々自分に関係するところのみだったり、また服従の動機も何であっても構わない」の場合に該当する。Bが法に従うか否かを判断する上で重要なのは、法に従う場合とそうでない場合とで自らの利益がどれだけ多いかである。そうは言っても、法定速度を超過して走行することが時折あっても、信号無視は余程のことがない限りしないだろうし、左側通行を守らないことはまずないだろう。しかしBが法に従って行動する動機は、自己利益にある。

ハートによれば、私人がBと同じように、動機はともかくも、おおよそ法に従って行動しているということが、法体系が存在するための必要条件である。いかに正しい内容をもったルールを定めたとしても、多くの人々がそれに違反して行動している限り、そのルールは法体系の一部とはならない。

しかし、法体系が存在するためには、私人が概して法に違反しないということだけでは不十分である。法を存立し適用する人々（彼らを「公職者〔officials〕」と呼ぶ）が、法を規範として扱うことが必要だ。ハートによれば、法を規範として扱うとは、法の存立と適用の仕方に関わるルールを、人々が自らの行為を導く規準とするということである。ハートの言葉を用いれば、第一次ルール（primary rule）——我々の行動を直接拘束する「責務のルール」——と、第二次ルール（secondary rule）——第一次ルールの妥当性の存否を認定する「認定のルール」、既存のルールの変更の手続的条件を定める「変更のルール」、さらに裁判所における個別の事例に対するルールの適用の手続的条件を定める「裁定のルール」――を分けた場合、法体系が存在するためには、公職者が第二次ルールを「内的観点」――法を自らの行為を導き、法に背く行動を批判する根拠として扱う態度――で捉えることが必要である。

私人については、法を自分の行為を導く規準として扱わなくてもよい。自己利益のために、法の伴う制裁を避け法の言うとおりに行動するというのでも、さらに、たまたま法が求めるところと一致する行動をとる動機を有していたというのでも構わない。仮に、私人が自らの行為が正しいのかどうかを考えずに、従順に法の言うとおりに振る舞い、家畜同然の存在に成り果てていたとしても、そこに法が存在しないと言うことはできない。しかし、公職者は違う。彼らが、法が法であるゆえに、法に従い、法に従わない行為を批判する態度を採るのでなければ、そこには法は存在しない。

交通法規に対するCの態度を考えてほしい。Cは交通法規が法である以上、それが自己利益に適うかどうか、道徳的に正しい内容を有しているかどうかによらず、従うべきだと考えるのであった。法が法であるゆえに従うべきだとするCのような者こそ、ハートの言う内的観点を有しているということになる。

ここで、我々が法に従う際に、内的観点をもって法を扱う場合とそうでない場合、二つの態度が成り立ちうることがわかるだろう。さらに、L・グリーンによる以下のような指摘もあわせて考えてみよう。

> 我々は習慣や自己利益や恐怖、また国家が我々に要求する行為がそれ自体として道徳的に最善であるという確信から、〔法を〕遵守することもありうる。さらに国家が我々の行動を規制するにあたって、国家が我々の服すべき義務を創造したことを主張することは必ずしも必要ではない。国家は強制や贈賄や説得によって我々の遵守を確保することができるし、実際にそうしている。我々は、国家の存在を自らの道徳計算におけるパラメータとして扱って、その主張するところを書きとめ、その善し悪しを評価するということもありうる。……そのような状況では、〔我々の行

動は〕軍曹の命令に従ってではなく、自らの潔癖な性格から、自分の靴をきちんと磨き上げられた状態にしておく新兵と同様である。それは制裁を回避するには十分な行動かもしれないが、権威を受容する態度とはいえないのである。私はこのような態度を国家に対する平穏な遵守の戦略と呼びたい（Green 1988, p. 87、補足・傍点引用者）。

グリーンは、法を権威として扱うとはどういうことかを問題にしている。何かを権威として扱うということが、いかなる振る舞いを伴うことになるかについては、第二章で詳しく扱う。ここで確認しておきたいのは、法に従う動機が、それが法であること以外にも存在するということである。国家による制裁でもよいし、説得に応じてしぶしぶというのでもよい。また法の内容が道徳的によいか悪いか判断して、というのでもよい。しかし、それらの態度と、法が法であるゆえに従う態度とは、分けて考えなくてはならない。

我々は、上記のハートやグリーンの議論を参照しつつ、以下のような区別を導入したい。Cのように、「不正な法であっても、法である以上、従うべきであるし、従わない行為は批判されるべきである」と考え法に従うことを、法への「服従（obedience）」と呼ぶ。これに対して、Bのように違法行為に対する制裁を避けて法に従う場合、あるいは自らが望むとおりに行動したら法が求めるところと一致していたという場合、そこに見出されるのは法の「遵守（compliance）」である。(12)

我々が遵法責務の正当化で問題とするのは、国民全員が国の法全てに服従すべき道徳的理由とは何かである。以下、この問いを「服従問題」と呼ぶ。遵守の理由については、議論のなかで言及するが解明の対象とはしない。本書が「服従問題」の解明を目標とする理由は二つある。一つ目の理由は、遵法責務論がこれまで「服従問題」に取り組んできたためである。「はじめに」で触れたソクラテスもまた、国法が国法である以上、国民はそれに従うべきであるのだとすれば、それはいったいどのような道徳的理由によるのかを問うていた。冤罪による死刑判決に服することと逃亡すること、いずれが自らの利益に適うかは、ソクラテスの問題ではない。二つ目の理由は、国民一般から法遵守を確保する条件が、極めて多様なことである。違法行為に対する制裁だけ取り上げても、法が定めたもの以外に、周囲の人々からの評判の悪化、信用の失墜など、社会的制裁も含まれる。これらによって人々がどれだけ法遵守へと促されるかは、極めて状況依存的であろう。もちろん、そもそも法が伴う制裁が道徳的に正当化されうるかどうかは、大いに問題である。しかし、法による制裁が正当化されるかどうかと、遵法責務が正当化されるかどうかとは、別問題である。前者が正当化されても後者が正当化されない場合もあるし、逆もまた真なりである。[13]

2　法服従と市民的不服従

1　では、法が法であるがゆえに従うという法服従と、主として違法行為に伴うさまざまな制裁を回避するために法に従う法遵守を区別し、本書が「服従問題」を扱うことを述べた。しかし、法服従とは何かについても実は議論の余地がある。本章冒頭の③で挙げた酒税法違反の例をもう一度考えてもらいたい。Zは酒税法を是正するために、敢えて酒税法違反を犯し、刑事手続に服したのであった。Zは遵法責務を果たしていないだろうか。それとも果たしているだろうか。

ここで問われているのは、法服従と市民的不服従との関係である。両者の関係を明らかにするためには、法服従とは何か、市民的不服従とは何かを示す必要がある。以下、まず本項で市民的不服従について若干立ち入った説明を行ったのち、次項で法服従とは何かについて考えたい。

市民的不服従を定義すると以下のようになる。市民的不服従とは、国民が自らの信念に抵触する法に異議申し立てし、それを是正するために、敢えて法に違背し制裁を受ける行為である。[14]遵法責務論は、遵法責務と市民的不服従がどのような関係にあるのかに、関心を向けてきた。一方で、両者は背反しており、遵法責務が存在するところでは市民的不服従が許容される余地は存在しないと考える立場が存在する。他方で、市民的不服従を遵法責務の遂行として捉える立場も有力に説かれている。

遵法責務と市民的不服従の関係を考えるための手がかりとして、やはりソクラテスの事例が有益である。『クリトン』において、ソクラテスは、クリトンに対して遵法責務の存在を説き、その正当化を行っている。しかし『弁明』において、彼は人がなすべきは道徳的に正しい行為であって、国法が不正である場合、問答無用で従わねばならないと考えていたわけではない。『弁明』で触れられているように、三十人政権は、自らの地盤を安定させるためだけに、政権にたてつく反対派や富裕外国人を、たびたび理由もなく捕らえ処刑していた。その三十人政権が、サラミスの富豪レオンを逮捕連行するようソクラテスらに命令した際、ソクラテスはこれに従わなかったのである。彼の行動はある種の市民的不服従として理解できるだろう。しかし、ソクラテスはこの不服従を遵法責務に反するものとは考えていなかった。むしろ私的な問答において政府の不正を批判するのではなく、公の場で不正を糾弾することで、遵法責務を果たしたものと考えていたのである（加来 2004、208-217頁）。

ソクラテスが遵法責務と市民的不服従を対立的に捉えていないのは、単なる混乱なのか。市民的不服従を遵法責務の遂行と考える彼の見解を、いかにして整合的に説明しうるか(15)。本款では市民的不服従の性格づけおよび正当化のうち代表的なものを簡単に検討し、市民的不服従を遵法責務の遂行として捉える我々の立場を示したい。

⑴　市民的不服従の性格づけ

寺島俊穂は、市民的不服従を「自らの行為の正当性に対する確信のもとに行われる非合法行為」であると定義している。その上で非合法行為が、単に法に対する違背にとどまらず市民的不服従であるためには、次の三つの性格を有することが必要であると述べる（寺島 2004、第1章）。

①　不服従の対象の特定性

市民的不服従は、一般的な法に対する敬意の下に、法一般ではなく特定の法や政策に対して行われるものである。市民的不服従者はこの法に対する敬意を示すために、違法行為に対する処罰を積極的に受け入れる。

②　公共性

市民的不服従による異議申立ては、公共の利益に関わるものであり、また全ての人に見られる公開性を有していなくてはならない。隠れて行う違法行為は、市民的不服従とは言えない。ただし公開性の条件は状況に依存する。寺島によれば、例えば、酒好きが自分の選好のみに従って禁酒法違反を犯す場合は市民的不服従とは言えないが、圧政下の地下活動は市民的不服従である。

③　非暴力

市民的不服従は戦争や差別の暴力に対抗するものであり、自ら暴力を用いることを拒絶する。

寺島による以上のような市民的不服従の性格づけは、J・ロールズによるそれ（ロールズ 1979、205–208頁）と概ね重なり合う。ロールズにとって市民的不服従は、「異議申立てのなされている措置の再考を促し、社会的協働の諸条件が尊重されていないと反対者が本心から考えていることを警告するために、多数者の正義感覚に訴えかける」点で良心的かつ公共的であり、「逮捕および処罰が予想され、しかも抵抗なくそれが受け容れられるような状況においてなされ」、そのようにして「法的手続に対する敬意を表明」し、「法への忠誠の範囲内での、法への不服従を表わす」点で、公共的かつ非暴力的である。

しかし、寺島やロールズのような市民的不服従理解は、論争的である。例えばA・シモンズは、市民的不服従を「意図的に行う原理に基づく違法行為（deliberate principled illegal conduct）」と定義する。つまり、「道徳的に要求される、あるいは許容されるという信念に基づく」という意味において、原理に基づいていること、そしていわゆる「警察沙汰」「裁判沙汰」になる行為（妥当する法と一般に理解されている規則に背く行為）という意味において、違法行為であることが、市民的不服従であるための必要十分条件である（Simmons 2003）。

他方で、シモンズは市民的不服従の定義として、以下を含めることを拒絶する。

① 公共的利益に訴えかけること

寺島やロールズのように、市民的不服従の性格として、公共的利益への訴えかけを含める議論は少なくない。つまり市民的不服従は、法に定める処罰を甘受するものであり、また多数派の正義感覚に訴えかけて法や政策の是正を企てるものだとする。そう性格づけることで、市民的不服従は、個々人が各自の良心に背くことを忌避して法に違背する良心的拒否と区別できると考えるのである。しかし、一般に市民的不服従として扱われているもののうち、両者の性格を有していないものは少なくない。例えば、H・ソローによる人頭税支払い拒否が、公共的利益への訴えかけを含んでいるとは必ずしも言えないだろう。そうである以上、より一般的な定義としては、以下のようなものが望ましい。市民的不服従の目標は、通常の立法過程あるいは政策決定過程にのっとらずに、より直接的に不正な法を是正することにある。

② 非暴力

市民的不服従の条件として非暴力を含めることは、以下の二つの理由で認められない。第一に何が「暴力」にあたるのかが判然としない。「精神的暴力」も含めるのか、市民的不服従の影響で生じうる害悪に対してどこまで自覚的であればよいのかなど、大いに議論の余地がある。第二に、そもそもなぜ非暴力でなければならないのか、明らかではない。国民が政府の巨悪を挫くために小さな「暴力」を用いた段階で、市民的不服従の範囲を超えてしまうというのは、かなり偏った見方であろう。

③ 政治体制の許容する範囲内の行為であること

公民権運動において市民的不服従者は、自らの不服従の正当性を示すために憲法的価値に訴えかけたが、そのことは市民的不服従が政治体制を尊重しなくてはならないことを意味しない。市民的不服従者がいかなる行動をとってよいかは、政治体制がどれだけ正義に適っているかにも依存する。したがって、市民的不服従を性格づける際に、それを体制内改革運動としてあらかじめ囲い込むことは許されない。

寺島の市民的不服従の性格づけについては、シモンズの批判のほかにも疑問点がありえよう。とくに法に対する敬意を示すために、刑罰の積極的な受容れが必要なのかどうかは争われうる。しかし、ひとまずここで確認しておきたいのは、市民的不服従をどのように捉えるかが、論者によってかなり異なることである。なぜ異なるのか。それは市民的不服従の正当化条件について、ひいては正当化されうる市民的不服従とは何かについて、論者により見解が異なるからである。この点について、⑵にて簡単に検討することにしよう。

⑵　市民的不服従の正当化

(a)　ロールズの市民的不服従論

市民的不服従の正当化条件について、ロールズは以下のように考えている。第一に、彼は市民的不服従の意義を確認する。ロールズによれば、憲法とその下での立法は彼の正義の二原理の実現のために不可欠なものであるが、しかし実現可能な立法過程は多くの場合何らかの形態の多数決によらざるをえない以上、制定された法が正義に適っていることを保証することはできない。市民的不服従の意義は、立法過程が有するこの限界を補完し、多数者の正義感覚に訴えて、不正な法を是正することにこそ見出されるべきである。

第二に、以上の市民的不服従の意義に照らして、ロールズは市民的不服従の正当化条件が以下の四つの連言であるとする。①法により定められた訴訟手続や法改正手続による法の是正の試みが尽くされており、異議申立てのための最後の手段として行われること。②異議申立ての内容が、ロールズの正義の二原理のうち格差原理を除いた正義基準への違反に限られること。③同じような不服従が広範に行われた場合でも政治体制が動揺しないこと。④不服従が社会にもたらす負担に見合う分だけ、便益が見込まれること[16]（Rawls 1999, pp. 312-323, 326-331）。

このようなロールズの議論の狙いは、市民的不服従が正義を実現するための制度的基盤を揺るがしかねないものと考え警戒する立場に対して、説得的な正当化根拠を示すことにあると考えられる。しかし我々は、ロールズは市民的不服従を馴化しすぎていると診断せざるをえない。とりわけ②と④の条件は受け入れ難い。まず④について考えよう。例えば、公民権運動における市民的不服従が、人種間の反目を強める帰結をもたらしたとしよう。ロールズからすれば、そのような不服従は、負担に見合うだけの便益ももたらさないゆえに正当化されないということになるかもしれない。しかし、負担をもたらした責任が市民的不服従者にあると言って済ませてよいだろうか。不服従者たちが、反目を招いた原因は人種差別に与する国民の偏見にあると考えたとしても無理はないのではないか。

②についても疑問がある。国家による所得再分配に対して否定的なリバタリアンたちが、ロールズの正義の二原理にのっとった政府に対して、納税を拒否し刑事責任を問われたとしよう。このような市民的不服従は④の条件を満たさない。しかし、国民のあいだで正義基準をめぐる争いがあり、多数派の定めた法が正義に反すると信じた少数派が、その是正のために不服従を行ったとして、それは正当化されないだろうか。この問いに対する詳細な応答は、第二部に譲り、ここでは以下の点を確認するにとどめたい。市民的不服従を特定の正義基準の実現に奉仕するものとして捉えるのは、正義をめぐる論争の存在を矮小化するものである。

ロールズによる市民的不服従の正当化が抱える難点をまとめておこう。民主的立法過程が何らかの多数決によらざるをえない以上、既存の法がロールズの正義基準を不十分にしか実現できない事態が生じうる。ロールズにとって市民的不服従はこの事態を克服する役割を担うものである。しかし、仮に市民的不服従がその役割を担うものだとしても、④の条件はあまりに厳格すぎ、正義基準の実現のためには無力なものになりかねない。さらに、正義基準をめぐる論争がある状況では、市民的不服従がロールズの正義基準に沿うものでなければならないという②の条件は受け容れ難い。

(b)　シモンズの市民的不服従論

それでは、シモンズの市民的不服従の性格づけは受け容れられるだろうか。シモンズは、市民的不服従自体の正当化を行っていない。なぜなら、彼の立場ではその必要がないからである。どういうことか説明しよう。

シモンズの市民的不服従論の背景には、彼の政治的責務論がある。「はじめに」で述べたように、政治的責務とは、国家の命令への服従など、国民としての責務を果たすことを求めるものである。第二部で詳述するが、シモンズは政治的責務の正当化の企て――彼が検討したのは、同意理論、公平性からの議論、正義の自然的義務からの議論、感謝からの議論――はみな失敗すると診断し、政治的責務は存在しないと説く。しかし政治的責務の否定は、国民としての責務の不在を意味するものでしかない。政治的責務以外の道徳的義務はそのまま存在している。国民はそれらを衡量し、そのなかでより優越する義務を果たさなくてはならない。それらの道徳的義務のなかには、例えば正義に見合う政府を支持し発展させる義務や、交通法規のように社会生活を円滑に営むために必要な法への服従義務、他人に危害を与えるような不服従を慎む義務などが存在する（Simmons 1979, pp. 192–195）。つまり、シモンズは政治的責務を否定するが、政府に対する不服従や抵抗が許される、あるいは義務となるのがいつかは、道徳的義務の衡量によって左右されることになり、その衡量と別に一般的な解答を与えることはできない[17]。

シモンズの政治的責務の否定を踏まえると、彼が(1)で紹介したように、市民的不服従をゆるやかに定義できた事情が理解できる。シモンズが、市民的不服従の性格づけについて鷹揚でいられるのは、実際に市民的不服従が正当化されるかどうかを、道徳的義務の衡量に委ね、市民的不服従の包括的な正当化根拠を示さずに済ませているからである。具体的にシモンズがロールズより広範に市民的不服従を許容する立場をとっているかどうかは微妙である。

例えば、不服従により他人に危害を与えることを慎む義務について考えてみよう。もしこの義務が、民主的立法過程における意見対立の解決に悪影響を与えるような不服従を禁止するものであるとすれば、シモンズの市民的不服従論は、ロールズと同様かそれ以上に保守的なものになりうる。

シモンズの市民的不服従論には、さらに重要な疑問が存在する。彼は政治的責務を否定したのちに、さまざまな道徳的義務の衡量の下で、市民的不服従の正当性を個別的に論じている。しかし、政治的責務と市民的不服従との間に何ら関係は存在しないだろうか。ソクラテスをはじめ市民的不服従者が自らの行為を遵法責務の遂行として捉えていることに鑑みれば、遵法責務や政治的責務と市民的不服従とを結びつけて論じるべきではないだろうか。

3　法服従と法尊重

市民的不服従についてのこれまでの考察から、我々はひとまず以下の仮説を提示したい。遵法責務が求めるのは、不正な法であっても、それが法であるゆえに、その内容を裏付けうる道徳的理由を尊重し、自らの信念のみに従って行動することをやめること、また法に大きく優越する道徳的理由がある場合には、法を是正するために尽力することである。一言で言えば、遵法責務とは法尊重責務である。そして市民的不服従とは、敢えて違法行為を行って、国民に不正な法の存在とその是正の必要を訴える異議申立てである。市民的不服従者は違法行為に対する法的制裁を甘受しなければならない。このように理解された市民的不服従は、遵法責務の遂行として位置づけられる（横濱2015a、25・27頁）。

まず法服従と法尊重との関係について述べよう。法に服従することは、法の内容の善し悪しについて判断せず、問答無用で従うこと、つまり随順すること（conformity）ことではない。法が不正であるか否か判断することが、法服従と抵触するわけではない。肝心なのは、法を裏付けうる道徳的理由の考慮の仕方にある。法がいかなる制定・執行・適用の手続を経て存在するに至ったか。その手続の下で、誰がどのような理由を考慮し判断したか。法が法であるゆえに有するそれらの条件を考慮してもなお、法の是正のために違法行為を行うことが許されるだけの理由が存在するか。この問いに答えずして、自らの信念を貫き不服従を行うことを差し控える。そのようにして法を尊重することこそ、法服従の意味するところであり、遵法責務とは法尊重責務である。

法服従とは法尊重であるとする我々の立場は、大いに議論の余地がある。とくに、法が権威的性格をもち、国民に法の示す理由に従うことを求めたり、国民から行為や判断の範囲を制約するものであるとする立場からすれば、我々の見解は法が有する強制性を看過しているということになるだろう。この点については、第二章で立ち入って議論することにしたい。

次に市民的不服従と遵法責務の関係について述べたい。上記のような市民的不服従は、法的制裁を甘受することで、法を制定・執行・適用する統治者に対して、一定の敬意を与えるものとなる。さらに、市民的不服従は、不正な法を無視するのでも放置するのでもなく、国民の手によって積極的に是正されることを期待して、違法行為を行いその制裁を引き受ける点で、既存の法の改善可能性に対する信頼を失っていない。このような統治者に対する敬意と既存の法に対する信頼こそ、法尊重と連なるものである。このように考えれば、市民的不服従は遵法責務に反するものではなく、むしろ遵法責務の遂行として理解できるだろう。

市民的不服従が遵法責務の遂行だとする我々の立場が本当に成り立ちうるかどうかは、遵法責務がどのようにして正当化されるかによって確かめられなくてはならない。この点に関わる議論は、主に第二部で行うこととしたい。

三　遵法責務の正当化はいつ成功するか

本章の最後に、遵法責務の正当化が満たすべき条件、すなわち遵法責務の正当化が成功したと言えるのはいつかについて、明らかにしておきたい。ここでは、シモンズとグリーンの議論を参照したい。まず、シモンズが挙げている条件は以下の二つである（Simmons 1979, pp. 30-35, 55-56）。

①　個別性の要請

本章冒頭で述べたように、遵法責務の正当化においてまず問題になるのは、遵法責務が国民が自らの国の法に対してのみ負うものであることである。遵法責務は、正義に適合する政治体制や法全てを尊重する責務ではない。また一時的に訪問・滞在した国に対しては、遵法責務を負わない[18]。一方で、正義は「等しきは等しく」扱うことを求め、複数の事柄の間に道徳的に重要な違いが見出せないにもかかわらず、そのうちのどれかのみを特別扱いすることを禁じる。そうである以上、遵法責務を道徳的に正当化するためには、国民が自らの国の法に対してのみ特別の責務を負う道徳的理由を示し、それが正義に抵触するものでないことを示す必要がある。これこそが「個別性の要請」である。

「個別性の要請」を満たすためには、国民相互のみに成り立つ道徳的紐帯の存在を示さなくてはならない。

②　一般性（generality）

遵法責務の正当化は、国民全員、そして世界のあらゆる国々を射程に収める一般的なものでなくてはならない。もちろん、正当化根拠によっては、一部の国民や一部の国には、遵法責務が成り立つに足る道徳的紐帯が存在しないということになりうる。しかし、あらゆる人々に普く適用される道徳的理由以外を根拠に、遵法責務を正当化することは許されない。別の言い方をすれば、普遍的に適用される道徳的理由に基づかずに、特定の人々や国々だけを適用除外にすることは許されない。

一方、グリーンは、シモンズの挙げた条件に、以下の三つを加える（Green 1988, pp. 225–230）。

③　道徳性（morality）

遵法責務を正当化するためには、国民が実際にその国の全ての法に服従しているという事実の指摘では足りない。また法に従うことが国民一人ひとりの自己利益に適うこと――打算的理由に適うこと――を示したとしても、やはり不十分である。法に服従する責務を根拠づける道徳的理由、つまり服従しない他人を批判する根拠となる理由を示すことが必要である。

④　内容独立性（content-independence）

遵法責務は、不正な法に対する服従をも求める。このことから、グリーンは、遵法責務が法の内容いかんにかかわらず成り立つもの、つまり内容独立的なものでなくてはならないと考える。

⑤　拘束性（bindingness）

遵法責務の正当化は、法の強制性を踏まえたものでなくてはならない。グリーンは、法の強制性が、国民の道徳判断に対する制約としてあらわれると考える。つまり、遵法責務を負う以上、国民は、何が道徳的に正しい行為かを判断する際に、一定の道徳的理由、すなわち法が求める行為をしない理由を、考慮の対象から外さなくてはならない。

以上五つの条件のうち、⑤は受け容れられない。⑤は遵法責務を法随順責務として理解するものである。我々が**二**の３で確認したところからすれば、遵法責務を法尊重責務として扱い、市民的不服従を遵法責務を果たす行為として位置づけることによってこそ、市民的不服従の性格づけと正当化を適切に行いうる。

他方で、我々は①から④は遵法責務の正当化条件を適切に示すものであると考える。①について改めて説明する必要はないだろう。②は、道徳を普遍的なものとして理解する限りにおいて、当然の条件と言えよう。③は、**二**の1において、法服従と法遵守を区別し、遵法責務の正当化が「服従問題」への応答であるとしたところから、導き出される。④についても、同じく**二**の1で述べたところに見合う。つまり、遵法責務が、不正な法であっても法である以上従うという態度を求めることと合致する。

本章では遵法責務論の理論的前提を確認してきた。その内容を、本章冒頭の三つの問題に沿って、簡単にまとめておきたい。

①　遵法責務は「ある程度の義務」である

一で述べたように、遵法責務は、我々に当てはまるさまざまな道徳的義務のうちの一つである。遵法責務が、全ての事情を考慮した終局的義務となるかどうかは、道徳的義務相互の衡量によって決まる。衡量次第では、遵法責務は優越する道徳的義務により覆されうる。しかし、その場合でも遵法責務は、終局的義務を導き出すための指標としての力を失わない。つまり、遵法責務は「一見自明な義務」ではなく「ある程度の義務」である。

②　遵法責務は、道徳的・個別的・一般的・内容独立的である

三で述べたように、遵法責務は、国民がその国の法に対して特別に負う責務である。しかし遵法責務の正当化根拠は、全ての人々に当てはまる道徳的理由でなくてはならない。遵法責務の遂行が、国民個々人の自己利益に適うことを示すだけでは、正当化としては不十分である。また遵法責務は、不正な法にも、それが法である限り従うことを求める。そうである以上、遵法責務の存否は法の内容の善し悪しで左右されるものであってはならない。

③　法に従うとは、法を尊重することである

法に従うことは、法の内容の善し悪しの判断をせず、問答無用で従う随順ではない。法が自らの信念に抵触する場合でも、法を裏付けうる道徳的理由を十分に考慮し、それを大きく優越する理由がない限り、不服従を差し控えることである。一方で市民的不服従は、敢えて違法行為を行いそれに伴う法的制裁を甘受し、国民に不正な法の存在とその是正の必要を訴える異議申立てである。このような市民的不服従は、法尊重責務としての遵法責務の遂行として捉えられる。

第一章　注

（1）　本書全体を通して、「義務 duty」「責務 obligation」は基本的に互換的に用いる。英語圏の議論でも、多くが義務と責務を互換的に用いている。敢えて言えば、「責務」は取引関係や友人関係、同胞関係など、何らかの関係性を根拠にして成り立つもの（例えば、約束責務〔promissory obligation〕、連帯責務〔associative obligation〕など）を指し、「義務」は関係性の有無によらず成り立つもの（例えば、正義の自然的義務〔natural duty of justice〕など）を指す、というゆるい使い分けがなされてはいる。しかし、「遵法義務」と呼ぶか「遵法責務」と呼ぶかで、問題の対象自体が異なるわけではない。

　日本語においては「遵法責務」よりも「遵法義務」のほうが一般的である。しかし、本書においては「遵法責務」を用いたい。その主要な理由の一つは、英語圏の議論が 'an obligation to obey the law' の表現を用いる場合が多いからである。

（2）　ある義務が他の複数の義務と衝突していて、時に他の義務により覆される可能性がある、という場合、その義務を 'prima facie' なものとして扱うか、'pro tanto' なものとして扱うかは、議論の余地がある。この点に関しては、━で述べる。ここでは 'prima facie' と 'pro tanto' 双方を指示しうる言葉として、「一応の」を用いる。

（3）言うまでもなく、世界正義が個々の政府や個々人にどのような義務を課すかは、極めて論争的である。しかし、ここでは議論のために、彼女の募金義務が正しい世界正義の要請であるとする。また、そもそも遵法責務が道徳的に正当化されないということであれば、遵法責務と世界正義は衝突しない。しかし、これも議論のために、遵法責務が正当化されているということにしよう。

（4）国際法について遵法責務が問題とならないというわけではない。しかも、とりわけグローバル化の下で、国際法に対する遵法責務問題への応答は、喫緊の課題となってきている。しかし筆者にはこの問題を詳述する準備がないこと、また現在の主権国家体制の下では、国家法への遵法責務と国際法への遵法責務とでは、法に従う主体についても、また遵法責務の正当化根拠についても、異なりうることから、本書では扱わない。

（5）本書では外国人が訪問・滞在している国の法に従う義務は、基本的に遵法責務としては扱わない。この点については、第十一章で論じる。

（6）このような状況は、正義の自然的義務からの政治的責務の正当化でしばしば持ち出されるものである。

（7）言うまでもなく、これは、いわゆる「どぶろく裁判」（最判平成元年一二月一四日刑集四三巻一三号八四一頁）を下敷きにした仮想事例である。

（8）ロスによれば、⑤の善行の義務は、⑦の他者危害禁止の制約に服する（Ross 1930→2002, pp. 21-22）。

（9）ロスは、「一応の義務」相互の衡量を経て決まる道徳的義務のことを、「現実の義務（actual duty）」と呼んだり、「本来の義務（duty proper, duty sans phrase）」と呼んだりしているが、いずれにしても一見自明な、見かけ上の義務（prima facie duty）の対となるものである。ここでは、「見かけの」の対になる言葉として、「本来の」という語を用いることにしたい。

（10）ハーリーは「一見自明な義務」の例として経験則を挙げている。例えば、夕焼けの翌日は晴れる、といったものがそれである。経験則は、事情を詳しく知らない者が正しい判断をするための簡便な方法を与える。しかし、気象予報士のように、翌日の天気を予想するためのより詳細な知識を有すると、経験則はその者の知識により覆され、正しい予報を行うための力を失う（Hurley 1989, p. 133）。

（11）　この点には留保が必要である。道徳的に正しい行為とは何かを我々が常に認識できているわけではない以上、多少不正な法であっても我々の行為指針を提示するものとして扱う余地は存在する。問題は、そのような考え方が、遵法責務をどの程度根拠づけるかである。第三章で議論したい。

（12）　付言すると、「服従」「遵守」の区別は、我々独自のものである。とくに、国民が法の内容の道徳的善し悪しを判断して従う振る舞いを、「遵守」と呼ばない。その主な動機は、第三章で検討する自然法論が、不正な法に従うべき理由を否定しつつも、部分的に「服従問題」を扱っていると考えるためである。

（13）　国家の強制力行使権限を認めることは、必ずしも国民としての義務である政治的責務を認めることにはならない。この点は、第十二章二で議論する。

（14）　市民的不服従が備えるべき性格が何であるかは本項のなかで論じられるが、市民的不服従が「市民的」とされるゆえんについては、ここで注記しておく必要がある。不服従の標準的な分類としてJ・ラズによるものを取り上げよう。彼は不服従を三つに分類する。①革命的不服従（revolutionary disobedience）：既存の政府あるいは政治体制を正規の手続を経ずに直接転換することを企図し法に違背する行為。②市民的不服従（civil disobedience）：何らかの法や政策を改変することあるいはそれに対する異議申立てを行うことを企図して法に違背する行為。③良心的拒否（conscientious objection）：法が個人の道徳的信条に抵触する場合に、道徳的信条を尊重して法に違背する行為（例えば絶対的平和主義を信奉する個人が徴兵に背く場合）（Raz 1979, pp. 263–265）。重要なのは、市民的不服従が、既存の政治体制を覆すものでなく、また単に個々人の道徳的信条を貫くための行為でもなく、国民一般に向けて法や政策への異議申立てを行い、それらの是正を企てる点にある（ibid., Ch. 15）。

（15）　T・ブリックハウスとN・スミス、また加来彰俊も整理しているところであるが、ソクラテスの『弁明』と『クリトン』とが矛盾しておらず整合的である、とする解釈には以下のものがある（Brickhouse and Smith 1991, pp. 228–229；加来 2004、180–186頁、252–253頁注（23））。第一は、『クリトン』において提示されている、不正に対して不正をもって応じてはならないとする正義の原則の下でも、なお不服従が認められる場合が存在するとソクラテスが考えていたとする解釈である。例えばA・ウーズリーは、ソクラテスは不服従が不正な法を是正する説得として役に立つ場合のみ正当化されると考えていたとする（Woozley 1979）。これに対してクラウトは、不服従が正しいことを国家に対して説得する真摯な努力を行った場合にのみ、それが許されると考える（Kraut 1984）。

第二に、遵法責務が正当化されるとしてもそれはあくまで一応の義務としてであり、それを上回る義務によって覆される、として両者を両立させようとする解釈である。例えばアレンは、遵法責務より正しいことを行う義務が優先する、とする。いずれにしてもソクラテスが哲学を行うことは神により命じられたことであり、また道徳的に正しいことである以上、遵法責務によりそれを制約されることはありえないことになる。

加来の解釈は以下のようなものである。第一に、ソクラテス自身が支持しているのは、道徳的に正しい行為のみをすべきであるという正義の原則と、同意が拘束するのはあくまでそれが正しい場合のみであるという正しい同意の原則である。後者は不当な判決に対する服従責務を正当化しうるものではない。

第二に、したがって、『クリトン』でソクラテスが提示した同意理論、つまり個人は特定の国家の領域内で居住し続け（さらにソクラテスのように当該国家の国制を批判しつつ基本的には愛着を有す）ることで、国家に対して同意を与えたものと見なされるべきであり、この同意に基づき政府の行った決定に対する服従責務が正当化されるとする議論は、ソクラテス自身が支持するものではない。また国家と国民の関係を親子関係と類比的に捉えることで遵法責務を正当化しようとする議論も、また不服従が当人にとっても不利益をもたらすとする議論も、いずれも遵法責務が道徳的に正当化されることを示すものではない。

第三に、それゆえ『クリトン』における遵法責務の正当化はソクラテス自身の服従行為の正当化根拠ではない。彼が判決に従った理由は、まず正義の原則によって、不正に対して不正をもって応じてはならず、またそれゆえ不正な法でもそれが生み出されてしまった以上不服従をもって応じることは許されないからである。ソクラテスにとって国民に許されるのは不正な法を生み出さないように他の国民を説得することだけである。『クリトン』における遵法責務の正当化は、如上の正義の原則による不服従の禁止を理解しないクリトンをとくに説得するためになされたものである。

(16) 寺島はロールズの正当化条件のうち、①と③を批判する。寺島によれば、市民的不服従は通常の政治過程に一層の緊張関係をもたらすものと理解するほうが、現実に合致する。また法の不正の度合いが大きく、国民が法に対する敬意を有していない状況では、不服従により政治体制の存立を危うくなったとしても、支障があるとは言い難い（寺島 2004、34-35頁）。

しかし政治体制の正統性があるかどうか怪しい状況で、市民的不服従により体制がさらに動揺することになった場合、より正しい政治体制の構築を促す条件をどこから調達すればよいのか。この点について、寺島は市民的不服従が「国家権力に対抗する一つの『民衆の力』として立ち現れる」のであり、市民的不服従論は「制度化された権力とは別の次元の権力の形成を明らかにする理論的洞察」を必要とするとし、そのためにH・アーレントの言う暴力と区別された権威の次元や、M・ヴェーバーの言う職業政治家の徳を考慮すべきであると述べている（同上、44-49頁）。

(17) シモンズはこの主張を、政治的責務が個人の道徳的自律に反し、正当化される余地は全く存在しないとするR・ウルフらの議論と対置して、「弱いアナーキズム」と呼ぶ（Simmons 2001, p. 107)。詳細は、第二章、第七章で述べる。

(18) もちろん、入国管理に関わる法をはじめとして、外国人も訪問・滞在する国の法を守らなくてはならない。しかし前掲注(5)と重なるが、外国人の義務は、遵法責務とは別の道徳的義務に基づくものである。

第一部　法概念と遵法責務——法服従の合理性から法内在的価値へ

遵法責務問題に答えるためには、まず「不正な法に従わないことがなぜ道徳的に間違っているのか」を考えなくてはならない。第一章で述べたように、法に従うべきかどうかは、どちらが各自の利益に適うかで決まるとする者は、遵法責務問題を問う動機をもたない。また法内容が道徳的に正しいときのみ法に従えばよいとする者も、やはり遵法責務問題を真摯に捉えることはできないだろう。自分であれ他人であれ、不正な法に従わない振る舞いは、道徳的に批判されるべきだと考え、その理由を示そうとする者にとってこそ、遵法責務問題は切実なものとなる。そうであるとすれば、遵法責務問題に取り組むにあたって、不正な法に従うことが道徳的に正しいものでありうる事情を、先に示さなくてはならない。

法概念論の中心的課題は、このような事情があるかどうかを見極めることにあると我々は考える。そしてその課題を遂行するためには、法概念論は、次の二つの問いに答えなくてはならない。(A)法が存在するための条件に、法内容の道徳的善し悪しがどのように関係しているか、またどのように関係すべきか。(B)法内容が不正であると信じるにもかかわらず、国民が法一般について何らかの規範的主張（claim）を認めるのは、あるいは認めるべきなのはなぜか。またその規範的主張とは何か。これら(A)・(B)の問いを合わせて「悪法問題」と呼ぶことにしよう。

なぜ悪法問題に答えなくてはならないか。まず(A)から考えよう。国民の多くが法と見なしている不正なルールRが存在するとしよう。ルールの内容が道徳的に正しい場合のみ、それを法として扱うべきなのだという立場からすれば、Rを法と見なす国民は間違っていることになる。そこでは遵法責務問題とは、道徳的に正しいルールに従う理由を問うものでしかない。それは我々の扱っている遵法責務問題ではない(1)。不正なルールもまた法でありうるからこそ、遵法責務の正当化が必要となるのである。そうだとすれば、遵法責務問題は、不正なルールも法でありうるという前提の上に成り立つものだということになる。その前提が成り立つかどうかをまず確かめなくてはならない。つまり、法の存在条件と法内容の道徳的善し悪しの関係を問い質すことから始めなくてはならない。

(B)についてはどうか。遵法責務問題は、法がある一定の拘束力を有することを前提としている。もし法の拘束力が、違法行為に対する制裁のみに由来するのであるとすればどうだろうか。不正な法でもそれが法である以上従うべきだ、などということにはならないだろう。違法行為に対する制裁を回避できる者が、敢えて不正な法に従う道徳的理由はない。そうだとすれば、遵法責務問題が成り立つためには、法が違法行為に対する制裁にとどまらない拘束力をもつのでなくてはならない。第一章で取り上げたH・L・A・ハートの議論にのっとれば、我々が法に対して内的観点をもつことが前提とされなくてはならない。Rが法である以上、違法行為は、制裁を受けると否とにかかわらず、批判されるべきだ。法に「規範性」を認めるとは、このような態度を指すとしよう。しかし我々が法にこのような規範性を認めるべきゆえんを、どのように説明すればよいのか。それを明らかにしてはじめて、遵法責務問題の前提が整うことになる。

第一部では、悪法問題に対する第二次世界大戦後の英米法概念論の応答のうち主要なものを順に検討し、不正な法に従うことが道徳的に正しいものとなるという事態をどう説明すべきかを考えたい。その作業は、法内容が道徳的に十分に正当化(justification)されていないにもかかわらず、法に従うべき理由——これを法の「正統性(legitimacy)」原理と呼ぼう——があるとすれば、それはいったいどのようなものかを明らかにするものでもある。

第二章以下の検討に先立って、戦後英米法概念論における悪法問題の扱いについて、簡単に整理しておこう。R・ドゥオーキンの法実証主義批判以来、またとくにハート『法の概念』第二版（Hart 1994）の「あとがき」をきっかけにした法実証主義再考の動きにおいて、法概念論者の主要な関心は(A)にあった。論点を図式的に整理すれば、以下のようになる。

(a)　法の存在条件と法内容の道徳的善し悪しとはどのように関係するか

法の存在条件については、以下の三つの立場が存在する。

①法の存在条件は、法の内容の善し悪しとは無関係である。

②法が存在するかどうかは、法内容の善し悪しに依存して決まる場合もある。

③法が存在するかどうかは、法内容の善し悪しと独立には決して決まりえない。

①の立場は排除的法実証主義（exclusive legal positivism）と呼ばれる。第二章で扱うJ・ラズやS・シャピロがその代表的論者である。これに対して②の立場は包含的法実証主義（inclusive legal positivism）と呼ばれる。第四章で扱うM・クレイマーがその論者の一人である。③の立場には、大雑把に分類すると、次の二つの考え方がある。一つは、不正なルールを法と認めない自然法論である。もう一つは、法内容の正当化の善し悪しが争われうることを認め、その論争を調停する法独自の原理こそ法の存在いかんを決めるとするドゥオーキンの議論である。

(b)　法概念論の任務は何か

(a)①から③のうちどの立場を選ぶべきだろうか。その選択の根拠についても見解の相違がある。その相違は、法概念論がなすべき任務が何かに関わっている。

①法概念論の任務は、法一般について、我々が経験しているところをよりよく記述することにある。

②法概念論の任務は、望ましい法秩序を形成維持するという目的に照らして、法の存在条件として最善のものは

何かを解明することにある。

(b)①を記述的法概念論、(b)②を規範的法概念論と呼ぶ。例えば、ラズやシャピロによれば、(b)①こそ法概念論の任務であり、(a)①が法一般の経験的事実に合致しているということになる（記述的排除的法実証主義）。クレイマーは、ラズやシャピロと同じく(b)①の見地から、(a)②が法一般の経験的記述として優れていると説く（記述的包含的法実証主義）。これに対して、第五章で詳述するように、ドゥオーキンは『法の帝国』（Dworkin 1986b）において、法概念論の優劣は(b)②の条件で決まるのであり、(a)③こそが最善の法秩序のあり方を示すと考える。

ここで、戦後法概念論において、法の存在条件と法概念論の任務がどのように捉えられてきたか、その議論文脈をより立ち入ってみておきたい。端緒は、ハートの法実証主義擁護と、それに対するドゥオーキンの批判にある。ハートは「実証主義および法と道徳の分離」において、法概念論をあらゆる法体系において法が一般的に有する性質を経験的に記述するものとし、法の記述と法の評価とは截然と分かたれるべきであって、かかる法概念は道徳に依存せずに成り立つものであるとした。そして、法の存在条件は必ずしも法の内容の道徳的善し悪しには依存しないとする法・道徳分離テーゼを示した。

これに対してドゥオーキンは、以下の二つの根拠により法・道徳分離テーゼが斥けられるべきであるとした。第一の根拠は、法・道徳分離テーゼが、法的争訟、なかでも既存の法——主として制定法や判例——の適用のみにより解決を図ることが困難な事案（ハードケース）における裁判官の実際の判断のあり方を十分に説明できておらず、法の記述として失敗しているという診断である。ドゥオーキンは、裁判官が既存の法と整合的であり、かつ、より優れた道徳原理に訴えることにより自らの判断の妥当性を裏付けていると理解するのが、法の記述として優れていると説いた（Dworkin 1978, Ch. 2）。第二の根拠は、法概念論の性格に関するドゥオーキンの次の見解にある。そもそも法概念論は悪法問題、すなわち我々は自らが不正であると見なす法に対しても服従すべきかに答えるものでなくてはならず、その応答の際には政府の権力を法がいかにして統制し拘束すべきかを明らかにする道徳原理を提示することが不可欠である。そうである以上、法概念論における法の存在条件の解明はすべからく規範的性格をもつべきであり、したがって、法概念論が単に記述的のみであろうとすることは誤りである（Dworkin 1986b, Ch. 3; 2006, Introduction）。

ドゥオーキンのかかる法実証主義批判に対し、主として三つの方向から、法実証主義の法と道徳の分離を擁護する試みがなされてきている。第一の方向は、ハート、J・コールマン、W・ワルチョウ、K・ヒンマらによるものである（Hart 1994; Coleman 2001; Waluchow 1994; Himma 2002）。彼らは、法概念論をあくまでも記述的なものとして捉えつつ、法・道徳分離テーゼを擁護しようとする。その狙いはもっぱらドゥオーキンの示す第一の根拠を覆すことにある。彼らは次のように説く。ハードケースでは裁判官の判断において既存の法以外の道徳原理が持ち出すことは避けられないが、道徳的理由を持ち出さずに法適用が行われる事案も存在する。したがって、法の一般的性質の記述として、法の存在条件が必ず道徳と相関すると考えることは不適切であるとする。

第二に、J・ウォルドロンは、ドゥオーキンの第二の根拠を受け容れた上で、法と道徳とが分離されるべき道徳的根拠があることを示そうとする。つまり、彼は、ドゥオーキンの法実証主義批判を克服し、法と道徳を分離すべき、すなわち法の存在条件を法の内容の道徳的善し悪しと独立の社会的事実（つまり立法権限を有する者による法定立の事実）にのみ求めるべきであると説く。その一方で、法概念論はすべからく規範的なものであると捉えており、この点で記述的にとどまる法概念論の成り立つ余地を認めていない（Waldron 2001, pp. 419–422; 2002, pp. 369–374）。

ウォロドロンがこのような議論を行う目的は、遵法責務問題への応答である。つまり、ウォルドロンによれば、①遵法責務が正当化されるのは、法の存在条件が道徳的善し悪しと独立している場合であり、②遵法責務の正当化と無縁に法の存在条件を論じることに意味はない。そして、①の根拠を示すために、民主的手続によりなされる議会立法が、裁判所による憲法的価値の実現に比して秀でている理由を明らかにしようとする。

第三の方向は、T・キャンベルによるものである。彼は法の経験的記述としてはハートらの見解が妥当だと認める。しかし、裁判所が議会立法を尊重し司法審査に対して謙抑的であるのが、最も望ましい政治体制のあり方であるとする。つまり最善の統治構造を明らかにする規範的政治理論として、法と道徳とが分離されるべきだと主張するのである。

キャンベルのこのような議論には、次のような前提がある。ハートら記述的包含的法実証主義者は、法の存在条件が法内容の道徳的善し悪しによらない場合もあるとする。その意味で法と道徳とは同じではない。これを「分離テーゼ（separation thesis）」と呼ぶとすれば、キャンベルが与するのは、「分離テーゼ」ではない。「道徳的に正しいかどうか争われている基準で、法の存在いかんを決定することを許すべきでない」という「分離可能性テーゼ（separability thesis）」である。「分離可能性テーゼ」は「分離テーゼ」と衝突しない。経験的事実として法の存在条件が法内容の善し悪しに左右される場合があるとしても、そのことは「左右されるべきではない」という規範的議論を無効にするものとは言えないからである。「分離テーゼ」は、実際の司法における法存立や法適用のあり方をよりよく記述しているだろう。例えば違憲審査においては、憲法が体現する道徳原理により法の効力の存否が判断されることが頻繁に起こる。しかしそうだからと言って、キャンベルの政治理論は説得力を失わないのである。

キャンベルとウォルドロンの共通点と相違点を改めてまとめておこう。彼らは法と道徳とが分離されるべき道徳的理由を示そうとする点で立場を同じくする（その立場はしばしば「規範的法実証主義」と呼ばれる）。しかし、以下の点で異なっている。ウォルドロンはドゥオーキンと同様、法概念論はすべからく規範的であるべきだとし、法を単に経験的に記述する法概念論の成立可能性を否定している。これに対してキャンベルによれば、記述的法概念論は必要であり、さらに法の記述において、法と道徳とが分離できない場合がありうるとする包含的法実証主義が説得的である（Waldron 2001; Campbell 2004, pp. 9-19）。その上で「規範的法実証主義」を採るべきか否かは、規範的政治理論として優れているかどうかで決まるのである。

以上の簡単な整理からも垣間見えるように、法の存在条件や法概念論の任務についての議論は、極めて込み入っている。そして「不正な法も法であるか」に直截に答えるためには、法概念論の迷宮に足を踏み入れざるをえない。しかし、遵法責務問題に答えるためには、踏み入れる必要はないものを我々は考える。なぜなら、遵法責務の正当化根拠を問う動機は、単に不正な法が存在することではなく、不正な法が道徳的に誤った行為を強いることにこそあるからである。法内容が不正であるだけでは遵法責務問題は生じない。道徳的に正しく行為することを食い止めるだけの強制力を法が有さないのであれば、遵法責務の正当化根拠など問う必要がない。さらに第一章で述べたように、法の強制力が違法行為に対する制裁でしかなく「遵守問題」しか成り立たないのであれば、不正な法に従うべき理由を問う動機は生まれないだろう。法が法である以上従うべき理由に基づいて、法の拘束力を説明しようとするところではじめて、「服従問題」が成り立つのである。つまり、法の規範性の説明こそが、遵法責務問題の基底をなす。第一部では、現代英米法概念論における法の規範性の説明のうち、代表的なもの五つを順次取り上げ、批判的に検討したい。

第一部　注

（1）　もちろん、なぜ道徳に従うべきかは道徳哲学の根本問題である。しかし遵法責務問題の射程を超えている。遵法責務の正当化が、全ての国法に従うべき道徳的理由を問うものである以上、我々が道徳に従うべきであること自体は、前提とせざるをえない。

第二章　法は権威である

本章で扱うのは、法の存在条件が法内容の善し悪しと無縁な社会的事実（典型的には議会立法や裁判所の決定）にあると考え、遵法責務を法一般が帯びる権威的性格に照らして正当化しようとする議論である。正しい法も不正な法も、法である以上権威性を帯び、国民に有無を言わせず服従することを求める、という考え方は、法の強制性を際立たせる。その点で説得力がある。しかし国民が法に権威を認めるべき理由とは何か。権威に従うことに相応の利得があるからだ、と言うのであれば、その利得とは何か。J・ラズとS・シャピロがこの問いに答える有力な議論を提示しているので、それが成功しているかどうかを確かめたい。

一　排除理由・置換理由としての権威

1　法による紛争解決と法の権威性

(1)　排除理由

不正な法もまた有する規範性とは何か。それを説明する道筋の一つは、次のようなものである。法の存在条件については、排除的法実証主義に与する。つまり法が存在するかどうかは、法内容の善し悪しと無関係の事実的条件で決まる。それゆえ法の存在条件は、常に内容独立的（content-independent）である。どんなに不正な内容であっても、法の地位を奪われることはない。そして国民は、法内容に対して異論を差し挟む余地なく、全ての法に従うべきである。法は国民に異論の余地を与えないという点で権威的性格をもつ。遵法責務が正当化されるのは、法の権威性が道徳的に正当化される場合である。

法の権威性に着目する代表的な見解の一つが、ラズのものである（Raz 1979, Chs. 1-2; 1986, Ch. 3; 1994, Ch. 10）。彼によれば、法が有するのは、我々がいかに行為すべきかを直接示す理由——「一階の理由（first-order reasons）」と呼ぶ——としての性格だけではない。法は一階の理由の衝突を解決するより高次の条件を伴っている。どういうことか。法に反することを是とするような一階の理由が存在する場合に、それらを我々が従うべきものから外し、法に対してのみ従うことを求めるということである。ラズの言葉を借りて言えば、法を裏付ける一階の理由と競合・衝突する別の一階の理由が存在する場合に、後者を一定の射程で排除することで、前者を保護するのである。

ラズは、一階の理由を排除する法のこのような性格を、排除理由（exclusionary reason）と呼ぶ。また排除理由は、我々がどの一階の理由に従うべきかを決めるという意味で、理由についての理由、つまり「二階の理由（second-order reasons）」である。(1) しかも、排除理由に従うべきかどうかは、一階の理由では左右されない。別の排除理由との相関で決まるのである。

例を挙げて説明しよう。ソクラテスの死刑判決は、アテナイの法的手続に基づいて下されたものである。ラズによれば、そうである以上たとえ冤罪であるとしても、死刑判決は法としての地位を有する。判決の内容が正しいかどうかは、それが法であるかどうかを左右しない。そして法であるからには、ソクラテスの言い分がどれだけ道徳的理由に適っていたとしても、その言い分を貫き通し判決にたてつくことは許されない。なぜなら、法はソクラテスが判決にたてつくべき理由を排除し、判決に従う理由を保護するからである。さらに、アテナイの政治体制が変わって、ソクラテスの言い分が改めて認められ判決が覆されるに至ったと仮想してみよう。その際でも、ソクラテスが従うべき理由を決めているのは、彼の言い分の正しさそのものではない。彼の言い分を認めた法である。

(2)　置換理由

ラズが法に認める権威的性格は、排除理由としてのものにとどまらない。法は、我々に当てはまっている一階の理由を別の理由に置き換えるものでもある。(1)で述べたように、ある決定が法としての地位を有する場合、我々はあくまでその決定が示す理由に従うのでなくてはならない。決定を支持する理由と決定に反対する理由とを衡量して、前者が後者を上回っているから決定に従うというのは、法に対する態度として間違っている。さらに、法が権威としての性格を有する以上、決定前と決定後とで、我々が従うべき理由が変わっているのでなくてはならない。決定前に我々が従うべき理由であったものは、決定後にはそうではない。法によって、我々が法にたてつく一階の理由が排除されるだけではない。その理由が法に従う一階の理由に置き換えられるのである。ある個々人にとって排除された理由がいかに切実なものであろうと、その理由にのっとって行為し異議申立てすることは認められない。このような意味で、法は置換理由（preemptive reason）でもあるのだ。

こちらも具体的に説明してみよう。民事裁判で、XがYの不法行為責任に基づく損害賠償請求を行ったとしよう。XはYに責任を認めるべき法的根拠があることを示そうとし、Yはそのような根拠がないことを主張する。第一審、第二審を経て終審裁判所が、Xの主張を認めYの損害賠償責任を認める判決を下したとしよう。さらに、Yの主張が道徳的に正しく、終審裁判所の判決理由が道徳的に間違ったものであったとする。Yが道徳的理由にのっとって、判決に従わなかったとしたらどうであろうか。Yは法の権威を無にしているのではないだろうか。もし法に権威を認めるのであれば、Yの主張がどれだけ道徳的に正しくても、判決理由に従って損害賠償を行うべきだろう。

⑶　法の権威は正当化されるか

このように説明してくると、ラズが法に権威性を認める動機が見えてくる。彼は、法の規範性を、裁判における紛争解決を範型として理解している。当事者が紛争を単なる合意により解決するのではなく、敢えて裁判所の仲裁を求めるのはいったいなぜだろうか。有望な答えの一つは、紛争を終局的に解決し、二度と当事者間で同じ争いが起こらないようにするため、というものだろう。その考え方からすれば、裁判所の決定が下された以上、当事者の言い分がどれだけ道徳的理由に適ったものであろうと、それに固執してはならない。逆に言えば、決定が出た後も当事者が各自の主張を繰り返し、紛争が蒸し返されたとしたら、仲裁の意義はなくなってしまう。

ラズは、法が紛争当事者に当てはまる一階の理由を置き換えるものであってこそ、紛争の終局的解決を行いうると考える。法が置換理由でなかったとしたら、法的決定が出る前と出た後とで、従うべき理由が変わらないことになりうる。それでは決定前の一階の理由の対立が残されてしまう。

以上、ラズが法の規範性をどのように説明するか、その勘所をみてきた。一言で言えば、ラズは法の規範性を、排除理由や置換理由によって説明されるような権威として捉えている。ここで一点注意すべきことがある。ラズにおいて、法にそのような権威的性格を認めるかどうかと、法の権威的性格が道徳的に正当化されるかどうかは、別のことである。彼によれば、法は一般に権威であること、つまり保護理由・置換理由として扱われることを要求する。しかしその要求がいつ何時でも正当化されるとは限らない。

法の権威が正当化されるためには、法が紛争を終結させる力を有するだけでは足りず、紛争をよりよく仲裁する機能を法が実際に果たしていなくてはならない。ラズは我々に当てはまる理由が相互に衝突する状況で、権威の調整により、各々がよりよく自らの理由に従えるようになることを、権威の正当化根拠とする（「通常の正当化テーゼ〔normal justification thesis〕」）(2)。ただし彼は、法一般の権威ひいては遵法責務が実際に正当化される見通しはないと考えている（Raz 1986, Ch. 3）。なぜなら、各々に当てはまる理由はあまりに多様であり、しかも比較不能で、全ての国民が十分に理由に従えるような条件を整えることは実現不可能であるからである（ibid., Ch. 3, 13）。法に従うべきかどうかは、個々人が直接自らの理由に従おうとする場合と法に従う場合とで、どちらがより各自の理由にのっとって行為できるか、個別の状況に応じて決まってくることになる(3)。

2　議論の焦点

(1) ラズの議論はどのような理論的意義を有するか

ラズが法の規範性を説明するにあたって、法の権威的性格を持ち出したことには、法概念論上次のような意義が認められる。「はじめに」で若干言及したが、H・L・A・ハートをはじめとして多くの法実証主義者は、法の存在と法の善し悪しとを別の問題であるとした上で、法の存在条件と「在る法（law as it is）」一般が有する規範性を、経験的に分析することだけに従事してきた（Hart 1983, Essay 2）。そこでは、「在る法」一般に服従する遵法責務が存在するかどうかは、もっぱら法が「在るべき法（law as it ought be）」に合致するかどうかで決まると考えられてきた。ラズの法の権威性の指摘は、このような法実証主義のあり方を改めようとするものである。本節冒頭で述べたように、ラズは法内容の道徳的善し悪しは、法の存在条件とは無関係であるとする。その点で法実証主義における法と道徳の分離を踏襲している。しかし他方で、法概念論における遵法責務問題の扱いについては、ハートらの見解に異を唱える。「在る法」一般が権威要求を行うものとし、それが正当化されるかどうかこそが遵法責務の存否を分けると考えたのである。つまり、ハートらと異なり、ラズにとって「在る法」一般が遵法責務の対象たるにふさわしいものとなるかどうかは、有意味な問いである。そして内容独立的に同定される法の全てに服従することで、個々の国民が理由に合致して行為できるようになるならば、その意味で法服従が合理的であるならば、遵法責務は正当化されると説いたのだ。

ラズによる法の権威性の説明は、二および第三章以下で検討する他の議論と対比した場合、以下の特色を有する(Cf. Shapiro 2002; Moore 2000, Ch. 3; Kramer 1999, Ch. 4; Soper 2002, Ch. 3)。

⑵　ラズの議論の特色

(a)　法は自らが正しい内容を有すると主張する　我々が何らかの主体に権威を認め、その命令に従うとき、命令内容の正しさに関心を払うだろうか。例えば、軍隊で上官から命令された場合はどうであろうか。下僚はただ従えばよいのであって、その命令を正しいものとして扱うかどうかは問題とならない。肝心なのは指揮命令系統を保つことだ。そのように考えても間違いではないだろう。

しかし、ラズが法の権威性を説明する際、法が一階の理由として正しいかどうかに対する関心は失われない。そのことは、彼が、法が保護理由であり置換理由であると述べていることからも明らかである。法は単に自らに反対する一階の理由を排除するだけでなく、自らに従う一階の理由に置き換え、それを保護するのである。そうである以上、法に権威を認めることは、法内容の正しさを認めて受容し(accept)、支持する(endorce)ことを含む。

いま一度付言すれば、ラズはあくまで、法が権威であるとはどういうことかを説明しているのであって、法を権威として扱うことが道徳的に正当化されるかどうかは別の話である。法一般についてその内容の正しさを認めて受容し支持することが道徳的に正しいのは、「通常の正当化テーゼ」の条件を満たす場合だけである。しかし、法の権威が道徳的に正当化されなくても、法は権威を要求する。つまり法は一階の理由として正しいことを主張するのである。その主張を認めないのは、法に対する態度として間違っているとラズは考える。例えば、政府の法存立・法適用権限と強制力を行使する権限を認めるだけでは、法の権威を認めたことにならない(4)。また法が権威的指令であることだけを理由にして服従することも、法の権威を認めたことにはならない(5)。

また単に自己利益の実現にとって、法遵守が望ましいか否か――例えば違法行為に対する制裁を回避しうるか否か――のみを考える態度も、法の権威を認めたことにはならない。法が求める他人の利害への配慮が道徳的に正しいことを認めて、はじめて法を権威として扱ったことになる。そのように考えるべき理由は、以下である。法は一般的適用可能性を有する規範であり、特別の事情があることを十分な根拠に基づき示されない限り適用除外を許さないものである。そうである以上、国民は法に従うべきか否かを、他者と共有しうる理由によって判断しなくてはならないのである。

(b)　法は理由である　法は特定の行為を行わせることのみではなく、どの理由に従ってその行為を行うかに関心を有する。つまり法の権威を認めることは、法の権威が保護する一階の理由以外には従わないことでなくてはならない。

(c)　法服従の「合理性」　法一般の権威が正当化されるのは、個々の国民が法一般に服従するときのほうが、そうでないときより、各々に当てはまる理由に合致して行為できる場合である。ここで理由に合致して行為することを「合理性」と呼ぶとすれば、権威を正当化するのは、権威による一階の理由の排除と置換が、個々人にとって「合理的」であることである。

ラズの議論の成否を左右する焦点は、(a)および(c)にある。(a)については、不正な法に権威を認める以上、法が正しい内容を有するものとして扱わなくてはならないという主張が当たっているのかどうかを問わなくてはならない。この問いは**二**および第四章で扱う。(c)については、不正な法に権威を認め服従することが「合理的」である場合など本当に存在するのかを考えなくてはならない。この問いは第三章で扱う。

二　強行理由としての権威

1　強行理由としての法

(1)　法による指導

(a)　ハートによるラズ批判

(i)　法的責務と道徳的責務の分離　一で述べたところを繰り返すと、ラズは、法の規範性を権威として説明する。そして法の権威を認めるのであれば、単に法の言うとおりに行為するだけでなく、法を正しいものとして受容し支持しなくてはならない。

これに対してハートは、ラズによる法の規範性の説明を評価しつつも、法実証主義の基本動機と相容れないものとなりかねないと批判する。ハートがラズに賛同するのは、法が一階の理由を示すという点である。法の拘束力は、国民が制裁あるいは制裁の予期によって、一定の行為へと促される局面だけを見ていても、理解できない。法の拘束力を説明する際には、法が行為理由を与える局面を踏まえる必要がある。例えば、刑事法は単に違法行為に対する制裁の予期を与えるものではない。あくまで違法行為を禁止する理由を与え、その理由に背く行為に対する罰を定めるものである。

しかし他方で、ラズの言う一階の理由は、個々人に当てはまる理由一般を指しており、その主要部分は道徳的理由であると理解できる。そうであるとすれば、ハートはラズに与しえない。なぜなら、ハートにとって、法実証主義の勘所である法と道徳の分離とは、単に法の存在条件が法内容の道徳的善し悪しによらないことだけを説くものではないからである。その核心は、法的義務と道徳的義務をあくまで別物として扱うことである。

どういうことか具体的に説明してみよう。例えば、日本の刑法一七五条一項はわいせつ文書の頒布に対して、二年以下の懲役か二五〇万円以下の罰金・科料を科す、あるいはその両方を併科することを定めている。この規定の規範性をどのように説明したらよいだろうか。ラズならば次のように答えるだろう。一七五条一項は、わいせつ文書の頒布への処罰を予定していることだけを述べるものではない。わいせつ文書の頒布等を行う一階の理由を排除して、それを行わない一階の理由に置き換えて保護するものであり、わいせつ文書の頒布を行わないことが正しいと主張するものだ。そして、一七五条一項に従うべきか否かは、日本国民が各自の理由に従う上でどれだけ役に立つかによって決まる。

これに対してハートは、わいせつ文書の頒布を行わないことが正しいと言うときの、「正しい」の意味を問題にしている。彼にとって一七五条一項は、あくまで法的義務を定めたものでしかなく道徳的義務については述べていない。つまりわいせつ文書の頒布を行わないことが法的に「正しい」と述べているだけで、道徳的に「正しい」かどうかは関知しない。そして一七五条一項に従うべきか否かは、それが道徳的に正しいかどうかで決まる。

ラズとハートの説明のどこが違うのか。最も重要なのは、法の規範性の説明と遵法責務との関係である。ラズの場合、①法は自らが正しいこと、そして②自らに従う責務が道徳的に正当化されることを主張するものである。ハートの場合、法は②を主張しない。ハートは法の規範性を、内的観点――認定のルールを自らに当てはまる規範として扱う態度――に基づいて説明する。仮に国民全員が全ての法に従うべきだと考えているとしても、それは全ての法が認定のルールにより法的妥当性を与えられていて、国民全員がその認定のルールに事実として従っているからでしかない。ラズのように、不正な法を含んで「在る法」一般が遵法責務の対象としてふさわしいかどうかを問うことは、不適当である（Hart 1982, pp. 156–161）。

しかし、なぜ法的義務と道徳的義務を別物として扱うべきなのか。その理由は、法概念論の任務が法の経験的記述にあること、そして法の経験的記述に徹するのであれば、いかなる邪悪な内容をもつルールでも、それが認定のルールにより法的妥当性を与えられている以上、法として扱わなくてはならないことにある。内的観点をもつ者が、認定のルールを行為理由とし、認定のルールにより妥当性を与えられた法に従っていたとしても、世界に存在する全ての法について、内的観点を道徳的に正当化することは決してできないだろう。内的観点をもつかどうかはあくまで事実の問題として扱わざるをえないのである。(6)

(ii)　強行理由論　これまで述べたことをまとめよう。ハートによれば、法の規範性とは、法に合致した振る舞いを確保するための強制のみにとどまらない。法に従う理由を与えるものである。しかしその理由を道徳的理由に還元してしまうと、邪悪な法がもつ規範性の説明としては不適当なものとなる。

それではハートにおいて、法に従う理由とはどのようなものなのか。彼の答えは、法は一般に「強行理由（peremptory reason）」であるというものだ。(7) 法が強行理由として扱うとは、法に従った行為が道徳的に正しいものであるかどうか、自ら熟慮・判断することをやめ、法がまさに法であることそのものを理由にして服従することである（Hart 1982, pp. 253, 257）。内的観点をもつ者が、認定のルールを行為理由として法に従うということは、まさにこのような事態を指している（ibid., pp. 265–266）。

具体的に説明してみよう。裁判官が判決を下す場合を考えてみよう。彼女が扱っている事案に関しては、判例が存在する。判例に異を唱える国民が多く存在し、彼女も判例が道徳的に疑わしいものと考えている。しかし最高裁は判例を墨守している。彼女は自らが裁判官である以上、判例の正否に関する自らの判断に交えてはならないと考え、判例に沿った判決を下した。彼女は公職者として、法が法であることそのものを理由にして行為すべきだと考え、自らの判断を放棄し、判例に従ったのである。

しかし、彼女は本当に判断を放棄すべきであったのだろうか。第三章で扱うムーアの議論を借りつつ考えると、判例変更の場面を考えれば、彼女の振る舞いは全く自明ではない。判例変更においては、既存の判例を覆して別の法解釈に基づいた判断が下される。問題は、その判断がどのようにしてなされるかである。判例変更の際には、既存の判例が扱いきれる事案とそうでない事案を分け、後者の事案にも適用可能な新たな判例が出されることになるが、「既存の判例が扱いきれる」かどうかは、既に存在する法だけに従っていても判断できないのではないか。そこでは道徳的判断が避けられないのではないか。このように考えれば、ハートは少なくとも法を強行理由として扱うべき道徳的理由を提示しなくてはならないだろう。

ハートは、このような疑問に一定程度答える議論を行っている。彼は、我々が何を行為理由にすべきかを規定する実践的権威と、我々の事実認識のあり方を規定する理論的権威とを区別する。実践的権威は我々が何をなすべきかについて判断する。その判断に対して、我々は何が行為理由であるかについて自ら熟慮せず、その内容いかんによらず従う。そのような事態こそ、我々が実践的権威の判断を強行理由として扱っているということにほかならない。これに対して、理論的権威は我々が何を事実として認識すべきかについて判断する。その判断に対して、我々は何が正しい事実か自ら調べることなく従う。

ハートはこのような区別を行った上で、何を理論的権威と見なすべきかが問題であるのと同様に、何を実践的権威と見なすべきかも問題となると述べる。我々が現実にある主体の事実判断を疑わずそれに従っているということだけでは、その主体が理論的権威をもつことは正当化されない。その主体の判断を信じるべき理由が必要である。その事情は、実践的権威についても同様である。我々が現実に自ら熟慮することなく、ある主体の理由判断に従っているということだけでは、その主体が実践的権威をもつことは正当化されない。その主体の判断を信じるべき理由が必要なのである。

そして法は、我々の行為理由を規定する実践的権威である。法についても、我々がただ現実に法に従っていることだけでは、その権威は正当化されない。法を実践的権威として扱うべき十分な理由があってはじめて正当化される。ハートは、法の実践的権威の正当化根拠として、立法府の構成が道徳的に望ましい政治体制に見合うものであることや、法による秩序の安寧や調整問題の解決などを挙げている（Hart 1982, pp. 262-263）。

しかし、以上のような議論で、法一般が強行理由であること、そして法を強行理由として扱う道徳的理由を十分に示したことになるだろうか。我々はそのようには考えられない。その理由を示すために、まずは理論的権威について考えてみよう。例えば、友人に気象予報士がいて、彼の予報を信じて生活している者がいるとする。ところが、彼の予報がたびたび外れる。彼に晴れると言われて傘を持たずに外出したのに、雨に降られるということが度重なる。そうなると、彼の予報を信じてよいものかどうか疑わしくなるだろう。別の気象予報を参考にするようになるかもしれないし、自分でその日の天気を予想できるように勉強するかもしれない。いずれにしても、彼の事実判断が正しいかどうか確かめる必要が生じる。しかしそうだからと言って、彼の予報を全く当てにしないというわけではない。彼の判断に一定の信頼を置きつつ、自らの判断も交えて、天気を予想し、傘を持って行くかどうかを決めるのである。

実践的権威についても同様ではないか。我々は、自らがどのように行為するのが理由に適っているか、いつも確かめているわけではない。教師や専門家や法がそうすべきと言っているからそうするということも少なくないだろう。しかし実践的権威の判断に対して多くの批判があったり、我々自身が確信をもてなかったりする場合には、その判断が本当に正しいのか確かめようとするのではないか。とりわけ法に対して不服従するかどうか迷っている者は、法が道徳的に正しいか否かに関心をもたざるをえないだろう[8]。その場合に、我々は法に従っていないと本当に言えるのだろうか。ハートの答えはＹＥＳである。法に従うとは、法が道徳的に正しいかどうか判断せずに、法が法であることを理由に行為することである。そして法を強行理由として扱うべき道徳的根拠があることは、我々が法を道徳的に正しいものと信じることを含まない。しかしハートの議論だけでは、法を強行理由ではないものとして扱ってはいけないのはなぜなのか、十分に示されていない。法が道徳的に正しいか否かへの関心をもたないほうが望ましい理由は何か、より立ち入って明らかにする必要がある。

(b)　強行理由論の再構成――シャピロ

(a)で述べたようなハートの強行理由論への疑義に答えて、法を強行理由として扱いそれに服従することが合理的であるゆえんを明らかにしようとするのが、S・シャピロである(Shapiro 2001; 2002)。[9] 彼は法の規範性を以下のように説明する。法は、自らに沿って行為する場合と道徳的理由に沿って行為する場合とで、法の名宛人と法適用を行う裁判官の行為と意図に違いを生み出す。その上で、法は道徳的理由ではなく自らに従って行為することを求める。法の規範性とは、そのような意味での行為指導(guidance)を行うことにある。法に従うということは、道徳的理由によらずに法に沿った行為を行うよう意図させることである。このような法服従のあり方を法に随順する(conform)と呼ぶ。

逆に言えば、法によらずとも、法の求めるところと同じように行為する理由が存在する場合には、法の権威は存在しない。法が道徳的理由と異なる形で行為する意図を生み出す場合にのみ、権威が認められるのである。

このような法の権威は、ラズの言う権威とは異なり、一階の道徳的理由あるいはその主張を伴わない。つまり、法服従の合理性は法の示す一階の理由の正しさにはよらない。置換理由の場合、法によってさまざまな理由の調整がなされたところでも、調整後の理由が当事者にとって正しいことは変わらない。したがって法は被治者が従うべき理由に違いをもたらさない。これに対してシャピロにおいて法の権威は、我々が法以外の理由を意図して行為することを禁じる。それゆえ法の道徳的善し悪しについて熟慮しその結果に従うことを制約する。その意味で法は強行理由である。法の権威は、我々が正しいと判断したところに従って行為する判断の自律とは両立しない。

我々が不正な法に直面しそれに服従すべきか否かを判断することを迫られるとき、道徳的理由を考慮せず、法が法であることそのものを理由にして服従しなければならないように見えることが少なくない。つまり、悪法状況では往々にして法の主張は、被治者にとって、内容依存的理由であることの標榜でないだけでなく、内容の善し悪しとは独立に服従を要求する権威の地位を有しているか否かについて考慮する余地を与えることすら拒否するものでもあるように見える。例えば市民的不服従の範型として参照されることが多いソフォクレスの『アンティゴネ』(松平訳 1986) の場合、クレオンはポリュネイケスを埋葬することを禁じた国法を曲げることを拒否し、国法に背いたアンティゴネを死刑に処する考えを頑なに変えようとせず、その頑迷さを批判するハイモンの嘆願やテイレシアスの忠告に対して、自らの決定に理があることを示そうとするのではなく、ただ主権者たる国王にたてつくことは許さない、と突っぱねるだけである。シャピロの強行理由論は、このような法の強制性をよく記述するものである。

(2) 強行理由への服従はなぜ合理的か

これまで述べたところを一言でまとめると、強行理由論においては法が自らを権威として扱い服従せよと要求するのは、一階の理由において正しいことを主張することによってではない。しかしそれにもかかわらず、シャピロとハートは、法服従は合理的でありうると考えている。

(a)　権威の不道徳性——ウルフの哲学的アナーキズム　　現代英米法概念論で権威への服従が合理的であるかどうかが論じられる際、R・ウルフの権威批判が決まって取り上げられる。ウルフは『アナーキズムの擁護』(Wolff 1970) において、次のように述べる。①個人は自律的である道徳的義務を有する。②国家の権威や法の権威は、アプリオリに、個人に自らの理由判断に従って行為する自律を放棄させ他律的に振る舞うこと（いわゆる「判断の放棄〔surrender of judgment〕」）を要求するものである。この二つの前提に基づくと、遵法責務と国家の命令に従う政治的責務は、自律的である道徳的義務に反するため、アプリオリに非道徳的であることになる。それゆえ、たとえ我々が、国民となることに同意したり、国家や法の供給する公共財の便益を意識的に受領したりすることを通して、個々に責務を引き受けていたとしても、遵法責務も政治的責務も正当化されえない。

もちろん国家や法への服従がアプリオリに非道徳的であるという議論は、あまりに直観に反する。しかし重要なのは、ウルフの批判の後では、国家や法が必ずしも正しい判断を行うわけではないにもかかわらず、それらに服従することそのものが理由に適う（合理性を有する）とどうして言えるのかが、改めて問い直されることである。

ウルフのこの議論に対して遵法責務を道徳的に正当化することが少なくとも可能であると論じようとする場合、考えられる道筋は以下の三つである。(ア)②を否定し、法の権威は必ずしも判断の放棄を求めない、つまり権威と服従者の判断の自律は両立可能である、と考えて、遵法責務は個人が自律的であることの価値を犠牲にせずとも正当化できるとする。(10) (イ)②を肯定する一方で、①を否定し、判断の自律を犠牲にするものであってもなお権威は正当化されうると考える。(ウ)権威が判断の放棄を要求するかどうかは権威の正当化にとって重要でない、と考え、ウルフの権威否定論への応答の必要を認めない。(11)

(b)　強行理由による協力の実現　シャピロは(イ)の立場を擁護すべく、強行理由への服従が合理的であるゆえんを以下のように論じる（Shapiro 1998, pp. 47-51; 2002）。法は第一義的に人々の間に生じる紛争をひとまず収拾して秩序の安寧を確保し、紛争を調停する決定を円滑に遂行させるために存在する。そのために法は人々の一致した随順行動を乱す行為つまり法に反対する行為とそれを支持する理由が、そもそも実現不可能である（infeasible）状態を作り出す行為制約（constraint）として機能することが望ましい。とくに囚人のディレンマ状況のように個々の当事者にとっては互いに協力する選択肢が合理的でない場合、紛争の解決のためには、法を内容独立的理由であってもなお自らが正しいことを主張する権威の機能だけでは足りず、当事者に自律的な理由判断を放棄させる力、そして法が道徳的に正しいことではなく、法であることそのものを理由にして行為させることにより、随順行動をとらせるだけの力を有している必要がある。強行理由は、法に権威を認めこれに従うほうが合理的に行動できるのかそれともそうでないのかを熟慮する余地を被治者から奪い、彼らの判断の自律を犠牲にするが、強行理由による行為制約のおかげで深刻な価値対立の下でも、法に従わない理由を相手が有しているか否かの予期に振り回されずに、行動の一致を確保することができるのである。シャピロは、被治者に個人の判断の自律を認め、法服従が合理的であるか否か判断し服従すべきか否かを考慮する余地を与え、意見の不一致を尊重したり、決定に対する異議申立てを容認したりすることよりも、当事者に文句を言わせずに、いったん下された決定を手続に従って円滑に遂行し、安寧を維持することを、法が守るべき第一の価値である、と考えている。

2　キャンベルによる政治哲学的根拠の提示

以上がシャピロによる法服従の合理性の説明である。しかしそれは概括的なものにとどまる。これに対し、T・キャンベル（Campbell 1996）は、法が強行理由としての性格を有すると考える政治哲学的根拠を示そうとする。

(1)　規範的法実証主義

キャンベルによる強行理由論を扱う前に、彼の法概念論上の基本的立脚点を確認しておきたい。キャンベルは「規範的法実証主義（normative legal positivism）」に立っている。彼は、法と道徳とは実際には分離されていなくても――例えば、憲法の人権規定の解釈を通じて、決定の道徳的善し悪しも法の存在条件として扱われてしまっていても――分離すべき道徳的理由があると説いている。

そもそも法と道徳の分離の規範的根拠を論じる規範的法実証主義がなにゆえ必要なのかについて簡単にみておきたい。この目的のためには論文「規範的（倫理的）法実証主義」におけるJ・ウォルドロンの規範的法実証主義の導入（Waldron 2001）を参照するのが有益である。

この論文でウォルドロンは、法実証主義批判とくにR・ドゥオーキンによるそれ（本章第五章参照）に対して法実証主義を擁護するためには、記述的法実証主義（descriptive legal positivism）では不十分であり、規範的法実証主義に立脚する必要があると説く。ハートやJ・コールマンらは、何が法かについての判断と何が道徳的に正しいかについての判断は分離しうる、別の言い方をすれば両者の間に必然的連関は存在しないと主張している。しかしそれはあくまで法を経験的に分析する法概念に照らしてのことである。法と道徳の分離が望ましいかどうかについては何も述べない。法概念論の任務は、あくまで「在る法（law as it is)」の経験的記述であって、そのように記述された法が一般にどのような価値をもつかではないからである。

ウォルドロンは、このような記述的法実証主義に対して、法と道徳を分離することが、それ自体道徳的に望ましいと説く規範的議論、すなわち規範的法実証主義を打ち出す。彼は、コールマンの記述的法実証主義に対する批判を通じて、自らの見解を裏付けようとする。

第一に、コールマンは、法と道徳の分離は概念的に真であるか否かが先に明らかにされている以上、その上にさらに法と道徳の分離を規範的に擁護することは無益である――記述的法実証主義の主張が真であるなら、規範的に擁護するまでもなく既に経験的事実として法と道徳とは分離可能である以上、あえて規範的に擁護する必要はないし、もし記述的法実証主義が誤りであるなら、法と道徳を分離することは不可能であり、法と道徳の分離を規範的に擁護しても実現可能性がない――と述べる（Coleman 1988, p. 12)。

しかし、このような言い分だけでは、規範的法実証主義の意義は失われない。なぜなら、記述的法実証主義と規範的法実証主義では、法と道徳の相関についての立場が異なるからである。記述的法実証主義は、法と道徳の必然的相関は認めないが、偶有的に法の存否がその内容の道徳的善し悪しによって決まる可能性を、経験的事実として認める――つまり「包含的法実証主義（inclusive legal positivism）」が、法の経験的記述として、正しいとする――のに対して、規範的法実証主義は、法と道徳との分離は必然的で、法の存否は必ずその内容の道徳的善し悪しとは独立の社会的事実によって決まるとする立場を規範的に擁護する――つまり「排除的法実証主義（exclusive legal positivism）」が道徳的に望ましいと説く――ものである（Waldron 2001, pp. 413-414）。

第二に、コールマンは、法と道徳とは分離されるべきか否かの規範的問いは、法概念を解明する記述的法理論を前提としてはじめて成り立つものであり、したがって規範的法理論ないし規範的法実証主義は、記述的法実証主義と置き換わるものではないと説く（Coleman 1988, p. 11）。

これに対して規範的法実証主義は、次のように応答する。それは法概念の解明が何が法かとして問われるべきで、何が法であるべきかを問題にするものでないという考え方を前提とするが、その考え方こそが疑わしい。そもそも法はさまざまな利益や価値の対立に基づく紛争の解決に従事するものである以上、何が法であるべきかについても紛争当事者の間で争われるものと考えるのが自然であり、この論争を法概念の分析によって何が法であるかを記述することのみで解決できると考えることには無理がある。ドゥオーキンが、ハードケースを取り上げて法実証主義を批判したこと――制定法の解釈が争われるハードケースにおいては、裁判官は自らの法解釈が現存法を最善の光の下に照らし出すものであるかどうかの考慮により決定を下すのであり、その考慮には裁判官の道徳的信念が関与せざるをえない、そうである以上、法と道徳が事実分離していると考えることはできないはずだ、と論じたこと――の基本的動機の一つはこの認識である。ドゥオーキンの批判に応えるには、何が「在る法」なのか自体、道徳的に争われることを認め、法と道徳の分離を規範的に擁護することが不可欠なのである（Waldron 2001, pp. 419-420）。

キャンベルも、ウォルドロンの何が法であるべきかに関する規範的議論の必要性の認識を共有し、法と道徳とを分離すべき、つまり排除的法実証主義を採用すべき道徳的根拠として、強行理由としてのルールによる統治がもたらす政治的、道徳的価値を論じる。

⑵　ルールとしての法の特徴

キャンベルはルールの規範的性格の中核を、指令性（prescriptivity）に置く。キャンベルによれば、（「すべきである（must）」「してはならない（must not）」などにより表される）「指令性」とは、規範がなければ存在していたはずの選択の自由が奪われる「強制性（mandatoriness）」あるいは「非任意性（non-optionality）」であり、指令性を有するルールは理由を排除する、あるいは置き換えるのではなく、理由づけ抜きに自らに従うことを要求するものでなくてはならない（Campbell 1996, pp. 44-49）。つまりキャンベルはルールを強行理由として理解している。

その上でキャンベルは、法体系を以下のような特徴をもつルールの体系として理解すべきであると述べる（ibid., p. 6）。①ルールが示さない道徳的考慮を排除する。②内容の特定性、明晰性、ルール相互の整合性。他方、一般性については、全ての人に適用可能であることを意味するものとして捉えるべきではないと留保を置く。キャンベルにとってルールとしての法の中核的な機能は、政治的決定を、アドホックではなく行うことを促進することにあるのであり、一般性条件もその範囲で理解されるべきと考えるのである。

ではなぜ法はルールであるべきなのか。キャンベルはまず以下の二つの理由を挙げる。第一に、ルールこそ人間の自由を制約する、道徳的に正当化された提案を表出し検討に付するために適切な条件であること。第二に、ルールは（その公開性や明晰性などにより）民主的選択を促進すること（ibid., p. 6）。ただし、キャンベルはルールとしての法の考え方への規範的なコミットメントは、形式主義へのコミットメントを含むわけではないとする。ルールとしての法の考え方は、形式主義とは異なり、法の機械的適用に固執するわけではなく、法適用において一般的な法の規定を解釈することが必要であり、その際そこに道徳的・政治的選択が介在することを許容する（ibid., p. 7）。

(3) ルールによる統治の規範的根拠

キャンベルがルールとしての法の考え方に規範的にコミットする一番の理由は、ルールとしての法に統治を服せしめることこそが、価値対立のより不偏的な調停を行う統治を実現する一方で、その統治のために必要な巨大な権力が放縦に行われるのを食い止めるのに最適の条件であると考えるからである。より詳しく説明しよう。

① 強行理由としての法は、個々人の内容判断いかんによらず随順行動を強制することで、特定の個人の理由判断を特別に考慮する不公平を避ける、より画一的な法執行が可能になる。

② 深刻な価値対立の下で統治を行う場合、統治権力を掌握した集団が、それを彼らの個人的価値の充足のために恣意的に行使することの害悪は極めて大きい。その害悪に対処するために最も有効なのは、権力行使を、内容の善し悪しを考慮しない立法手続および法適用手続（つまり系譜テスト）を満たしたか否かのみによって存在するか否かが決まる、内容の特定された明確なルールとしての法にのみ基づかせることである。そのようなルールの下では、ルールに反して権力を行使する権限踰越が行われたかどうかが明確になるため、権力の放縦を食い止めることがより容易になる（Campbell 1996, pp. 58-61）。このようなルールによる権力行使の手続的制約を法の役割と考えるならば、法の内容の是非についての判断の自律を法の名宛人、さらに法適用主体つまり司法府に認めるべきではない。法の名宛人や司法府が、系譜テストを満たしたルール以外の道徳原理や先例拘束や類推などに訴えて、よりよく正当化された決定を法と見なすところでは、立法目的と離れた法適用や法の変更が容易に行われてしまう。それは立法権行使に伴われるべき答責性の確保をより困難にする危険がある（ibid., pp. 114-117）。この危険を避けるためには、法は法であることそのものを理由にして従われるべきであり、また法適用において推論を行う際に用いる理由は、道徳的理由から隔離されるべきである。(12)

③ キャンベルは法が権威を有する根拠を、さまざまな正義構想の対立のなかで、どの正義構想を支持する諸

個人が統治者になった場合でもその企図を最大限実現する統治を円滑に行うための機能を有することに見出している。このような権威の正当化からすると、被治者に判断の自律を留保することはやはり望ましくない。

3　法に対する忠誠

強行理由論において、法は、単に内容独立的理由であるだけではない。法は道徳的に正しいことを主張しない。法と道徳は、法の存在条件だけでなく法の規範的主張の説明においても分離されるのである。ポステマの整理を援用すると、強行理由論は以下のような特質を有している。

① 限定領域テーゼ　法は公務員と市民が同様に利用できる実践的諸理由や諸規範の限られた領域を明示するものである。

② 置換テーゼ　法は、法の限定された領域から、法以外の理由を排除する（preclude）理由である。[13]

③ 源泉テーゼ　理由や規範がこのような法の限定された領域に属するか否かは社会的事実によって規定されるのであり、道徳的あるいは評価的議論に訴えることなく決まる。

①から③をまとめると次のようになる。強行理由論の狙いは、道徳的理由の追放（displacement）と隔離（isolation）にある。つまり、法の領域で用いることのできる理由づけを限定すること、そして法的推論を、対立する利益や価値に基づく理由づけから切り離し、それらと独立した理由の領域に押し込めることである。そのようにして、法は道徳に対する自律性をもつことになり、法的な紛争解決に強行性が与えられる。解決に対する異議申立てとして許容されるのは、法の領域で認められた理由に基づくものに限られる。当事者からすれば、解決のあり方が自らの支持する道徳的理由に反することもあるだろう。しかしそのような事情で解決に背くことを法は認めない。法がそういった自律性と強行性をもつことは、社会にとって望ましいかもしれない。道徳的理由の追放と隔離に

より、法の領域で取沙汰される理由は限定される。人々はさまざまな理由に従っているが、それをそのまま法的な紛争解決で持ち出すことができず、いわば法の言葉で語ることが求められるのである。そのことで、社会で起こる紛争に一定の「交通整理」がなされ、理由をめぐる対立ひいては価値対立が調停されていくということになるかもしれないし、価値対立の下にある人々が互いに法の下で協力できるようになるかもしれない。さらに、2で述べたように、法が、自らが正しいか否か熟慮せず随順することを要求するルールとして機能することにより、統治権力の放縦が抑制されうる。

しかし、法は本当に道徳に対して自律的でありうるのだろうか。深刻な価値対立の下では、権威が自らの指令の内容の是非の判断をやめ自らに随順することを標榜し、そのような権威の力が当事者相互の協力が期待できる状態を生み出すとしても、そもそも実際に在る法に服従すべきか否かの問題に直面する参与者相互で、他人が法にそのような権威の力を認める動機を有すると期待しうるかどうかは不確実である。一般的には、対立が深刻になればなるほど、法の権威による対立の調停が必要になるにもかかわらず、他の参与者が法に権威を認める期待がもてなくなるだろうし、逆に対立が厳しくないところでは、参与者が一致して法に権威を認める期待が成り立ちやすくなるが、そこでは法による調停の必要はそれほど切実でない。前者の状況でも法への随順を期待しうる――期待が裏切られた場合、裏切った相手に非があると言える――規範的根拠が何なのか（Cf. Postema 1996, pp. 104–112）。

2で述べたように、単に随順行動による秩序の安寧や権力制約など、法を強行理由として扱うことによってもたらされる便益を挙げることのみでは、この問いへの応答に成功しない。国家の供給する公共財の便益に見合う応分の負担を国民相互で負い合うべきであるという道徳的要請に基づいて遵法責務を正当化する公平性原理からの議論の限界と同型的な困難に直面することになるからである(14)。すなわち、上記の強行理由たる法の便益は、他の国民の消費を妨げることが困難な非排除性を有する公共財としての性格を有する。財の供給は、国民全員が自らの自律的判断を尊重して行動しては成り立たないが、他方で全員の判断の放棄と法への随順は必要ではない。一定数までの不随順は、国民一般の随順への期待を覆すものとはならないであろう。問題は、この状況で他人が随順するなかで自分だけ不随順する「ただ乗り」「抜け駆け」が許されないと言いうる理由が見出されるかどうかである。公平性原理によって全ての国民の法への随順を正当化するためには、少なくとも随順における個々人の判断の放棄の負担の重さが、便益に見合わないものでないこと、あるいは法への随順が一部の国民にのみ不当に大きな負担を課すものでないことが前提とされなくてはならない(15)。しかしその前提条件が満たされるかどうかこそが論争的である。阪口正二郎が論じているように、アメリカでは一八三六年、連邦議会の上院・下院で、奴隷制をめぐるあまりに深刻な対立により議会が停滞する事態に対処すべく、その論争を棚上げにする緘口令を敷く決議を行ったが、そのような暫定協定が賛成派反対派いずれに有利かをめぐってさらなる争いが起こることを食い止めることができず、結局、南北戦争を招くこととなったのである（阪口 2001、252-253頁）。

参与者が相互に法に服従要求を認める条件を考えるのであれば、シャピロやキャンベルのように、法に強行理由を認めて法の道徳に対する自律性を保持することは適切でない。服従要求を認めるに値すると参与者が相互に考えるような道徳的価値が法に備わっていなくてはならず、したがって、在る法がその価値に見合うかどうかについての参与者の自律的判断は法の権威の存立にとって必要不可欠である。

以上の強行理由論の批判は、フラーがハートの法と道徳の分離の主張を、それが法に対する忠誠を説明しない、として斥けた議論と重なり合う。フラーの議論の中核は以下のようにまとめることができる。戦後のドイツの再建期の、ナチス体制下での法律の適用をそのまま認めるわけにもいかず、そうかと言って単に過去の決定を無効にして道徳的に正しい判断に置き換えれば済むわけでもない（それでは不正な法ではあってもそれが法的手続にのっとった決定である限り遵法責務が存在すると考え服従した人々を不当に扱うことになる）状況に際して、裁判官はどのように決定を下すべきなのか。この問いに対して、単にハートのように法と道徳の区別を説くことは、裁判官の直面する困難に何ら手を差し伸べるものではない。彼の困難を、一方で法がどれだけ道徳的価値をもたないものであろうと概念必然的に主張する服従責務と他方で道徳的に正しい判断に従うべき義務との対立として説明するのは、決定的に不十分である。それでは前者の法の要求を無視してはいけない理由が彼には全く理解できないだろう。不正な法であっても服従すべき責務が我々にとって真正の道徳の衝突を構成するためには、在る法一般が、我々がよき法秩序の形成の営為に携わる上で不可欠の前提となる道徳的価値を内在しているゆえに、服従要求をもつに値すると考える、法に対する忠誠を我々が有していることが必要である。逆に、それらの道徳的価値に抵触し服従要求すら認めえない決定は法ではない（Fuller 1958, pp. 646-648）。

強行理由論に対する批判をまとめると以下のとおりである。法が我々の間の価値対立の下で随順を獲得するためには、単に法が我々の理由判断の自律を奪い行為可能性を制約する力があるとするだけでは不十分であり、我々が法に対する忠誠を有しているのでなければならない。法一般に権威として扱うに値する、すなわち、よき法秩序を形成するために不可欠な道徳的価値が内在的に備わっていると考えるゆえに、自らが、その価値は満たしていてもなお、不正であると信じる法に対しても、ただ無視したりまた単に制裁を恐れて遵守したりあるいは逃げ出したりしない、また不服従を行う場合でもその道徳的価値に即する相応の理由を示そうとする態度が必要である。

ポステマは法に対する忠誠の根拠を、特定の国家の国民が日常的な社会実践を通して、明文化されない形で共有されている、法習慣などの「暗黙の法（implicit law）」に求め、忠誠とは、暗黙の法に基づき法の存在条件をたえず反省的に再構成し直すことを通じて、彼らの間で共有される特殊な正義構想を形作り、それによって相手が法に協力することへの期待を相互に有する均衡を達成すること、と理解する（Postema 1994）。このような法に対する忠誠の理解に沿ってポステマは、決定が法と認められるか否かは、先例や類推による法的推論に通して、既存の法実践（裁判所の過去の決定だけでなく、市民の日常的な法的権利義務関係）をより整合的・調和的に解釈できているか否かに依存すると考える、ある種のコモンロー論に与する（Postema 2002）。しかし我々は、ポステマの法に対する忠誠の根拠づけには賛成できない。ホッブズとベンタム以来長く批判されてきているように、実際に暗黙の法にアクセスできる、あるいはそれを明示化させることができる主体が限定された状況で、特定の諸個人に不当に有利な暗黙の法を基盤として共同体の共有信念が形成された場合でも、法に権威が与えられることを免れえないからである（Cf. Waldron 1998a, pp. 104-112）[16]。この弊を免れるためには、既存の法実践との整合性の確保にとどまらない法批判の契機を法のなかに見出す必要がある。

第二章　注

（1）正確に言えば、ラズは、法が排除理由によって保護された一階の理由、つまり「保護理由（protected reasons）」であると説く。

（2）権威が理由調整により、諸個人の理由実現に奉仕する機能をもつという考え方を指して、ラズは「権威のサービス説（service conception of authority）」と呼ぶ。

（3）ラズ自身の述べるところでは、「通常の正当化テーゼ」に見合う状況として、法が調整問題の解決を図る場面が考えられる。例えば、左側通行や速度制限を定める交通ルールは、調整問題の解決に資する。左側通行ルールについては、左側通行と右側通行といずれか一方に国民全員が従うことが肝心なのであって、各人にとって左側通行と右側通行とどちらが望ましいかはさほど問題にならないように見える。また速度制限についても、車がある程度安定した速度で安全に走行できるのであれば、どの速度に設定しても構わないように見える。しかしそういうルールについても、通常の正当化が成り立たない場合がありうる。左利きの人にとっては、左ハンドル車のほうが運転席のドアが開けやすいので、右側通行より左側通行が望ましいということになるかもしれない。反射神経や動体視力の劣った人にとっては、制限速度が低く設定されたほうが望ましいかもしれない。ラズによれば、このような人々が既存の交通ルールに従うべきかどうかは、ルールに従った場合とそれぞれが自らの事情にのっとって行為した場合、どちらが望ましい結果をもたらすかによって決まることになる。

（4）第十二章Ⅰでみるように、R・サートリアス（Sartorius 1981）やW・エドマンドソン（Edmundson 1998）は、政治的権威とは政府の支配権を指すものであり、必ずしも被治者の服従責務を伴わないとする。つまり権威と責務の相関性を否定する。そして政治的責務の否定が政府の権威の否定につながらないと主張する。彼らの狙いは、法哲学・政治哲学の支配的見解が、政治的責務の正当化には成功しないと診断しているなかで、政府の統治権限が道徳的に正当化される余地を残すことにある。これに対して、ラズはあくまで権威はそれに対する服従責務を伴うものとする。

（5）Ⅱでみるる・シャピロやT・キャンベルの議論（「強行理由〔peremptory reason〕」論）は、法が権威的指令であることだけを理由にして服従することこそ、法を権威として扱うことであるとする。

（6）百歩譲って、どのような邪悪な法であっても、内的観点をもつ者は、法が道徳的に正しいという「ふりをする」と述べることならばできるかもしれない。しかしそれは法の規範性を道徳的義務によって説明するというものとは程遠い。

（7）その際、ハートはホッブズ『リヴァイアサン』第二十五章における命令の定義を下敷きにする。「命令とは、ある人間が、これをせよあるいはこれをしてはならないと述べることであるが、その際彼は自らが命令を述べた意志以外のいかなる理由の存在も期待することなく命令に服することを求めるのである」（Hobbes 1996, p. 177）。

（8）何が道徳的に正しいかとそれについて国民がどのように判断するかとは必ずしも一致せず、ラズのように権威の正当化にとって重要なのは前者のみであると考えるとしても、このような事態が生じることは避けられないだろう。

（9）第四章でやや立ち入って検討するが、M・クレイマーは、ハートの法的義務・責務と道徳的義務・責務の区別を継承しつつ、シャピロのように法が名宛人と法適用主体に、自らが法であることそのものを理由にして服従することを求め、法内容の道徳的善し悪しを熟慮すること自体を制約する権威である一方で、権威への服従が道徳的に望ましいかどうか、つまり権威が道徳的に正当化されるか否かが問題となる立場をも斥ける。彼は法の拘束力一般を道徳的理由に依拠して説明する立場を否定して、次のように説く。我々が法に服従すべきか否かを考える際、最大の手がかりとなるのは、法に従うことが自己の利益をより増大させるか否か（クレイマーの言う「打算」）である。法服従が他人の利益の尊重を求める道徳的理由に照らして正しいか否かも考慮はされるが、常に道徳的理由に関心を向けているわけではない。このように考えれば、法一般に看て取れるのは、排除理由と置換理由でも、強行理由でもない。命令とそれを遵守させるための強制のみである（Kramer 1999, Ch. 4）。

ハート自身は、シャピロのように法の権威の正当化が法服従のある種の合理性によって与えられるという見方に明示的には与していない。したがって、ハートの法的義務と道徳的義務の区別および強行理由論から、クレイマーの法命令説的見解を引き出すことも、ハート理解として間違っているとはいえないだろう。

(10)　この見解を採るのが、以下で触れるG・ポステマや、『政治的権威の実践』におけるR・フラスマン（Flathman 1980）である。フラスマンは、権威が権威として社会で存在するための条件は、単にそれが特定の一定の手続を満たしていることだけでは不十分で、権威の権威性を理解する（ある主張を権威として扱うとはどういうことかを理解する）文脈となる共有価値や共有信念すなわち社会における権威的信念（the authoritative）が不可欠であり、それはラズやシャピロのように概念分析によって一意に定まるものではないとする。しかし法の権威を認めるべき根拠に、法の内容の是非に関する被治者の自律的判断を置く彼らが、なお法を内容独立的理由と考える動機、ひいては法に権威要求を認める（逆に法に正義要求を認めることを拒む）動機を本当に有しているのかは疑わしい。

(11)　ラズはこの立場に位置づけられる。ラズの場合権威への服従が合理的であるか否かにおいて肝心なのは、個々人の客観的に当てはまっている諸理由のよりよき実現に権威が貢献しているか否かであり、自らが従うべき理由は何かに関する自律的な理由判断を権威が尊重しているか否かは、直接には重要とならないからである（Raz 1990b, pp. 118-122）。

(12) このほか、ルールによる統治は、政府の制裁の予見可能性の向上に寄与すること、法がルールとして一般的に適用可能な形態で制定されることで、恣意的な内容をもつことを食い止める効果を有すること、などの利点を有する(Campbell 1996, pp. 58-61)。

(13) ラズは置換テーゼは法的推論に道徳的理由が関与することを否定するものではないと考えている。しかしポステマはこれを誤解し、置換テーゼが法的推論と道徳的推論の区別を主張するものと捉える。したがって、ポステマの「置換テーゼ」批判はラズには直接は当てはまらない。しかしキャンベルやシャピロの、権威を、個々人の道徳的理由の熟慮を中断させて、有無を言わせず服従させる理由であると考える強行理由論には、ポステマの批判は当てはまる。

(14) シャピロは、強行理由としての法への随順の責務を、秩序の安寧や民主制における決定権の平等な分配などの便益に見合う応分の負担として、公平性原理によって正当化している(Shapiro 2002, pp. 437-439)。

(15) ソウパーが指摘するように、個々人の負担の平等、あるいは便益と負担の分配の平等だけでは、公平性原理が遵法責務の正当化に成功するには不十分である。なぜなら、各々が相手を少しでも出し抜いて利得を手にし、相手に打ち勝つことを目標にする競争では、公共財供給のための社会的協働に他人が協力し負担を負っているところで、「ただ乗り」しその恩恵のみにあずかろうとすることは必ずしもアンフェアとは言えない以上、当事者が自分たちがそのような競争関係にあると考えているか否かが、遵法責務の正当化の成否を分けるからである(Soper 2002, Chs. 6-7)。

(16) ポステマ「法の規範性」(Postema 1987) における法の規範性の根拠づけは、ラズやシャピロと同様、法の権威の根拠づけを法服従の合理性の説明により賄おうとする一方で、理由が行為指導的たるゆえん(そこでの行為と意図との連関の問題)を曖昧にしつつ、彼の法の存在条件に関するコモンロー論と両立する形で、その「合理性」の中身を都合よく置き換えようとするものと評価できるだろう。

第三章　法は権威ではない――自然法論からの権威論批判

第二章で述べたように、ラズの権威要求論は、第一に、法の強制性こそ悪法状況の淵源と考え、法の強制性を「排除理由」の概念（権威は、一階の理由によっては覆しえない二階の理由であり、また考慮されるべき一階の理由を制約する）と、「置換理由」の概念（権威は、自らの提供する理由が各人に当てはまる理由と置き換わることを求める）により説明しようとする。第二に、権威のサービス説により、強制性を有する法への服従が合理的でありうることを示し、さらに通常の正当化テーゼにおいて、法服従の合理性こそ遵法責務の正当化根拠であると説く。

しかし、この議論に対しては、以下のような疑問が向けられるべきである。権威のサービス説および通常の正当化テーゼが、法服従の合理性により遵法責務を正当化している以上、被治者が法に従うべきか否かは（服従する理由の置き換えがあっても）結局法が内容的に正しいか否かによらざるをえないことになるのではないか。そうだとすれば、「排除理由」「置換理由」概念による法の強制性の説明は、不正な法に従う理由を示すものにはならないのではないか。

第二章でみたように、法による紛争の解決は、解決済みの紛争を蒸し返すことを制約する性格を有しており、「排除理由」「置換理由」概念はそのような法の性格を記述しようとするものである。したがって、それらの概念が遵法責務の正当化に効いてこないということは、ラズの権威要求論への批判として十分なものとは言えない。しかし、法による紛争解決の性格を説明する上で、「排除理由」「置換理由」の概念は本当に必要なのだろうか。決定が法的手続に従って下された場合、法に従わない一階の理由より法に従う一階の理由のほうが、比較衡量において重くなる、それゆえ決定に従うべきである、と述べれば済むことなのではないか。そうだとすれば、なおのこと、ラズの権威要求論は失敗していることになるのではないか。

本章の**一**では、ラズの権威要求論に対するM・ムーアの批判を瞥見することを通して、以上の疑問を裏付けたい。その上で、**二**では、ムーアの権威要求論批判にのっとった場合、悪法状態がどのように説明されることになるかを、H・ハードの議論に依拠しながら明らかにし、さらにそのような悪法理解を批判的に検討したい。

一　法は一階の理由である

1　ラズの権威要求論の三つの理解

ムーアは、まずラズの言う権威要求が何を意味するかを、より明確にする必要があるとする。ムーアによれば、我々を何らかの行為へと導くものは三つある。第一にその行為を道徳的に正当化する理由、第二にその理由に従う動機、そして第三に何が理由かについての熟慮である。つまり、ある行為を行うことが道徳的に正しいことを裏付ける理由があり、熟慮によりその理由をよりよく認識し、さらにその理由に従う動機を備えることで、我々は道徳的に正しい行為をなすことができるのである。

そう考えると、権威が我々に自らに従うことを求めるという事態も、三通りに理解できることになる（Moore 2000, pp. 150-155）。

① 権威は道徳的理由の変更を要求する

権威とは、我々に当てはまる道徳的理由自体を変更することで、自らに従うことが正しい状況を生み出そうとするものである。

権威が行う一階の理由の排除や置き換えとは、権威に従わない道徳的理由自体を失わせることである。

② 権威は自らを動機にして行為することを要求する

権威は、道徳的理由ではなく、我々の行為動機を変更する。権威に従うということは、我々がある行為をする道徳的理由そのものでなく、ある行為をするよう権威が命じていることを動機にして行為することである。

権威が行う一階の理由の排除と置き換えとは、権威に従わない理由を我々が行為動機としないようにするものであるが、道徳的理由それ自体を変更することを意図しない。むしろ、我々が道徳的理由に背く誤った動機をもたないようにするものである。

③ 権威は何が道徳的に正しいか我々が自ら熟慮することをやめるよう要求する

権威は、道徳的理由でも、行為動機でもなく、我々の理由認識のあり方を変更する。権威に従うということは、権威こそが道徳的理由をよりよく知っているものと見なし、我々が自ら熟慮して道徳的理由を見つけ出すことは無用であると考えることである。

権威が行う一階の理由の排除と置き換えとは、我々が熟慮し、権威に従わない理由を見つけ出すことをやめさせるものであるが、道徳的理由自体を変更することを意図しない。むしろ、我々の認識の誤りにより道徳的理由に背くことのないようにするものである。

2　ムーアの批判

如上の整理を踏まえて、ムーアは①から③のいずれの権威要求の理解も、ラズの企図するところとは異なり、権威としての法への服従が合理的である可能性を示すことに失敗していると説く。

まず①である。一見したところ①は、権威が道徳的理由自体を変更するということは、権威が道徳に背く理由を提供するものであるかのように思われるかもしれないが、それは誤りである。複数の道徳的理由が競合・衝突し、調整を必要とする事態が起こりうる以上、もし権威が各人に当てはまる理由を変更することで、社会全体の理由調整に成功するのであれば、権威服従の合理性は存在する。

問題は、権威による理由変更が、各人の理由実現に資する余地が全くないほど、著しく不正な理由をもたらす事態を、回避しうるのかどうかである。この問いに対して、ラズは以下のように応答することになる。第二章一で述べたように、権威による一階の理由の排除と、それによる特定の一階の理由の保護には射程の限定があり、その射程の外では権威の指図も一階の理由によって覆されうる。法の権威がこのような限定性を有することは、比較的容易に理解できるであろう。例えば、先例拘束性原理の下でも、裁判官が過去の不正な判例を覆しうるのは、判例の権威の射程が限られているからだ、と説明できる。また裁判官が法的判断を行う際に、不正な制定法をその根拠から外したとしよう。そのこともラズの言う法の権威に抵触するとは限らない。事案がその制定法の射程を超えるものと裁判官が判断したとすれば、彼女はその制定法の権威を無視したわけではない。

しかし、ラズの応答はうまくいっているものとは言い難い。なぜなら次のような困難に直面せざるをえないからである。法の権威と法服従の合理性とが両立するか否かは、法の権威の限定性すなわち権威の射程の外に置く一階の理由のリストの適否に依存することになる。あまりに多くの理由をリストに含ませると、そもそも法が権威として機能する余地が局限されてしまう。だが逆に、リストが含む理由があまりに少ないと、不正な判例や制定法を、法の権威を楯にしてまかり通らせる悪しき保守主義に加担することになりかねない。では、さまざまな理由をリストに含ませるかどうかをどのように決めればよいのか。それは、結局のところ、全ての一階の理由相互の比較衡量を行って、より優越する理由を一つひとつリストに挙げていく作業になるほかないだろう。そうである以上、法服従が合理的なものとなるかどうかの鍵は、法の内容がより優越する理由に見合っているか否かにあると考えるべきである。法に権威的性格を認めること、つまり法が「排除理由」「置換理由」としての強制性を有すると考えることは、法服従の合理性の説明において寄与するところが少ない（Moore 2000, pp. 160–167）。

②および③についても、①が斥けられる限り、やはり法服従の合理性を説明するものにはなりえない。②について言えば、我々が理由そのものではなく、権威が指令したことを動機として行為することが、合理的であると考えるべき根拠が乏しい。なぜなら、権威による動機のコントロールがうまくいっているか否かも、結局は我々の行為が一階の理由に合致しているかどうかによらざるをえない以上、権威が一階の理由を動機にして行為させないことがどのようなメリットを有するのか、怪しいからである（ibid., pp. 168–169）。

③について言えば、全ての一階の理由の衡量により、道徳的に正しい理由が何であるか決まる以上、権威により我々がそれらの理由の一部を熟慮できなくなることで、我々がより正しい行為を行えるようになるとは言えない（ibid., pp. 177–179）。

以上のように、ムーアは、ラズにおいて法の権威の正当化根拠が、あくまで法服従が合理的である――我々に当てはまる一階の理由によりよく従う事態の実現に寄与する――ことに求められている限り、法に権威要求――保護理由・置換理由としての主張――を認めるメリットが乏しい、と考えるのである。合理的行為とは、単純に全ての一階の理由相互の衡量において最も優越する理由に従う行為であり、法服従が合理的であるのも、法が他の競合する一階の理由に優る一階の理由である場合である。

ムーアのラズ批判は非常に鋭いものであり、ラズの権威要求論は致命傷を負っていると思われる。しかし他方で、ムーアの立論にも容易に肯定し難いところがある。彼の議論においては、法に服従すべきか否かは、法の内容が一階の理由に適っているか否かのみで決まることになり、結局不正な法に服従する理由はまるで失われてしまうのではないだろうか。法に従って道徳的に不正な行為、あるいは少なくとも道徳的に疑わしい行為をする義務が、それ自体として道徳的に正当化される余地は全く存在しないだろうか。この疑問を解決するためには、ハードによってなされている権威論批判を参照することが有益である。

二　理論的権威としての法

1　裁判官はなぜ道徳に背かなくてはならないか

ハードは以下のような事例を持ち出す。Xとその三人の子どもは夫Yから絶えず暴力を振るわれていた。しかし当時の刑法においては、配偶者の日常的な暴力行為がある場合でも、配偶者を殺害することは正当防衛には当たらない（したがって違法性阻却されない）こととなっており、Xもそれを十分に認識していた。しかし、Xはこのままでは自らと三人の子どもが殺されてしまうと思い、Yを殺そうと決意し、Yが寝つくのを待ち寝室に忍び込み殺害した。ここで、Xと子どもたちの生命の危険（配偶者を殺さなければ、自分たちが殺されてしまうこと）の認識は正しいものであるとする。このような場合、裁判官のAは、Xを有罪とするのが道徳的に正しいのだろうか、それとも無罪とするのが道徳的に正しいのだろうか。

法の支配に基づけばAには有罪判決を下す義務が存在すると言えよう。法の支配の内実が何かは大いに議論の余地があるが、既存の法令や判例と整合的な判断を下すことが、法の支配の要請の全てではないとしても、その一つであると考えることには無理がない。もちろん、ドメスティックバイオレンスから逃れるために配偶者を殺害した場合加害者の法的責任をどのように扱うかについて、別様の原則を法解釈により引き出すことは可能ではある。しかしそれでも、Aが既存の法と全く抵触する原則を立てたとすれば、それは立法権を簒奪することになろう。他方で、Xの認識が正しい以上、XがYを殺害する行為も道徳的に正しいはずである。Xの正しい行為に対して、Aが有罪判決を下すのは道徳的に誤りではないだろうか。

裁判官の役割義務を持ち出して、Aの有罪判決が正しいものであることを裏付けようとする者もいるかもしれない。裁判官にはその役割に照らしてとくに強い遵法責務がある一方で、国民にはさほど強い遵法責務があるわけではなく、道徳的に正しい行為を行って法に背くことは許されうる。このように考えるとすれば、Xの行為が道徳的に正しいにもかかわらず、それを有罪とするAの判断もまた道徳的に正しいと言える。しかし、これで本当によいのかはなはだ疑問である。たまたま自らが裁判官の職にあったかどうかで、道徳的義務のあり方が変わってしまうというのでは、道徳の普遍性に抵触するのではないか（Hurd 1999, pp. 10-12）。

道徳の普遍性を覆すという高いハードルを越えることなく上記の事態を解決しようとすれば、以下の二つの道のいずれかを採らねばならない。

①　不正な法は法ではない

法の内容が道徳的理由を十分に反映していれば、裁判官が道徳的に誤った判断を下すことが役割義務に照らして是とされる事態はそもそも生じない。道徳に合致しない内容をもつ決定やルールは法ではないと考えれば、AはXに有罪判決を下す理由がなくなる。

②　法は無条件の服従を求める権威である

法が法である以上、我々はその内容の道徳的善し悪しに関係なく、無条件に従わなければならない。法はそのような権威を有する。このように考えれば、AにもXにも、Xに有罪判決を下すことを拒む理由はなくなる（ibid., pp. 16–17）。

2　法はせいぜいのところ理論的権威である

法を権威として扱う議論の難点については、既に本章一で述べた。ハードも基本的にムーアに賛同している（Hurd 1999, Ch. 3）。それでは、不正な法に従う義務はいかなる意味でも存在しないのだろうか。

ハードの解答は次のようなものである。法がもつ権威とは理論的なものである。すなわち、何が道徳的義務であるかを認識する能力において、法は我々よりも優れている場合があり、その限りで我々は自らの信念に従うより法に従ったほうが望ましいことがありうる。別の言い方をすれば、法は、我々が道徳的義務を認識するための便法（heuristic）である限りにおいて、従うに値する（ibid., pp. 153–156）。

法が理論的権威を有しうるのはなぜだろうか。ハードが挙げているのは、ラズやシャピロらと同様、調整問題や囚人のジレンマの解決における法の機能である。例えば、右側通行を定める交通ルールに社会全体が従うことで、他の車がどちら側を走行してくるかを予測できるようになる。このとき重要なのは、交通ルールに従うことそのものではない。交通ルールによって、正面衝突の危険を避けるにはどのように行為すべきかを我々が認識できることが肝心なのである。囚人のジレンマについても同様である。何らかの公共財が供給され続けることが道徳的に望ましい場合に、法が公共財供給への協力を義務づけ、制裁を背景にして強制するとしよう。ここで大事なのは、法に従うことそのものではない。公共財供給が成り立つために必要な協力を我々が行うことなのである。

つまり、いかなる行為が道徳的に正しいのか、個々の行為者ににわかには明らかにならない状況において、法は我々に正しい行為とは何かその情報を与えている、ということである。そして、法は道徳的理由を排除することも置き換えることもしていない。我々が従うべきは、あくまで道徳的理由であり、法そのものではない（ibid., pp. 168-179）。

ハードの理論的権威論から悪法問題に応答するならば、次のようになろう。法が従うに値するのは、基本的に法の内容が道徳的に正しい場合のみである。ただし法の内容が道徳的に正しいことを十分に裏付けられていない場合でも、従うべき場合は存在しうる。それは我々の道徳的義務の知識が不十分であり、法に従うことで道徳的義務をよりよく遂行できる場合である。

三　法内在的価値へ

ムーアによるラズの権威要求論の批判、ハードによる悪法問題への応答、両者に共通する主張を改めてまとめておきたい。我々が合理的に振る舞うことすなわち道徳的義務に従うことが法の権威の目的である限り、道徳的理由を排除・置換する力や、道徳的理由以外を動機にして行為させる力、熟慮をやめさせる力を法がもつべきだとする根拠など存在しない。法は道徳的義務を明らかにする情報源として役に立つことはありうるが、それ以上の重要性をもたない。

しかし、不正な法の存在に直面して、法に従うべきか道徳に従うべきか苦悩するのは、単に道徳の知識の不足の問題であろうか。法が道徳的義務と衝突していることを知悉しつつ、法が法である以上従わねばならないと信じた人々は、法のもつ価値について誤った推論を行ったにすぎないのであろうか。そのように結論づけるのは尚早である。遵法責務の根拠は、合理性以外のところにも求めうるからである。つまり、法が法である以上もちうる内在的価値に照らして遵法責務を正当化することは、なお可能である。第五章以降で、このような議論の可能性を検討したい。

第四章　最小主義

本章では、法実証主義に基づいて遵法責務問題を消去する議論を扱う。法実証主義の基本動機は、法内容が道徳に適うかどうかが状況依存的で偶有的であるという認識にある。それでもなお、法が法である以上従うべき理由などというものがあるだろうか。法実証主義の基本動機を貫けば、法内容が正しいか不正かだけでなく、法一般に規範性を認めうるかどうかすら偶有的であるという結論に行き着く可能性もある。

M・クレイマーはまさにこのような議論を行っている。どれだけ邪悪な内容であっても、法として通用している限り法である。そうだとすれば、法が最低限もっていると言えるのは、せいぜい被治者の法遵守を安定的に確保するための手段である。このように考えれば、遵法責務問題は消失することになる。以下で検討しよう。

一　法は理由ではない

クレイマーは、以下のような意味において、法的責務が道徳的意味を有するかどうかは偶有的であるという立場をとる(1)。法の存在条件について、法の存在いかんが常に法内容の道徳的善し悪しに依存して決まるわけではないが、道徳的善し悪しに依存して決まる可能性はある。したがって、法と道徳とは、常に一定の結びつきを有しているわけでも、常に分離しているわけでもなく、その相関は偶有的なものである。

さらに、法の規範性を道徳的理由と結びつけて考えることも不適切である。いかに邪悪な内容をもっていようとも、法の存在条件を満たす限り法であるということになれば、法の規範性を、道徳的理由と関連づけて説明することには無理がある。この点で、J・ラズやM・ムーアは間違っている。法の経験的記述において言えるのは、法は少なくとも命法ではあるが、法が道徳的理由の主張を伴うかどうかは、法内容に依存するということだけである。つまり、法は全て「なければならない（must）」を言明するものではあるが、それが道徳的理由との相関で「べきである（ought）」と言明するかどうかは、法の道徳的善し悪しに左右される。そして法に従うべきか否かも、個々の法が偶有的に有している内容がどれだけ実体的正義に適っているかによって決まるのである。法が必然的に有する道徳的性格があると考え、それに基づいて法の規範性を説明し、遵法責務の正当化を行おうとするのは無理である。

とは言え、全ての法が単に制裁を伴う命令でしかないというわけではない。また法と理由との結びつきがまるで存在しないわけでもない。内的観点を採る人々にとって、法はただ制裁を回避するために従うものではない。しかしそうだからと言って、彼らが法を道徳的理由として扱うということにはならない。彼らが制裁回避とは別に、法に従う打算的理由（prudential reason）を有していて、それに沿って違法行為を批判していると考えることも十分に可能である（Kramer 1999, Ch. 7）。

クレイマーのラズに対する権威要求論批判（ibid., Ch. 4）には、彼の法と道徳の分離の意図がわかりやすく示されている。第二章で述べたように、ラズは、法は排除理由により保護された一階の理由であり、さらに当事者に当てはまっていた理由に置き換わって自らの理由に従って行為することを要求すると考える。これに対してクレイマーは、常に法が常に当事者の自己利益に適うかどうかの打算的考慮とは異なった、他者が従うことが合理的であるという意味において道徳的理由によって裏付けられた指令（prescription）であるわけでは必ずしもなく、時に法を制定・執行する公務員の利害関心のみに基づく命令（imperative）であることもあると反論する。

つまりクレイマーは、法は必然的に自らに従うべき道徳的理由があるという意味で法服従が合理的であることを主張するわけではなく、法と道徳との相関はあくまで個々の法の内容に依存する偶有的なものである、と考える。例えば、一定程度の税負担を要求する法は道徳的理由に裏付けられるが、あまりに重い税を課す国の法は、理由の主張さえしないと考えるべきである。ラズは命令であってもそれが紛争解決に従事する以上、当事者に対して紛争の調停を行う命令に彼らが服従する責務を負うことを説明しうるだけの性質を有していなくてはならず、それゆえ法と道徳的理由の相関は（少なくとも法の主張においては）不可欠である、と応じるかもしれないが、命令において求められるのは、命令の遵守（compliance）と行動の一致でしかなく、そこでなされる説明はあくまで遵守の誘因を確保するためのものでしかない。

クレイマーのラズ批判の中心的動機は以下である。ラズの場合どのような不正な政治体制であっても法である以上はすべからく権威要求をもつことになる。しかし著しく正義に反する政治体制においては、法は道徳的理由でも何でもなく、遵守するとしても制裁を恐れてのものでしかない、と説明するのがむしろ我々の実感に見合うだろう。それならば正義に合致する体制でも正義に反する体制でも、法が変わらず必然的に伴うのは強制力だけであり、道徳的理由を伴うかどうかは偶有的であると考えるべきである。そうなると、法とギャングの命令との区別は本質的ではなくなる。両者の差は命令の射程（名宛人、適用事例など）の相対的な違いでしかない。つまりギャングの命令は特定の状況で特定の相手に向けられるのに対して、法の命令はより一般的かつ長期の、規則的な適用に耐えうるものである。しかし法の命令と国家大に勢力を拡げたマフィア組織との間には、径庭は見られない。

クレイマーの基本姿勢は、法を虚心坦懐に、余計な飾り立てを抜きにして（without trimming）観察したところを記述することにある。そうすれば個々の法体系に偶有的に、法の存在条件に法の内容を評価する道徳原理が含まれる場合が存在することを認めるほうがより無理のない記述であり、また法に自らに服従する道徳的理由が存在することの主張（権威要求や正義要求など）を見出す過度の豊饒化は避けるべきであり、より率直に法はそれを制定、適用、執行する者の、強制力を伴った命令であると理解すべきである。

二　法内在的価値の否定

1　法内在道徳は道徳的ではない

一で述べたようにクレイマーは、一方で法の規範的性格を道徳的理由に還元して説明することはできないとする法・道徳分離論を維持し、この点でラズの権威要求論を斥ける。他方で法に強行理由としての主張を認める『ベンタム論集』（Hart 1982）のH・L・A・ハートに対しては、ハートにおける法服従の合理性が、必ずしも他人の利益に関心を有する道徳的理由による必要はなく、自己の利益の改善にしか関心をもたない打算的理由におけるものであっても構わないことに注意を促すことで、それが法の規範性を道徳的理由に還元せず説明する法・道徳分離論に抵触するものではないとして擁護する。(2) クレイマーがハートの法道徳分離論を支持する最も基本的な動機は、法が悪の実現のためにも用いえて、邪悪な体制の安定と発展にも寄与する道徳的に中立的な道具であることにある。

クレイマーによるフラーの法内在道徳論批判（Kramer 1999, Ch. 3）は、その基本的動機を明確に示すものである。クレイマーはフラーのいわゆる法内在道徳（一般性、公布、遡及法の禁止、意味の明晰性、両立可能性、不可能なことを要求しないこと、恒常性、公権力の行動と宣言されたルールの一致、の八条件）に基づく法の支配は、邪悪な体制や統治の安定にも資するもので、邪悪な統治者もそれに服する打算的動機をもちうるので道徳的とは言えない、と主張する。クレイマーは法が秩序の維持と調整問題の解決の機能を有すること、その意味で価値を有することを認める。しかしその価値は邪悪な統治者が自らの自己利益を実現しようとする場合にも、正義に適った政治体制におけるのと同様に有益であると、クレイマーは主張する。つまり法内在道徳に基づく法の支配は、被治者に法による制裁の可能性を予期せしめ、いちいち統治者が暴力の行使により脅しをかけなくても、法の言うとおりの行動をとるようにさせ、制裁のコストを最小化するものとして、法が資する目的が道徳的に正しいか否かによらず有益であると考えるのである（ibid., pp. 62-71）。(3)

2　批判と応答

これに対してN・シモンズは、以下の二点を指摘することを通じて、自己の利害にのみ基づいて統治する邪悪な統治者あるいはそれを許容する邪悪な政治体制は、法を公布する理由を有するかもしれないが、公布された法に対する違背の場合にのみ国家による暴力行使（としての懲罰）を限定する理由を有さない点で、やはり法内在道徳に基づく法の支配を尊重する理由をもたないと反論する（Simmonds 2007, pp. 84ff.）。

(1)　公布された法が禁止していない行為を罰することは、被治者が法の公布があろうとなかろうと統治者の利益に反する行為なら罰されるという予期を与えそのような行為を抑止する萎縮効果をもたらす。また法の公布を避け何が統治者の意向であるかを明確にしないことは、一方で邪悪な統治者や政治体制に反対する者たちに異議申立ての対象を与えず、他方で被治者に統治者の機嫌を絶えずうかがう行動を促す。以上の点で邪悪な統治者・政治体制は法内在道徳のうち法の公布の要請に従わない理由を有する。

(2)　クレイマーは公布された法に対する違背にのみ懲罰を限定しないと、法に従っても従わなくてもそのことにより懲罰を受ける危険を減らすことができない以上、法に従わず自分の望むように行動する誘因をより大きくしてしまうとして、邪悪な統治者や政治体制でも法内在道徳に従う理由を有すると論じる（Kramer 1999, p. 69）。しかしこの議論も成功していない。公布された法に対する違背のみ懲罰がなされるところでは罰を回避するために法遵守行動をとる誘因が大きくなるということは当たっているが、統治者が法を逸脱して暴力を行使するところでも人々はその暴力を被らないようにするのであり、暴力を回避するために最適な、つまり暴力を被らずに済む確率を最も高くする行動が統治者の命令に従うことであるならば、それが法の公布の条件に見合うものであると否とにかかわらず、統治者の言うなりになるだろう。したがって邪悪な統治者が法の公布の条件を尊重しなければ、被治者が自らの言うとおりに行動する誘因がより小さくなってしまうとは言えない。

以上のようにシモンズはクレイマーを批判して、フラーの法内在道徳を邪悪な統治者や政治体制が尊重する理由は存在しないことを論じる。法内在道徳は非道徳的な目標にも資する手続的条件を整備するが、しかしそのことは邪悪な統治者にも尊重される道徳的に中立な価値であることを意味しない。

しかし、シモンズのクレイマー批判は、フラーの法内在道徳が遵法責務の正当化根拠として十分であることを示しているだろうか。我々は否と考える。シモンズが述べているのは、邪悪な統治者が法内在道徳に従わないことが有利な場合がある、ということでしかない。それだけでは法内在道徳に従った統治が邪悪でないことを示すのには不十分である。

それでは、クレイマーの言うとおり、法に遵法責務に値するような価値を見出すことは不適切なのであろうか。我々は、この疑問にも否と答える。法内在的価値と遵法責務の正当化根拠の相関をよりよく解明するためには、法概念論だけでは十分でなく、政治的責務論を必要とするからである。この点については、第六章で詳述したい。

第四章　注

（1）　またクレイマーは、自らの法概念論によってこそ、H・L・A・ハートの説いた法と道徳の分離を、最も整合的で一貫したものとして理解できると主張する。

（2）　第二章二で扱ったS・シャピロは、法は自らが正しいものと主張するものとは考えないハートの強行理由論を継承しながらも、法に、人々から一定の行為選択肢の実現可能性をそもそも失わせてしまい、その行為について理由判断を行う自律を剝奪し随順させることで、限定的合理性しか有さない我々が合理的行動をとることを助ける機能を認め、法服従の合理性を根拠づける余地を認める。したがって、ハート強行理由論の理解として、クレイマーの法と道徳の分離の徹底が適切であるかどうかは論争の余地がある。

（3）　クレイマーは、邪悪な統治者にも正義に適った政治体制の統治者と同様に法内在道徳に従う動機があると言う。しかしそれは八条件全てを常に満たそうとするものであろうか。そうであるとは到底考えられない（ナチスにおける遡及法の禁止の条件からの逸脱のように）。しかし正義に適った政治体制でも八条件が常に充足されているわけではない。それゆえクレイマーの主張が正しいか否かは、法内在道徳を尊重していると認められる一定の閾値を邪悪な統治者も常に超えると考えられるかどうかである。しかし法と道徳の相関があくまで偶有的であり、法に従う理由が道徳的なものとは限らないとするクレイマーに言えることは、せいぜい邪悪な統治者も法内在道徳をより充足しようとする傾向性を有するということ程度でしかないはずであり、一定の閾値を常に超えるだけの動機が経験的に認められることまでは言えないはずである（Simmonds 2007, pp. 82-83）。

第五章　純一性論――法の誠実性と正義

本章では、不正な法であっても法である限り、遵法責務を正当化するに足るだけの価値をもつ、とする見解の一つである、R・ドゥオーキンの議論を検討する。

ドゥオーキンによれば、法の本質は、政府の国民に対する強制力行使の正当化である。そして政府の強制力行使を正当化する際に求められる条件は、我々が他人に何らかの行為をさせるために必要となる条件と基本的に変わりない（Dworkin 1986b, Ch. 3)。ドゥオーキンは、正しい法も不正な法も、政府による強制力行使の正当化根拠を示すものである以上、「純一性（integrity)」を有さなくてはならないと説く（ibid., Ch. 6)。相手の言い分が正しいかどうか疑わしくても、彼の立場が過去から現在まで一貫しており、しかも自らの立場に固執する十分な動機があるときには、彼の誠実さを認めることができる。そして自他の立場がともに議論の余地がある場合、誠実さは相手の立場を尊重する有力な理由となる。法についても同様である。法内容が正しいものと認められなくても、法体系が高い一貫性をもち、その基底に国民が受容しうる十分な動機があるならば、法は誠実なものであり尊重するに値する。

しかし、何が「十分な動機」なのか。それは法内容の不正をどこまで許容しうるのか。「純一性」論の成否は、これらの問いにいかに答えうるかにかかっている。

一　純一性――法を正当化する責任としての遵法責務

1　ドゥオーキンの法実証主義批判

ドゥオーキンの法実証主義批判は、H・L・A・ハートのルール・モデルがまず法実践の忠実な記述として間違っていることを主張する。ルール・モデルでは法が存在するか否かは、その内容の善し悪しとは独立の系譜（つまりどのような授権規範に基づいて決定されたか）によって決まるのであり、特定の事例に対して適用すべき法が明らかでないハードケースにおいては、裁判官が裁量によって適用されるべき法を創造し当該事例に遡及適用するものとされる。ドゥオーキンはこれを批判して次のように述べる。裁判官の内的観点に立てば、ハードケースにおいて彼は既存の法をより整合的にまた一貫したものとして正当化する道徳原理に基づいて判断を下している。さらに事例に適用される法が容易に同定できる場合（イージーケース）でも、その推論過程に政治原理による正当化が関与することは避けられない。これこそが事実に忠実な記述である。その上で彼は、ある決定が法と認められるか否かは、社会的事実である権威的源泉に照らして一意に定まるとは考えず、法の内容の正当化の優劣に依存すると考える（Dworkin 1978, chs. 2-3）。

『法の帝国』（Dworkin 1986b）において定式化されたところでは、法の正当化とは、既存の法実践全体との整合性要求すなわち適合性（fit）条件と、判断者のコミットする正義基準による吟味すなわち道徳性（morality）条件の両者に、よりよく服する政治原理の探求である。特定の社会における既存の制度実践との整合性にも、また正義基準に即しているか否かにも還元できない、法の正当化に特有の条件を、ドゥオーキンは「純一性（integrity）」

と呼ぶ。その上で彼は在る法がこの純一性を追求するものであることこそが、遵法責務の根拠であるとする（ibid., Ch. 6）。

他方、井上達夫が明晰に示したように、ドゥオーキンの法実証主義批判の中核は、法の存在条件は系譜ではなく内容の正当化の優劣にある、と述べることではなく、法であるルールや原理と法でないものとの関係が集合相互の関係であるかのように考える「現存法テーゼ」を否定することにあった（井上 2003b、第4章）。悪法問題、およびそれを規定する、決定が法として認められる存在条件を、法の妥当性の条件とそれと無縁に自らの妥当性を調達する道徳的理由との関係の問題として描くのは誤りである。

2　法の「根拠」と「効力」

ではドゥオーキンは悪法問題をどのように捉えたのか。この点を理解するためには、彼が『法の帝国』（Dworkin 1986b）で示した、法の「根拠（grounds）」と「効力（force）」の概念枠組みとその動機についてみておく必要がある。まず、ハートやJ・ラズらは、法の存在を認める条件はその内容を正当化する道徳原理と独立に定まることとは、政治的な議論ではなく実践から距離を置いた理論家の法の記述における関心であるとし、法とは何かの問題を、法の語の適切な使用条件を定める判定基準を問うことであるとする記述的法実証主義の立場に立つが、このような考え方をドゥオーキンは「意味論の毒牙」として批判した。ドゥオーキンは、記述的法実証主義のような理論と実践の二元論（法理論の実践からのディタッチメント）を認めない（ibid., Ch. 3）。彼は、法の内容をめぐる意見の争いと法の存在を認める内容独立的条件である社会的事実の同定とを二分する記述的法理論の前提を斥けて、法実務の根本的な存在理由が、政府の権力を統制し拘束することにあり、法はそれを過去の政治的決定に由来する個人の権利や責任（過去の決定に基づく正当化）に依拠して行うという認識の上に立ち、法の存在条件に関する道徳的議論を提示すべきであるとする。

ここでドゥオーキンは、法の「根拠」と「効力」との区別を導入する。法の「根拠」とは、特定の法命題(1)が真であると見なされる条件である。これに対し法の「効力」おいては、「Aは法である」が真であるかどうかとAそのものが道徳的に真であるかどうかとの関係が問われるものである。完全に正しい法体系は実際にはどこにも存在しない以上、あらゆる法体系において、不正な法の存在は不可避である。それゆえ、法の効力の問題は、遵法責務の正当化根拠を問うものとならざるをえない。

これまでの法理論の多くは、法の「効力」を考える際、法の「根拠」はこれとは別個に予め与えられる、と考えてきた。例えばハートの場合、法と道徳の分離可能性の主張は、遵法責務の存否およびその道徳的根拠の探究とは別個に、あらゆる法体系のあり方を経験的に記述する法理論の構築の目的に即するものとして提示されている。またラズの場合も、法の存在条件はその内容の道徳的善し悪しとは独立した、社会的事実としての権威的源泉を有するか否かであるとする源泉テーゼは、それ自体としては法の記述における主張であった。のちに源泉テーゼは、法体系によって法の内容の道徳的善し悪しが法の存在条件に関与する可能性を認める包含的法実証主義（ラズの用語では「編入テーゼ〔incorporation thesis〕」）や、法の存否は法の内容の正当化の優劣に依存するとするドゥオーキンの立場に比して、法の権威つまり遵法責務の正当化条件（「通常の正当化テーゼ」）をより満たす法のあり方を示しているとして、規範的に擁護されたが、これは本筋ではない。

以上のように法の「根拠」を法の「効力」の問題とは別個に前提する考え方に対して、ドゥオーキンは法の「根拠」は法の「効力」の存在を前提として解明されるべきであるとする。つまりは、法命題の真理条件は遵法責務の正当化根拠である道徳原理を前提とする形で解明されるべきなのである。その基本的な動機は、遵法責務論が法概念論の基底に置かれるべきであるという認識にあると言えよう。

このような問題構成の転換の下で法の「根拠」は問われ、法の「根拠」を明らかにする法概念論として、法を過去の決定から厳格に導き出されるものに限定することこそが、期待保護の観点から道徳的に最も望ましいと考える「規約主義(conventionalism)」(2)、決定により将来共同体に最善がもたらされることが肝要で、過去の決定との整合性は重要でないと考える「プラグマティズム」、そして過去の決定との整合性の要求と政治道徳による正当化の要求の複雑な結合である純一性という三つの候補のなかから、「原理の共同体」による遵法責務の正当化を裏付けにして純一性が支持されるのである。

3　法を正当化する責任としての遵法責務

なお、純一性原理が遵法責務の根拠であるだけでなく、法の内容のよりよき正当化の条件でもあることを踏まえると、遵法責務を単に道徳に反する法を含む法一般への服従責務とのみ捉えることは、扁平に過ぎることになるだろう。悪法問題は単に不正な法も法か、としてだけではなく、参与者が法を不正と批判すること、あるいは逆に正しいと主張することがどのような正当化責任の下になされるべきなのかも含んで問われるべきことになる。この点を加味すると、ドゥオーキンにおいて法実証主義における法と道徳の区別が斥けられるべきなのは、法の存在いかんと法の善し悪しとを安易に別の問題として前提することにより、法の存在の認識が政治的論争の対象であることを度外視するからだけではなく、存在条件と切り離された法の内容の評価が、法秩序が安定的に存立する条件を顧慮することを怠る無責任がまかり通りかねないからでもある。悪法問題は、参与者が法批判とそれに対する応答においてどのような論証責任を負うか、という問題として理解すべきであり、したがって遵法責務についても、まずは、法のよりよき正当化の企てに参与する責務と考えるべきであり、単純に自らが不正と信じる法にも服従する責務とだけ捉えるのでは不十分であることになろう。また、そこでは法服従と市民的不服従とは正統性原理を共有するばかりでなく、正当化条件の逸脱の程度や逸脱の事由が服従すべきか不服従が認められるかを左右する点で、連続的に捉えられるべきである。さらに、法のよりよき正当化への企てに参与する責務をともに負う点において、国民は統治者も被治者も基本的にみな対等である(3)。

二　純一性論の限界とその教訓

ドゥオーキンは「原理の共同体」論に先立って、遵法責務の正当化根拠を探る目的で、既存の主だった政治的責務論の検討を行い、その上で最も有望な議論が連帯責務（associative obligation）論——特定の国民は、（同意や関係から生じる便益を受領したことなど）自発的なコミットメントによらず、ただ生まれ落ちた共同体で共同の営為を積み重ねることで同胞関係（fraternity）を形成し、その同胞関係が政治的責務を正当化する——であると診断している。

しかし、ドゥオーキンの政治的責務論自体には難点がある。まず、連帯責務論は同胞関係を安易に信頼しすぎている(4)。国民の間に宗教や民族、人種、政党、階級による対立があり、法内容が対立する立場に沿ったものであるとき、「対立していても同胞だ」という理屈はどれだけの説得力があるだろうか。連帯責務論は、対立の深刻さを見過ごしていると言わざるをえない（Simmons 2001, p. 79）。

しかし我々のみるところ、ドゥオーキンの純一性論の基本動機は、連帯責務論にはない。純一性論の基本動機は、次の二つの根拠による遵法責務の正当化である。第一に、法内容の最善の正当化——そこでは正当化は、整合性と道徳性二つの条件に服する——を行う企て、という法内在的価値である。第二に、「原理の共同体」という理想を追求する国家自体がもつ価値を挙げることである。「原理の共同体」とは、ドゥオーキンによれば、「特殊で個別化されており〔国民個々人と集団との間ではなく個人と個人の間に存在する責務関係〕、平等な配慮という概念の適切な解釈に合致するような広汎な相互的配慮を表現している」共同体である（Dworkin 1986b, p. 211、注記引用者）。

そうであるとすれば、純一性論の成否を判断するためには、これら二つの根拠がうまくいっているかどうかを明らかにしなくてはならない。そして、やはりうまくいっていない。第一の根拠について、ドゥオーキンは、純一性が、正義、制度的に定められた決定権の分配（としての「公平」）、既存の法実践との整合性、これら三つに還元できない独自の価値であることを説明しえておらず、敢えて純一性という価値を持ち出す実益がわからない。第二の根拠について、特定の国家が「原理の共同体」という理想を持っているか否かを分ける条件が、不明確である。以下、純一性論のそれぞれの難点について論じる。

1　純一性は法内在的価値であるか

純一性論の発想をよりよく理解するためには、L・フラーの『法の道徳』（Fuller 1969）における法内在道徳論を参照するのが有益である。フラーは、法内在道徳を、法が絶えず近似していくべき理想としての「抱負としての道徳（morality of aspiration）」であるとしている。ドゥオーキンの場合、純一性を法の「抱負としての道徳」とし、法が純一性を理想とすることこそが法内在的価値であると考えていると理解できる。

しかし、法が純一性を理想とすることをいかにして裏付けうるだろうか。一で示したように、ドゥオーキンは、「法は法である以上みな国家による強制力行使の正当化に携わるべきである」と説き、そこから法の根拠と効力の区別を行っている。法は法である以上、国家による強制力行使の正当化にふさわしい内実を備えねばならないかどうか、議論の余地があるが、いまはこの点は措くことにしよう。問題は、仮にドゥオーキンのように考えたとしても、純一性論を当然に引き出せるとは言えない、ということである。例えば、第六章で扱うP・ソウパーは、国家による強制の正当化に携わることから引き出せる法内在的価値は、法が正義要求を行うこと――自らが正義であると主張すること――であると考えている。法が正義要求を行うためには、相応の法内容が必要であると考える余地はあるが、しかしそれが純一性に見合うものでなくてはならないとまでは言えない。

ドゥオーキンが、如上の疑問を放置しているわけではない。彼が「チェッカーボード的解決」と呼ぶ法のあり方を批判することで、純一性こそが法内在的価値であることを裏付けようとしている。「チェッカーボード的解決」とは何か。例えば、堕胎が正義に反するか否かについて特定の国家で意見がちょうど半々に分かれている場合に、偶数年生まれの女性には堕胎を許容し、奇数年生まれの女性には堕胎を禁止する、というように法で定めることがそれに当たる。我々はこのような法を歓迎しない。堕胎の一律禁止と一律許容いずれかの法を制定する解決を望むであろう。しかし、個々人が自身の意見に沿って振る舞えるかどうかという点では、一律禁止も一律許容も「チェッカーボード的解決」も優劣がない。その意味で、堕胎の一律禁止・一律許容と「チェッカーボード的解決」とでは、正義の実現に対する法の貢献の程度に違いはない。それにもかかわらず、「チェッカーボード的解決」が斥けられるべき理由は何だろうか。

この理由こそ純一性だと、ドゥオーキンは答える。法が価値対立を調停する場合に我々が期待しているのは、何らかの妥協策により、自らの価値判断を曲げることなく行動できる人間の数がより多くなるようにすること、ではない。法が一貫して何らかの価値に基づいていることである。たとえ自らがその価値を支持しないとしても、そうなのである。ただし一貫性は、我々が法の調停に従う理由の必要条件であるが十分条件ではない。法内容に反対する者にとって満足すべき形で、法が正当化されていなくてはならない。ただ法が過去から現在まで一貫しているだけでなく、法が基づいている諸価値に道徳的に優れた解釈を与えなくてはならない。つまり、法は、既存の実践とより整合的で、また道徳的に優れた内容をもたなくてはならない。

したがってドゥオーキンは、第一に、法の内在的価値としての純一性原理こそがチェッカーボード的解決を排すると考えている。そして第二に、正義はチェッカーボード的解決を必ずしも拒否しないと考えている。

しかしこの二点は、容易に受け容れ難い。「チェッカーボード的解決」を斥けるために、純一性は本当に必要なのか。正義は「チェッカーボード的解決」と本当に両立するのか。このような疑問は少なからぬ論者から提示されている（Reaume 1989; Smith 2006; Perry 2006）。そのうちの一人、レオームの反論をみてみよう。第一に、価値対立の下で「チェッカーボード的解決」を行うことが、道徳的に誤りであることの根拠は、正義によって与えうる。上記の例で言えば、堕胎禁止か堕胎許容か、生年によって異なった対応をすることは、同じ事情を抱えて堕胎を望む人々に対して、彼女たちの生年の違いだけで別様に扱うことを含意する。このような扱いは、道徳的に恣意的であって不正だ、という直観を、我々の多くがもつだろう。第二に、確かに我々は、正義を実現する妥協より、正義に反していても一貫した解決を望む場合が多々ある。しかしそこで問題となっているのは、法内在的価値に照らして、妥協と一貫性どちらが望ましいかではない。妥協策がもたらす不正義と一貫性を尊重した解決の不正義と、いずれが勝るかである。また「チェッカーボード的解決」による妥協が正義に適う状況もないわけではない。例えば、交通渋滞と大気汚染の緩和のために、首都圏の自動車の乗り入れを半減させる方策として、車両ナンバーの偶数・奇数でその日の乗り入れの許否を決めることにしたとする。これほど大規模な通行規制が許されるか否かは別として、許否の条件を「チェッカーボード的」に決めることが道徳的に望ましくないとは言えないだろう。このように、法は「チェッカーボード的解決」を採ることは時に望ましく、そこで「純一性」なるものを持ち出しても、それを斥ける道徳的根拠は与えられない（Reaume 1989, pp. 396-400）。以上の純一性論批判は、至極説得的であろう。

純一性論が成功するためには、第一に、純一性は正義や手続的制約、さらに過去の決定との整合性にも本当に還元できない独自の価値を有すること、第二に、純一性が独自の価値を有するとして、それが遵法責務あるいは法に対する忠誠の根拠たりうることを明らかにする必要がある。

我々は、純一性を法の内在的価値とする基本的意図は、以下のようなものだろうと推測する。法はその内在的性格として、我々自らの行為や信念を導くだけでなく、むしろ我々と異なる道徳的立場に与する他者、さらに将来起こる法的紛争の解決を行う者たちによって、彼らの行為ないし信念を導くものとして認められ尊重されること、それに見合う価値を有することを理想とするのであり、法がそのような性格を有することこそが法に対する忠誠の根拠である。そして純一性原理こそ、法のその性格・理想を明らかにする。純一性が追求され、法が「一つの声で話す」ことにより、個々の状況において個々の当事者にとって正しい決定を法が与えること以上の価値が生まれる。つまり、現在なされる法的判断が、将来の同様の状況において、他者の信じる正義と衝突する場合でもなお、尊重されるに足るものとなる。このようにしてはじめて、遵法責務は正当化されるのである。

比喩的に言えば、純一性論は法実践を次のように理解している。法を正当化する者は、法を通じて、他者に正当化根拠となる理由（正義その他）を「渡す」のであり、遵法責務が正当化されるかどうかは、その理由を支持しない他者が「引き受ける」に値するかどうかにかかっている。

G・ポステマによる純一性論の捉え方は、我々のこの理解を裏付けるものであろう。「我々の個人的生活、あるいは友人関係のような個人間関係において、過去がその存在を実践的にあるいは道徳的に我々に感ぜしめる理由は、我々にとっての過去の意味が、その価値が時間を超えて延長しているある全体と過去との結びつきに存在している事実にある。過去とは、単に我々が実践的ないし道徳的推論を行う際に考慮せねばならない因果連関の源泉であるわけではない。むしろ過去は（未来と同様）現在の熟慮と行動にとって評価的あるいは規範的意味を有するのである。なぜなら我々の熟慮において注意を払うことが求められる諸価値は、過去と、現在と、未来を包み込み統合する時間的延長を有する価値（temporally extended values）であるからである。この時間的延長を有する価値の観点からすれば、時間の矢は一方向にのみ向いているとは言えない。より正確に言えば、時間的延長を有する価値全体の部分部分の評価的関係は、多方向的であり、一方が他方を一方的に決定する関係ではなく相互的に決定しあう関係なのである。……このことは正義が根本的目標であるような共同体の価値を考える場合にも明らかである。ここでも、再び忠誠がその住処を見出すことになる。なぜなら、忠誠こそ、生き生きとした形で、また複雑に、正義を抱負として抱く共同体の過去と、現在と、未来をつなぐものであるからである」（Postema 2004, p. 310）。

しかし、以上のような純一性論理解を踏まえたとしても、それが遵法責務の正当化根拠でなくてはならない理由は不明である。法の過去と現在と未来がつながれ、それにより法が将来他者が「引き受ける」に値する理由となる、というような法の有機的結合は、ある人々にとっては法の魅力を増すかもしれないが、それがなければ、国民は法に従うべきでない、と考えなくてはならない理由は定かでないのである。

2　国家はいつ「原理の共同体」であるか

第八章で述べるが、連帯責務論は、個々人が意図的に責務を負うに至ったかどうか――例えば、国民となることに同意したか、法が供給する公共財の便益を受領したか、など――に関係なく、特定の国民相互に関係性が存在することに注目し、その関係性がもつ内在的価値により、政治的責務を正当化しようとする(5)。しかし、連帯責務論には、第八章一で示すように難点がある。なかでも重要なのは以下の点である。政治的責務を特定の国民の関係性により正当化する場合、その社会がいかに邪悪な目的を有していても、関係性さえあれば邪悪な目的に加担する責務が導き出されてしまうおそれがある。

ドゥオーキンの「原理の共同体」論は、連帯責務論のこの限界に対処するものとしても理解できよう。連帯責務論で遵法責務を正当化するためには、同胞関係が存在することだけでは不十分である。国民が属するこの社会の過去の法を、よりよく正当化する道徳原理が何であるか。この問いをめぐって論争を積み重ねることを通じ、「原理の共同体」――「特殊で、個人対個人の間に成り立つ、平等な配慮という概念の適切な解釈に合致するような広汎な相互的配慮を表現している」関係――を実現するのでなくてはならない。「原理の共同体」は、連帯責務の根拠となる同胞関係があれば必ず存在するわけではない。国民が純一性に見合う法の正当化に従事し、時に不正な法に対して、国民として不服従し、さらに、なぜ自らの不服従が許容されると考えるのか、その理由を他の国民に対して弁明する。「原理の共同体」は、国民のそのような営為の下で成り立つものである。

連帯責務による遵法責務の正当化が、法が「原理の共同体」を実現するものである場合のみに限定して成り立つと考えれば、上述の連帯責務論批判をひとまずかわすことができよう。しかし問題は、法がどれだけ「原理の共同体」を実現できていれば、遵法責務が存在するのか、ドゥオーキンにおいて明確でないことである。

この点、純一性論は、第十一章で扱う、正義の自然的義務による政治的責務の正当化と同じ難点を有していると思われる。正義の自然的義務の議論は次のように説く。正義原理の実現のために法を執行する制度が不可欠である。そうである以上、概して正義適合的な政治体制の下で組織された政府には協力すべきであり、これを支持せず足を引っ張るようなまねをしてはならない。このことは正義原理自身が要求するところである（Rawls 1999, p. 334; Waldron 1993, p. 4）。個々の法が正義に反していたとしても、そのことは政治体制全体として正義を実現していくために必要な支持服従を、国民が拒む理由にはならない。しかし以上の議論が成功するためには、「概して」とはどの程度のことか明示されなくてはならない。一方で、かなりの程度正義に反する政治体制についても、「悪しき秩序も無秩序に勝る」とは言える。しかしそれで政治的責務が正当化されるということになれば、安定的統治の確保を根拠に、国民に不当な負担を強いることも正当化されかねない。他方で、社会全体が奉じる正義基準に合致していなければ、法ではないということならば、遵法責務問題は消失してしまう。同じように、「平等な配慮という概念の適切な解釈に合致するような広汎な相互的配慮を表現している」という条件を著しく逸脱していてもなお遵法責務が存在するというのでは、国民に不当な負担を強いるだろうし、法が「平等な配慮の原理」に合致することを厳格に求めるところでは、悪法問題は消失してしまう。

三　小　括

ドゥオーキンが以上のような誤りに陥った主要因は、遵法責務を、法の正当化の営為の枠内で捉えていることにあると我々は考える。不正な法を生み出す条件の一つが、法をよりよく正当化する道徳原理が何かをめぐって国民相互が対立している状況であること、これは間違いない。しかしだからと言って、遵法責務の正当化根拠を、法の正当化を規制する理念から引き出す必要はない。しかも、法の正当化を規制する理念として純一性概念が必要なのかどうかも疑問である。「チェッカーボード的解決」を斥けるべき条件を示すには、正義で足りる。

それでは、不正な法もまた有する法内在的価値は、どこに求められるべきなのか。この問いに答えるためには、いったんフラーに戻るべきであると思われる。第六章で、フラーの法内在的価値論を検討した上で、遵法責務を正当化するに足る法内在的価値が存在しうるか否かについて考えたい。

第五章　注

（1）S・ペリーの説明（Perry 2006, p. 185）を借りれば、Aを規範命題、つまり、ある人や集団が責務、権利、責任、権能を有する、という命題であるとした場合に、「Aは法である」が法命題である。

（2）規約主義は、ハートの「ルール・モデル」すなわち系譜テストにより法が同定されるとする立場、あるいはラズの源泉テーゼつまり法の存否はその内容の善し悪しではなく、社会的事実としての権威的源泉（例えば立法権の所在や法適用の権限の所在を定める制度）の存在いかんによって決まるとする立場を、期待保護の価値により規範的に擁護する議論と位置づけられる。

（3）ドゥオーキンは、さまざまな制度的制約（典型的には制度的に定められた決定権の分配に従って法制定を行うことや、法適用におけるデュープロセス）の下での最善の正当化の追求を行う「包含的純一性（inclusive integrity）」と、制度的制約を抜きにして純粋に、自らの属する共同体のあるべき姿のみを構想する「純粋な純一性（pure integrity）」とを区別した上で、公務員以外の国民も「純粋な純一性」の下での正当化責任を平等に負う、と述べている（Dworkin 1986b, pp. 404-413）。

（4）連帯責務論の詳細な批判は、第八章で扱う。

（5）ドゥオーキンは、「我々には友人がおり、我々は一定の歴史を彼らと共有することによって彼らに対して責務を負う。しかし、責務を引き受ける歴史としてこの歴史を記述することは誤っているだろう。むしろ反対に、これは責務を引きつける出来事と行為の歴史なのであ」る、と述べる（Dworkin 1986b, pp. 195-197）。しかし他方で国民が自らの属する共同体への責務を有することを認めるに値するそれらの出来事や行為の歴史とは、国民相互の慣例的行動の事実ではなく、その集団のあるべき姿を探求する解釈である。そうだとするなら、ドゥオーキンの遵法責務の根拠は、単に国民相互が同胞関係にあることではなく、責務に見合う価値を有する関係性つまり原理の共同体が、共同体の解釈実践の積み重ねを通じて形成されることにあるだろう。

第六章　法内在的価値

第一部のこれまでの流れをいま一度大雑把に確認しておこう。遵法責務を法服従の合理性により根拠づけようとすると、悪法に従う道徳的義務を正当化しきれない。せいぜいのところ、正しいとは言い切れない法にも道徳認知の簡便法としての価値を認めるか、悪法に従う打算的理由の存在を指摘するかしかない。そこで悪法に従うことが何らかの道徳的価値の実現に役に立つかどうかではなく、法がそれ自体として有する価値（内在的価値）に照らして、遵法責務を正当化する道を探ることにしたのであった。R・ドゥオーキンの言う純一性がまず第一の候補であった。裁定理論から、ドゥオーキンは法の正当化の規制理念としての純一性——過去の法実践と整合的であるかどうか（「整合性」）と法内容が道徳的に正しいかどうか（「道徳性」）——を見出す。しかし純一性は遵法責務の正当化根拠として不十分である。なぜなら純一性と正義とがどう違うのか判然とせず、そうなると純一性では悪法の存在、さらに遵法責務の「個別性」を説明しきれないおそれがあるからだ。

ここからの内在的価値に基づき遵法責務を正当化する場合の一つの教訓が示される。法内在的価値が、単に法が道徳的に正しいこととといかに異なりうるか、そして全ての法が分かちもつべき法内在的価値で遵法責務の「個別性」をどこまで説明できるかである。

以下では、まずL・フラーの法内在的価値論——「人間行動をルールに服せしめる目的追求的企て」——が遵法責務をいかに正当化しようとしているか、そしてなぜそれが失敗しているかを確認する。次に人が、そして法が他人を服従させようとするためには自らの言い分が正しいことを主張する（「正義要求」する）ことが最低限だとする正義要求論の成否をみる。しかし、他の人間も、法も、それが正義要求していることだけでは服従義務の対象にはならない。自他の関係、個々の国民と法の関係の道徳的正当化、ひいては政治的責務の正当化を検討することが避けられない。

一　手続的自然法論

1　法の規範性の規範的根拠

フラーによる遵法責務論の基本動機をみるためには、いわゆる「ハート・フラー論争」からたどるのがわかりやすい。周知のようにＨ・Ｌ・Ａ・ハートは、論文「実証主義と法と道徳の分離」において、ベンタム、オースティン以来の法実証主義の基本動機の一つを継承した。それは、「法の存在と法の善し悪しは別の問題である」とすること、つまり法の諸性格の記述と法内容の道徳的評価とを分けて扱うことである。法概念論の任務は、「道徳的に悪しき法の存在が引き起こす問題を正確に捉え、法秩序の権威が有する固有の性格を理解する」（Hart 1983, p. 53）ために、法のあり方を経験的に記述し最も有用な法概念を探求することである。そして法記述において適切なのは、法の存在いかんと法内容の善し悪しは、必ずしも相関しない、というものである。裁判官の判断に道徳原理が関与したり、憲法的価値を通じて法内容の善し悪しが法の存在いかんを左右したりする場合はあるが、しかし法全てが道徳適合的であるとは言えない。

一方でハートは、ベンタムやオースティンの法命令説――法は、社会の大部分から習慣的服従を受けている主権者の命令である――を斥ける。その主たる根拠は、法を主権者の命令としてのみ捉えると、私人に法的地位を与えるルールや、公機関にルールを導入、適用、修正、廃止する権能を与えるルールを説明することができないこと、および法を強盗の脅しと変わらないものとしてしか理解できないことにある（ibid., pp. 603-605）。

ハートは法命令説を斥けつつ、一方で法の拘束力を法と道徳的理由の何らかの必然的連関によって説明する道筋も拒否する(1)。これまで繰り返し述べたように、ハートが法の拘束力を説明する際の核心は、内的観点である。改めて確認しよう。法が体系性を備えているところでは、人々の行動を直接規制する「第一次ルール」のほかに、「第一次ルール」の導入、適用、修正、廃止の条件を定める「第二次ルール」が、法のなかに存在する。「第二次ルール」のなかでもとくに重要なのが、「第一次ルール」の妥当性を決める認定のルールである。内的観点とは、この「第二次ルール」を自らの行為を指導し他人の違背行為に対し批判する理由として受容する態度のことである。そして、法が単なる命令ではなく規範としての性格をもつためには、少なくとも公職者は内的観点をとる必要がある（Hart 1994, pp. 88-91, 114-117）。

しかし認定のルールの存在はいかにして決まるのか。勘所は、内的観点をとる公職者とは誰のことかである。ある国家の公職者集団の中で認定のルールが異なっている場合、どの認定のルールが当該社会の法体系を与えることになるのか。立法者と裁判官が異なった認定のルールを有している場合、どちらかの認定のルールが他に優越するのか。それともいずれとも別の認定のルールにより法の妥当性が判断されることになるのか。

この問いに答えるには、政治体制が法存立権限をどのように分配するかをみなくてはならない。しかし、政治体制のあり方の認識が我々の間で一致するとは限らない。例えば、裁判所の司法審査で、どの法の効力を、どのように否定しうるかについて、憲法学者の間でも見解は一致していない。ハート自身について言えば、裁判官が最終的な法存立権限を有する、という司法中心主義に与していると看て取れるが、「あらゆる法体系が司法中心主義的である」という主張は、経験的記述として正しいだろうか。イギリスの「議会主権」などを想起すれば、その正しさには疑問の余地があると言わざるをえないだろう。

さらに重要なのは、法存立権限をどのように分配するかが、政治的に争われているということである。再びイギリスを例にとろう。欧州人権条約を国内法化する人権法は、裁判所に、立法が人権条約不適合であることを宣言する権限を与えてはいる。しかし、不適合宣言を受けて法改正を行うかどうかを決めるのは議会であり、裁判所が議会の判断を待たずに立法を無効とすることはできない。このような司法審査のあり方は、「議会主権」と両立する形で人権条約による立法統制を行おうとするものと理解できる。しかし、裁判所により強い司法審査権限を与えるべきという立場もある。イギリスの司法審査制のあるべき姿をめぐって論争が存在するのである。この状況で、司法中心主義の主張が国民に受容されるためには、司法中心主義を採る規範的根拠を示さなくてはならないだろう。

つまりこういうことである。どの公職者の内的観点により法体系を描くか自明ではない。しかもどの公職者に法定立権限を与えるべきか、政治的に争われる。そうである以上、法記述だけに依拠して法の規範的性格を説明することは、ハートにおいては成功していないのではないか（Cf. Simmonds 2002, pp. 140-142）。

ハートは法と道徳を分離し、法の規範性を経験的に記述することに失敗しているかもしれないが、法実証主義（記述的法実証主義）に成功の見通しがないわけではない。[2] しかし、本章の目的は法実証主義の成否を確認することではない。ハートの批判的検討から引き出された問い、「法の規範性の説明は、それ自体規範的根拠を必要とするのではないか」に、フラーがいかにして「ＹＥＳ（必要とする）」と答えたかをみることである。

フラーの議論の勘所をまとめれば、次の四点である。①法の本質を解明するためには、法の経験的記述ではなく、法一般が法である以上有する価値すなわち法内在的価値を論じなくてはならない。②法内在的価値は、法が「人間行動を一般的ルールの指導に服せしめる目的追求的企て」だというところにある。③法一般が「人間行動を一般的ルールの指導に服せしめる目的追求的企て」であるならば、法は法内在道徳を抱負としなくてはならない。以下、順を追ってみていこう。

2　法内在的価値と遵法責務の正当化——フラーの法内在道徳論

(1)「人間行動を一般的ルールの指導に服せしめる目的追求的企て」

法実証主義は、法の本質を解明するために、あらゆる法が有する経験的性格を見出そうとする。法の存在いかんが、法内容の善し悪しにどれだけ左右されるか、法の拘束力がどういう性質を有しているか——命令なのか、何らかの理由なのか——などについて、個々の法体系の違いを超えて共通した性質があるかどうかを確かめる。

フラーは、このような方法では法の本質は明らかにならないと説く。例えば椅子の本質を考える際にどうするかを考えてみればよい。個々の椅子の形状や材質や色合いをいかに事細かに記述したところで、あるいはそれらが共有する性質を括り出したところで、椅子の本質が何かはわからないだろう。椅子の本質を説明するためには、椅子一般が使用される目的が何であるか、我々にとって椅子一般がどのような価値をもつかを問わなくてはならない。その答えは「椅子は座るためにある」だ。このことを理解して、はじめて何が椅子で何が椅子でないかを識別できる。法の場合も同様である。法の本質を説明するためには、どんな法であってもそれが法である以上有する使用目的あるいは価値——法内在的価値——を理解しなくてはならない。つまり法の本質を明らかにするのは、法内在的価値である。

それでは、法内在的価値とはいったい何か。フラーは、法が法である以上、「人間行動を一般的ルールの指導に服せしめる目的追求的企て」としての価値をもつとする（Fuller 1969, pp. 145-146）。人間が場当たり的な行動をとらず、一般的ルールに従うことで形作られる社会秩序、その実現を追求することが法内在的価値である。

しかし人間が一般的ルールに服することになぜ価値があるのか。この問いに対する応答は、二つ考えられる。そのうちの一つは、人々が一般的ルールに服従することによって、個々人が他者の行動を予測しやすくなり、そのことで各自が生の計画を立て実現する自由が大きくなることである。もう一つは、統治が一般的ルールに沿ってなされることで、ルールに合致しない恣意的な統治が排除され、その限りで悪政を行う動機が減殺されるからである(Simmonds 2002, pp. 229-233; 2007, Ch. 3)。

(2)　法内在道徳論とその限界

「人間行動を一般的ルールの指導に服せしめる目的追求的企て」を実現する方途は何か。とくに、国民と政府が常にルールに沿って振る舞うようになるために、いかなる制度的条件が必要か。フラーの応答は「法内在道徳」である。改めてその内容を振り返れば、法が一般的に適用可能な形で定められること、法が公布されること、遡及法が禁止されること、法の命じる内容が明晰であること、複数の法が互いに両立不可能な行為を命じないこと、法が不可能な事態や行為を命じないこと、法が一定の恒常性をもつこと、公権力の行動と法が一致していることである。

重要なのは、これらの八条件が、「抱負としての道徳（morality of aspiration）」であるとされていることである(Simmonds 2007, p. 4)。つまり八条件を完全に満たさなくても法でありうるが、八条件を満たすことを理想としないものは法ではない。フラーが指摘するところをいくつか挙げてみよう。法が不可能なことを要求しないことに関して、例外が成り立ちうる。例えば、危険を伴う行為に対しては、事前には予防しえなかった損害についても賠償する責任を認めることが適切でありうる。また公権力の行動とルールとの一致に関しては、ルールの解釈が分かれており、何が一致した行動なのかが争われる場合が少なくない（ibid., pp. 74-75, 82ff）。それでも法内在道徳は、法が法である以上目指すべき理想を示している。

法内在道徳が法の抱負でなくてはならないということは、ある程度説得的である。罪刑法定主義が法内在道徳と多くを共有することを想起すれば、法内在道徳をまるで無視した決定を法として扱うことが許されないことは、理解できよう。

しかし、法内在道徳だけで遵法責務の正当化根拠として十分であろうか。第四章で扱ったM・クレイマーによるフラー批判を思い出してほしい。邪悪な統治者が法内在道徳に従ったとしても、自らの私的利益を押し通す危険はなくならない。むしろ、被治者が自らの利益に反する行動をとらないようにするためには、状況に応じて個別的に命令を下し、命令違反を犯さないように制裁を科したり予防策を講じたりするよりも、一般的ルールを定めたほうが効率的でありうる。なぜなら一般的ルールに従って、ルール違反に対して画一的に制裁を下すほうが、個別対応する費用が減殺できるからである。また、たとえルールが恣意的な目的に基づくものであっても、ルール違反に対して十分に重い制裁が科されるのであれば、被治者は遵守しようとするだろう。このように考えると、法内在道徳に悪政を減らす効果を期待することは、あまり有望とは言えない。

それでは、法内在道徳に何を加えれば遵法責務の正当化根拠として十分になるであろうか。そしてそれはどのような法内在的価値に見合うか。二では、P・ソウパーの正義要求論を取り上げる。ソウパーは、法を通じて統治者が自らの命令に服従することを求める以上、法はその内容が正義適合的であることを主張する、つまり正義要求を行うものでなくてはならないと説く。法の正義要求は、遵法責務の正当化根拠として十分であろうか。三では、井上達夫の「〈正義への企て〉としての法」の議論を取り上げる。井上はソウパーの正義要求論と一定の動機を共有しつつ、法が法である以上必要とされる正義適合性の内容をより充実させる。井上の議論は、遵法責務の正当化根拠として十分な内容を法に読み込むことを企図していると考えられる。しかし、それは法内在的価値に期待できる内容であろうか。

二　正義要求論(3)

1　統治者の過誤と遵法責務

ソウパーは、遵法責務の存在しないところには法は存在しないと考え、遵法責務論こそ法概念論の基底をなすとする。法とは何かを予め法概念により定めておいて、その後にその法に見合う形で遵法責務が正当化されうるか否かを考えるのは、問いの順序が間違っている。したがって、法の経験的記述において法と道徳を分離し、しかるのちに遵法責務の正当化の成否を考える法実証主義の遵法責務論は、真っ先に否定されなくてはならない(4)。

他方でソウパーにとって、遵法責務は、前章にみたドゥオーキンの純一性論のようなものではない。遵法責務とは、法内容を正当化する道徳原理をめぐって論争があるなかで、法をよりよく正当化していく企てに参与する責務ではない。それでは、ソウパーは遵法責務をどのようなものとして理解するのか。ソウパーは、不正な法を生み出すのは統治者の過誤であるとする。統治者が正義であると信じたものが、実際には正義ではないという事態である。そして、遵法責務とは、統治者の決定が過誤であるにもかかわらず、その決定により定められた法に服従する責務である。

統治者が誤った正義信念をもっているにもかかわらず、なぜその決定に従わなくてはならないのか。ソウパーは以下のように考える。①無政府主義に立たない限り、国民の誰かが統治を行う必要があることを認めざるをえない。そして、統治者は他の国民と同様、誤った判断を行う可能性を有する。②被治者は、いまはたまたま統治者でないが、事と次第によっては統治者と立場が入れ替わっていたかもしれない。民主制の下では誰もが統治者となる資格を有しているし、非民主的な政治体制でも国民が統治に携わる可能性は皆無ではない。③統治者が誠実に任務を果たしているのであれば、その信念が誤りであるどうかは別にして、自らが正義であることを誠実に主張して（claim of justice in good faith〔以下「正義要求」と呼ぶ〕）いなくてはならない。④①から③を前提とする限り、被治者が統治に従わなかったり、異議申立てをしたりする場合には、自らが統治者であってもそれらの行動に理があると考えるか問われなくてはならない。そうでない被治者は、二つの意味で道徳に反する。第一に、統治者が誠実に任務を遂行していて誤りを犯した場合でも、彼の決定を尊重しなくてよいと考えるのは、一貫性を欠く。誰かが統治者となることが必要であること、そして統治者も被治者同様誤りうることを認めるなら、統治者の過誤を全く許容しないという態度を取るのは、ちぐはぐである。第二に、被治者もまた統治者でありえたことを考えれば、自らが統治者であったとしたら被治者に求める行為をすべきことがわかるはずである。つまり反実仮想的に被治者と統治者の立場を交換した場合に、統治者が要求してしかるべき行いをすべきである。そこで重要なのは、統治者と被治者の間の相互的敬意（mutual respect）である。

このように、ソウパーの考える遵法責務は、統治者に敬意を払い、その決定である法に従う責務である。そして遵法責務の正当化にとって第一に重要なのは、法がその規範性に見合うだけの内容を有していることそのものではなく、被治者にとって統治者が敬意に値する行為を行っていることである。そのためには統治者の行為が実際に道徳に見合っていなくても、被治者が道徳的と信じていれば足りる。

それでは、統治者の正義要求が成り立つか否かは、法の内容に全く依存しないのか。ソウパーは限定的に正義要求と法の内容の相関を認め、正義要求が成り立つには、少なくとも以下の条件を満たす必要がある、と考える。①統治者が、自らの信念が正しいこと以上に、自らの行為が全ての国民の利害を考慮するものであることを主張すること。②政府の支配権（right to rule）が正当化される最低限の条件として、統治者が実際に秩序の安寧と個人が安全に生存できる環境を保障する一方で、自然状態において個人が有している権利の保護を行うこと。③統治者が正義要求を行っていると被治者一般が認めるようになるための条件として、被治者に、統治者の誤りを批判するために必要な、政治的言説を形成し表明する権利（right to discourse）を保障すること（Soper 1984, pp. 125-143）。

しかし、統治者の正義要求と①から③の三つの条件とは、本当に結びついているのか。この点については、疑義が示されている。②と③の条件を、J・ラズは以下のように批判する。②について、統治が国民の自然権保護を行うことは必要かもしれないが、仮にそれを認めるとしても、法により自然権保護が行われるべきであるとは必ずしも言えない。そうである以上、統治者の正義要求が成り立つために必要な条件を、法にも当てはめることはできない。また③について、たとえ統治者が自らの決定への批判を行う権利を被治者に保障することが、経験的に統治者の正義要求を認める態度と結びつきやすいとしても、そのことの指摘は批判への権利なくして正義要求なしというような必然的連関を示すには不十分である（Raz 1985, pp. 743-744）。

①の条件については、J・フィッシャーが以下のような疑問を提示している。特定の国民の利益の考慮しか主張しえない決定は本当に法ではないのか。なぜ国民の利益を考慮せず単に自らの決定に理由があると信じているだけでは法とはなりえないのか。例えばアパルトヘイトのような不正な法が存在する状況を考えてみよう。ここで、統治者がただ正しいと信じるところに従って行為している場合と、国民全員にとっての利害関心を考慮していることを誠実に主張する場合と、二つの場合があるとする。ソウパーの議論に沿うと、遵法責務は前者では存在しないが、後者では存在することになる。しかし同一の不正な法について、統治者の主張のみが違うことで、被治者の服従責務の有無が分かれると考えるのは不自然ではないか（Fischer 1985, pp. 446-452）。

以上の疑問に対し、ソウパーが、なお統治者の主張で遵法責務の存否が変わってくるという立場を維持しようとする場合、以下のように応答することになるだろう。(5) 統治者が自らの決定が正義であり全ての国民の利害を考慮するものであると誠実に主張するとき、統治者は、決定に反対する者からの異議申立てに対して、決定が正義に適っていると信じる理由を示す責任を引き受けるのである。しかも、その理由は個々人の誠実な道徳的信念だけに基づくのではなく、国民全員にとって善であることの信憑に訴えかけなくてはならない。なぜか。統治者が自らの決定を理由づける責任を引き受けることで、国民がより多くの善を受ける帰結が得られるから、ではない。統治者が責任を引き受けることこそが、被治者が法のもたらす帰結いかんにかかわらず、統治者に対して相互的敬意をもつ条件であるからである。この敬意こそ遵法責務の正当化根拠である。

2　統治者の責任と被治者の信憑

ここで問題とすべきは、統治者の理由づけ責任が、あくまで法的手続にのっとって決定したことによって果たされるとする――統治者への異議申立ての引受けは、法的手続のなかで既存の法を覆すことを認めることと考える(6)――か、それとも統治者の正義要求が成り立つためには、より実体的理由による制約に服する必要があるとするかで対応が分かれる。J・ウォルドロンは、正義構想をめぐる個々人の意見の不一致の下で、各人の見解に平等の重みを認めた上で最も多くの意見を尊重する決定手続として多数決原理を支持し、社会のより多くの意見を反映し対立させあった上で、多数決で法存立を行う場として、立法府の権威を高く評価する（Waldron 1998a, Ch. 5; 1999b, pp. 38-39）。彼は、前者の立場に立っている。これに対して、後者の立場に立つのが井上達夫である。彼は、正義要求に特定の正義基準による制約を読み込まず、法を、正義の普遍主義的要請の下で対立する正義構想（を支持する諸個人）相互が法のよりよき正当化であることを争い、集合的決定を行う場として位置づける（井上 2003b、第1章）。

ソウパー自身がどのように考えているかは、論文「法理論と権威要求」（Soper 1987）における「権威の指導者説（leadership conception of authority）」に示されている。ソウパーは法は、被治者の信奉する価値が相互に深刻に対立し全く合意が成り立たない状況で、その対立を解決し被治者が一致して行動できるように必要な方向づけを与える指導者の決定として権威を有すると主張する（ibid., pp. 231-232）。そこで統治者に指導者としての地位を認める被治者の敬意が成り立つために必要なのは、彼の行為が正義であることの被治者の信憑であり、したがってあくまでその信憑が成り立つために必要な程度で、統治者には応答責任の引受けが求められる。井上達夫の場合、被治者が統治者の決定の正当化理由を問いただす、あるいはそれに異議申立てを行う権利つまり「正当化を争う権利」を有するところで、法が正義適合性の絶えざる批判的再吟味に開かれてあることが、法の正義要求と内在的に相関する（井上 2003b、8－10頁）が、ソウパーの「正義であることの被治者の信憑」にとってはそのような法の批判開放性は必ずしも必要でない。

3　正義要求は法内在的価値なのか

以上をまとめよう。法に認めるべき正義要求が何であるか、またその道徳的根拠が何かに関するソウパーのより整合的理解は以下である。法の正義要求とは、統治者が自らの決定に反対する者からの異議申立てに対して、決定が正義に適っていると信じる理由を示す責任を引き受けるという意味において、自らが正義であることを誠実に主張することである。その道徳的根拠は、法が正義に見合っていることへの被治者の信憑を獲得する責任を統治者が引き受けることが、被治者が、法のもたらす帰結いかんにかかわらず、統治者に相互的敬意をもつ条件であることである。

しかし、遵法責務を統治者に対する被治者の敬譲として理解することには、一以来の関心に照らして、以下のような疑問が提示されよう。法の正義要求とは、法それ自体からのみ出てくるものではなく、統治者と被治者の関係に支えられてはじめて成り立つものではないか。ソウパーが主として関心をもっているのは、単に法が正義要求を行うための条件というよりは、統治者が法を通じて統治を行う際に正義要求を行うための条件である。そうだとすれば、ソウパーの正義要求論の成否をみるためには、法内在的価値を論じるだけでは足りない。統治者と被治者がいかなる関係にあれば、被治者が統治者に従う責務を負うか、この問いに答える必要がある。つまり、ソウパーの正義要求論の成否は、政治的責務論によって条件づけられるのである。

このようにして、遵法責務論から政治的責務論へ移っていくことは、遵法責務の正当化にとって本当に有益であろうか。その疑問にＹＥＳと答える傍証を、以下に示したい。

三　法の支配と政治的責務

1　ウォルドロンによる法内在道徳の根拠づけ

二で紹介したウォルドロンは、フラーの法内在道徳が、法の支配のあり方を示すものとして有望であると考えている。その主たる動機は、立法府の権威づけにとって、法の支配が法内容に立ち入らない手続的制約にとどまることが、有利であるからである。しかし、フラーの法内在道徳がそれ自体としていかなる価値をもちうるかについても、ウォルドロンは議論している（Waldron 1994）。

ウォルドロンは、フラーの法内在道徳がもちうる価値として、手段としての効能、自由、忠誠の三つの候補を提示する。第一に、法内在道徳の効能に訴える議論は、統治者がどのような目的を有する場合にもそれを実現するための手段として法が機能するためには、法内在道徳は不可欠であり、それゆえに法にとって本質的であると論じる。

しかしフラーは、法内在道徳が統治のためのあらゆる手段のなかで最善のものであるとは言っていない。また法内在道徳はあらゆる目的に資するものでもない。例えば、法の遡及適用を行って憚らないナチスの目的にまで見合う手段ではありえない。

第二に、自由からの議論は、法は個々人の自由という目的に資するために存在し、法内在道徳は法秩序を予見可能なものとする点で自由の条件である、と論じる。しかし、予見可能性によって保障される自由だけが、自由の構想であるわけではない。また予見可能性保障のためには、時に競合する他の要請を考慮して法内在道徳を犠牲にすることが望ましい場合もある。またフラー自身は、法の予見可能性を重視するF・ハイエクの言うような正義構想を支持しているわけではなく、国家による福祉国家的な介入により積極的であった。

ウォルドロンは、フラーの法内在道徳がもつ価値は、法に対する忠誠の根拠を提示することにこそあると考える。法に対する忠誠つまり遵法責務の正当化を手がかりにしてこそ、法内在道徳が法の本質であることを明らかにしうる。遵法責務を考える際、我々が法に対していかにしてコミットするかを想起することが有益である。軍隊における上官の命令や企業家の経営に対する服従には、組織の目的に対するより強いコミットメントを必要とするが、そのようなコミットメントを広汎に長期にわたり確保することは困難である。これに対し法内在道徳には、法内容に対して異議を有している者でも敬意を有しうる。逆に、法内容の評価における不一致の下で、法内在道徳を犠牲にして特定の人々が支持する目標の実現を優先すると、人々が自らが追求する目標を実現する上で不可欠な制度枠組みに対して、その目標を積極的には支持しない他の人々の協力を確保しうる唯一の地盤を掘り崩す危険がある。つまり、意見の不一致の下で人々の法へのコミットメントを保持するために必要な相互的制約として、法内在道徳は価値を有するのである。

ウォルドロンの議論では、遵法責務は、法内容の評価に関する意見の不一致が存在する国民相互の間での協力責務として捉えられている。遵法責務が正当化されるか否かは、自らとは異なる意見を有する国民との間で、法へのコミットメントが成り立つために必要な相互的敬意の問題となる。この点で、ウォルドロンの議論は、二で扱ったソウパーの正義要求論と同様の性格を有している。

2　ドゥオーキンの法の支配論

(1)　法の支配の「ルール・ブック」的構想と「権利」的構想

ドゥオーキンは、法の支配は市民相互間に成り立つべき道徳的権利と市民と国家の間に成り立つべき政治的権利の保護を目的とすると考える、「権利」的構想を支持すべき理由を示すために、国家に公にされたルール・ブックに明瞭に記されたルールに基づいて権力を行使せしめる「ルール・ブック」的構想を対置し、後者を論駁することで前者を擁護しようとする（Dworkin 1986a, Ch. 1）。まずドゥオーキンは、二つの法の支配の構想の中心的な関心の所在の違いを述べる。つまり「ルール・ブック」的構想においては、法の支配の関心は、国家が個々の市民に対してルール・ブックに明記されたところに従わずに権力を行使することを抑止することのみである。これに対して、「権利」的構想では法の支配の関心は以下の三点にある。第一に国家が個人の権利の執行を行うことを拒まないようにすること、第二に公務員が権利を誤らず正確に理解するようにすること、第三に権利の執行が（人種や性別などによって差別的扱いを受けないよう）公平になされるようにすることである（ibid., p. 12）。

次に両者の性格の違いを対比的に示す。第一に、一方で「ルール・ブック」的構想は、それに従っても大きな不正が残存しうるのであり、したがって正義の実現のために十分ではない。他方、「権利」的構想は個々人が権利の適用と執行を要求することができなかったとしても正義は行われうるので、したがって正義の実現のために必要であるわけではない。第二に、「権利」的構想は哲学的に中立でなく、より論争的で反論に直面しやすい。第三に、適用すべき明確なルールが存在しないハードケースでは、「ルール・ブック」的構想においては、一方で、裁判官はルール・ブックに記されているべき本当のルールとは何かを裁量により決定せねばならないが、他方で、裁量による決定ではあっても裁判官の政治的判断によって決定することは避けなくてはならない（ibid., pp. 12-14）。

以上のような二つの法の支配の構想の比較を行った上で、ドゥオーキンは民主的政治過程における立法を最大限尊重し司法審査を謙抑すべきとする立場は、裁判所は立法により明示的に制定されたルールに基づいて判断を下すべきと考えるから、「ルール・ブック」的構想に与することになると指摘する。しかし、「ルール・ブック」的構想には以下のような限界が存在する。すなわち、「ルール・ブック」的構想においてはハードケースにおいて本当のルールは何かを見出すための解釈技術を必要とするが、これまで用いられてきた代表的な解釈技術にはそれぞれ欠陥が存在するのである。第一に、特定のルールにおいて用いられている語句の意味を、別のルールに当てはめることにより解明する方法については、実際に行われた複数の決定を見比べてそれらにおいて用いられている語句の意味を見定めることは適切であるが、特定の語句を用いていることに基づいてなされるべき決定の内容を定めることは適切であるとは言えないからである。第二に、例えば立法者の意図を探る集団心理学的問いを立てる方法については、実際に制定法がどのような帰結をもたらすべきかに関する立法者の意図を制定時の事実に基づいて明らかにしうる可能性はほぼ皆無に等しいので、やはり役に立たない。第三に、仮に当該ケースについて立法者が決定を行ったとしたらどのような判断を下すかを考える反事実的問いを立てる方法。この方法でも、ルールがどのような意味を有するかを同定することはほぼ不可能である。実際のところ、第二、第三の方法は、制定時の立法者の実際の意図あるいは仮想される意図を探る歴史的議論ではなく、制定時立法者が意図しているべき内容を考える評価的議論へと転化してしまわざるをえず、ここで「ルール・ブック」的構想を貫徹することはできなくなるのである（ibid., pp. 14-18）。

以上の議論は『法の帝国』における、法の根拠に関する規約主義（conventionalism）に対する批判とほぼ重なる。つまり、法であるか否かはそれが規約に合致しているか否かで一意に決定するという規約主義の立場に立つとしても、規約により同定される法では解決しきれない新しい事例が生じてくることが避けられないからである。このような場合、立法や先例のように明示的な法的規約のみに基づいて決定を行おうとする厳格な規約主義は、実際の事例の解決のための法的根拠をほとんど提示できないがゆえに役に立たない。他方、立法と先例が何を要求しているかに関する自分自身の解釈に基づいて判断することを認める柔らかい規約主義においては、法的規約が明示的でない場合に立法や先例の解釈が分かれ、争われることになる。そこで正しい解釈の方法が定める条件を模索することになるが、それは早晩何が最善の解釈であるかを示す道徳原理に行き着かざるをえず、結局、規約主義の性格を失ってしまうことになるのである（Dworkin 1986b, pp. 124-130）。

民主的意思決定による立法の機械的適用のみで裁判所があらゆる事例を解決しうる判断を行うことが不可能であることは当然である。第二章二でみたように、T・キャンベルも民主的答責性を有さない裁判所による法形成を可能な限り回避すべきと考えるが、他方、法の欠缺において裁判所が法創造を行い当該事例に遡及的に適用する必要が生じることを認める。しかしキャンベルは、それらに法の地位を与えるべきか否かの判断について改めて立法府が判断すべきであると考えている（Campbell 1996, pp. 117-120）。つまり、裁判所の法創造の不可避性は決して民主的答責性重視の立場から「ルール・ブック」的構想を支持する議論に限界を突きつけるものではないのである。

(2)　討論の劇場としての法の支配

以上の「ルール・ブック」的構想への批判に対して、ドゥオーキンが支持する「権利」的構想は、法の支配の目的を司法審査を通じて基本的人権など特定の実体的価値を立法による侵害から保護することに置くもの——次項の井上達夫の整理における「実体化プロジェクト」——であるように見える。しかし、もし法の支配の目的が基本的人権の保護にあるのなら、なぜ、そもそもそれを一定の（立法や適用の）手続の制約を経ることを余儀なくされる法に委ねるのか。統治者が法によらず、より直接的に権利を実現するほうが、立法過程や司法過程におけるより確実でしかも正確ではないか（Waldron 2004, p. 321）。

ウォルドロンはこのような疑問を立てることによって、ドゥオーキンが法の支配の眼目を実体的権利の保護に置いたことの真意を探る。彼はドゥオーキンの狙いは以下のような政治観の提示であると考える。政治道徳をめぐる討論を一定の法的手続を経た決定によって終結させられ、それ以上の異議を受け付けないものと考えてはならない。時々において、いずれの立場が目標とすべき客観的価値により近づいているか、その優劣を判断することによって、討論に一応の決着をつけることは必要であるが、その決定はたえず新たな異議申立てに対して開かれたものとして捉えられなくてはならない。そのための哲学的根拠を与えるためにこそ、権利を政治的論争が常に目指すべき客観的価値として位置づけることが必要である（ibid., pp. 323-327）[7]。そして『法の帝国』において、原理の共同体においては、政治は単なる対立する立場相互の妥協としてではなく、政治共同体がどのような政治原理を採用すべきかを討論する劇場として捉えられると述べたことも、同じ動機によって裏付けられていると考える（ibid., p. 329）。

重要なことは、このような法の支配の理解においては、遵法責務は、異なる政治道徳を信奉する国民の間の討論の下でなされた政治的決定に対して、ひとまず一応の決着を与えるものとして尊重し従う敬譲の責務として捉えられることである。つまりウォルドロンによって捉えられたドゥオーキンは、敬譲としての遵法責務により法の支配を根拠づけている。そして、このような敬譲が成り立つかどうかは、政治的責務の正当化を検討しなければ判断できない。

3　井上達夫の法の支配論

井上達夫は、既存の主だった法の支配の諸構想を以下の三つに分類し、それらを批判した上で自らの「理念化プロジェクト」を擁護している（井上 2003b、第2章）。個々の性格づけと批判の中核のみ簡単にまとめておこう。第一に、フラーの手続的自然法論など、法の支配の内容を、国民の選択した価値を法の形式において定式化し執行するための手続的条件にのみ限定する「形式化プロジェクト」が検討される。「形式化プロジェクト」の最大の弱点は、民主政の下での多数者の専制の危険を抑止しえないことにある。民主的意思決定過程において少数者が自らの意見に対する支持を求めてアピールする機会が全く剝奪されているわけではない、という反論は、社会における構造的少数者の救済の困難性から目を背けるものである。そうである以上、法の支配は、構造的少数者の救済の根拠をその内に含まなくてはならないだろう。

第二に検討されるのは「実体化プロジェクト」である。法の支配を基本的人権などの実体的価値を多数者による立法によっても侵害しえない形で保護する制度構想と考え、司法審査による立法権力に対する掣肘こそ、この目的の実現のための要であると捉えるのが、「実体化プロジェクト」である。しかし、何が司法審査によって保護すべき価値であるかをめぐる道徳的論争があるなかで、そのなかの特定の立場によってのみ支持される価値の保護を司法府が行うことは、別の立場に与する人々から決定権を取り上げることになる。この点で「実体化プロジェクト」にも限界がある。

第三に、民主的政治過程における国民の自己決定や熟議への参与そのものの価値を保護すべく、民主的政治過程を作動させるために必要な権利のみを司法審査による保護に付する「プロセス化プロジェクト」が取り上げられる。この立場も困難を有する。国民の自己決定や熟議への参与の価値が何かについてさまざまな見解があるなかで特定の立場に基づいて権利保護を行うことは、「実体化プロジェクト」と同様の限界を抱え込まざるをえない。しかも、

「プロセス化プロジェクト」は、基本的人権などの実体的価値を「プロセス」における決定に先立って保護すべきとすることを忌避している点で、内部矛盾を抱えるおそれがある。プロセスのあり方自体に関する論争があるなかでは、いかなるプロセスによる決定も争われざるをえないからである。

その上で井上は「法の支配」を、〈正義への企て〉としての法の概念から引き出される制度構想と考え、なかんずく法の規律が正義適合性の批判的審問を行う権利を法服従主体に開く「正当化を争う権利」を法が承認すること、および権力行使を正義概念の中核をなす普遍主義的要請、なかでも、「反転可能性」の要請の規制に服せしめ、答責性を要求し、また確保することを眼目とするものであると捉える。その下で、一方で、正義の普遍主義的要請に抵触する既得権、およびそれを保護する政治的、社会的構造を批判すると同時に、他方で、統治権力の放縦の規制が図られる。その具体的な制度構想を示したのが、「批判的民主主義」論である（井上 2001、第3章）。ただし井上は「法の支配」を実現するより具体的な制度的条件は、個々の社会における「専制のトゥリアーデ」の均衡のあり方（井上 1998）や権力あるいは権力行使に伴う答責性の分配のあり方にも依存するとしている。とりわけ日本の場合には中間集団による共同体的専制を牽制すべく「強い政府の統治の公正を確保するための強い司法」（井上 2001、294–295頁）が求められる(8)。

以上の「理念化プロジェクト」の擁護は、基本的に対抗する議論の論駁によるものにとどまる。しかし、そもそも「法の支配」の概念の意味を「理念化プロジェクト」が与えると考えうるのはどのような根拠によってか。井上もまた、上述のフラー、ウォルドロン、ドゥオーキンと同様、遵法責務の正当化こそがその根拠を与えると考えている。井上は論文「憲法の公共性はいかにして可能か」（井上 2007）で、この課題に取り組んでいる。そこでは法の支配の概念の中核は、政治道徳上の価値をめぐる先鋭な対立の下でなされた政治的決定が単なる「勝者の正義」でも、「政治的抗争において権力を獲得した一部の党派的勢力による支配」でもなく、論争の敗者もこれを尊重し従う責務を負うものとなるための条件にこそあるとされる。

重要なことは、井上が、政治的責務の正当化における公平性からの議論を標準的なものより「改変」し、国民相互の社会的協働たる政治制度により生活のために必要なあるいは有益な便益を享受する者が負うべき協力責務ではなく、「どのような正義構想であれ、それが実現されるために必要とする集合的決定と執行の政治システム」の存立のために必要な責務を正当化しようとするものとして捉えていることである。そこでは国民が負うべき公平な責務の内容とは、他人が彼らの信念に背く集合的決定に対しても廉直性を犠牲にして従うことによって政治システムの存立が保たれており、その便益を享受しておきながら、いざ自分の信念と抵触する集合的決定がなされたところで、信念に反するからという理由だけで決定に背く道徳的「ただ乗り」を禁止するものであるとされる。その上で正義概念の一つの中核である反転可能性要請にこの道徳的「ただ乗り」の禁止を読み込み、改めて異なる正義構想（井上はさまざまな善の諸構想に対する正義の基底性を指して、正義構想が「一階の公共性」問題に応答するものであるとする）を支持する諸個人の間で論争が成り立つための条件を問う「二階の公共性」問題に応えるものとして捉え直し、正義概念こそが、正義構想相互の対立の下で、自らの信念に抵触する正義構想に即してなされた政治的決定に対してもなお尊重し従う責務である遵法責務の根拠を与えるとする（同上、323-328頁）。

公平性原理における社会的協働がもたらす「便益」に、正義構想の実現のために必要な集合的決定と執行の政治システムの存在を含ませることができるかどうか、さらに公平性原理によって正当化される責務に、他人の廉直性を犠牲にしながら自分だけ信念を貫徹しようとする道徳的「ただ乗り」の禁止を盛り込むことができるかどうか、議論の余地がある。しかし、井上の法の支配論の成否を検討するためには、やはり政治的責務論を扱わなくてはならない。

四　小　括

以上の検討を経て、我々が得た見解をまとめたい。

(1)　遵法責務の正当化を法内在的価値に注目して行う議論として、フラーの手続的自然法論は、有望ではある。とくに純一性論が、正義と区別された純一性がいかに遵法責務の正当化に貢献するのかを十分に示しえていなかったのに対し、フラーの議論は、国民と統治の手続的制約に価値を見出す点で、手続を満たして生まれた不正な法もまた遵法責務の対象となりうるという主張をより明確に打ち出している。

(2)　しかし、いかに邪悪な法であっても手続さえ満たしていれば遵法責務の対象となるのだろうか。そのような帰結を避けようとすれば、法内在的価値について別様の理解を模索せざるをえない。ソウパーの正義要求論、そしてウォルドロンやドゥオーキン、井上の法の支配論は、そのような理解の試みであった。

(3)　法内在的価値をめぐる諸理論の検討を経て得られたのは、遵法責務の正当化は、政治的責務の正当化に依拠せざるをえない、ということである。法にいかなる内在的価値を見出したとしても、それだけでは遵法責務の正当化のために十分ではない。法内在的価値に基づいて法が存立し適用され服従される、そのような法の支配が国民相互の、あるいは国民と統治者の、いかなる関係性に条件づけられているか、どのような関係性があれば遵法責務が正当化されるのかを問わなくてはならないのである。

第六章　注

（1）　この点については第二章二参照。

（2）　第四章で扱ったM・クレイマーの最小主義は、ハートの衣鉢を継ぎつつ、ハートの限界を克服する道筋を示す、有望な議論の一つである。

（3）　以下で扱うソウパーの遵法責務論に対する評価の一端を示したものとして、Soper 1984 については横濱 2003、Soper 2002 については横濱 2005も参照されたい。

（4）　この点では、ソウパーの正義要求論は、ドゥオーキンの純一性論と動機を共有している。

（5）　ソウパーは、以下のように述べている。「もし法体系が統治者の自己利益のみに基づいており、道徳的には法体系を受容すべきではないのだが、他の様々な〔賢慮上の〕理由によって受容し続けているのだ、と統治者がおおっぴらに認める場合には、統治者と〔統治者の決定に〕反対する被治者との間に、それ以上の対話が成り立つ余地が失われてしまう」（Soper 1984, p. 39、補足・傍点横濱）。この部分から、ソウパーが、統治者の正義要求を、単に国民が相互に自らの自由を制約しあって遵法責務を負うに足る便益を統治者がもたらすための必要条件としてではなく、被治者からのありうべき反対に対して自らの決定を正当化する理由を用意していることを誠実に主張する（しかし、そのことは立法過程の外での異議申立てを認めて、被治者が自らが正しいと判断するところに従って行為する自律を尊重することを必ずしも意味しないことに注意する必要がある）ことによって、統治者が被治者から敬意を受け服従されるための条件として、位置づけていることが読み取れよう。

（6）　ソウパーは、奴隷制に対しても遵法責務が正当化されると考える余地があると述べ、国民が在る法一般の受容可能なものと考えるためには、必ずしも法が全ての国民の善を実際に実現していることは必要でなく、その信憑のみで足り、法の内容の正当化が、一定の手続によってなされていることで十分であると述べている（Soper 1984, pp. 119-122）。

（7）　ウォルドロンは、この意味で法の支配の「権利」的構想と正解テーゼは同じ動機を有していると考える（Waldron 2004, pp. 326-327)。

（8）　したがって、井上にとって法の支配の原理は、正義概念の下での既得権批判や答責性確保のためにいかなる制度構想が示されるべきかを考える際の基底的条件を与えるものである。それは決定権を誰にどのように分配するか、また集合的決定を行う手続的条件がいかにあるべきかにだけ関心を向けたものではない。例えば高橋和之が考えるように、法の支配の関心は、立法府と行政府と司法府の間の権力分立による正しい法と法の忠実な執行の確保のみにあるわけではない（高橋 2006、第1章）。

第二部　政治的責務論

遵法責務の正当化において法内在的価値に着目する議論は有望である。しかし何がそのような価値に当たるのか議論の余地があり、さらに法内在的価値だけで正当化根拠として十分とは言えない。その欠を補うためには政治的責務論を扱う必要がある。以上が第一部の結論であった。

そこで第二部では、現代政治理論における主要な政治的責務論を批判的に検討していくこととしたい。本論に先立って、各章の概略を示しておこう。まず第七章では、個々人が国家帰属に同意し国民としての責務を引き受けることこそ、政治的責務の正当化根拠であるとする同意理論を扱う。結論としては、A・シモンズらによる同意理論の批判に掉さす形で、本論文でもやはり同意理論では政治的責務の正当化には成功しえないという立場に与することになる。しかし他方で、そもそも同意が拘束力を有する根拠を考えるならば、第十二章で扱う敬譲論を考慮することが必要であり、主意主義（voluntarism）的立場からのみ政治的責務の正当化を考えることは不十分であることもあわせて指摘されねばならない。

第八章では、連帯責務論を扱う。連帯責務論によれば、我々が特定の国家の一員であることは、それを望んで引き受けたか否かにかかわらず、それ自体として価値をもつのであり、その価値こそが政治的責務の正当化根拠である。しかし連帯責務論が国民のメンバーシップの価値を示そうとして持ち出すアナロジー――親子関係、友人関係などとの類比――は成功していない。しかも連帯責務論では、邪悪な政治体制に対する服従や、世界分配正義の度外視が正当化されかねない。これらの点で連帯責務論は政治的責務論として大きな困難を有している。

第九章では不服従の破壊的帰結に訴える帰結主義的正当化を検討する。不服従者に対して、「全員があなたと同じことをしたら、どれだけひどい結果になるか考えてみよ、それでもあなたは不服従するのか」と問いかけ非難すべきだということは、我々にとっても馴染みやすい。しかし脱税や兵役逃れの場合を考えればわかるように、国家や社会秩序が成り立つためには、ほとんどの場合、全員の遵守行動は必要ではない。むしろ不遵守によって当人また社会の幸福が増進されうるのであり、そうである以上、帰結主義的正当化は失敗を余儀なくされる。

ただし帰結主義的正当化の失敗は理論的実益を有している。第十章で検討する公平性論の主目的の一つは、帰結主義的正当化の失敗を克服することである。公平性論は以下のように論じる。個々の不服従が社会秩序を破綻させることはなくても、一定数以上の不服従は破壊的帰結をもたらすだろう。そうだとすれば、他人の服従により維持されている国家から恩恵を被っておいて、自分だけ服従しないのは「ただ乗り」であり不公平である。このような国家への「ただ乗り」禁止により政治的責務が正当化される。

しかし公平性論の成否をめぐっては、一つの大きな争点が存在する。それは以下のようにまとめられる。「我々のほとんどは、国家がもたらす便益——例えば国防、治安維持、紛争解決、基本権保障、インフラ整備など——を望んで意図して受け取っていない。ただその国に生まれ落ち育ったゆえに受動的に恩恵にあずかっているだけである。しかもその便益を受け取らない選択をすることは極めて困難である。そういう状況で国家から便益を受けているなら負担つまり政治的責務を負え、と説くのは、押し売りの理屈ではないか」。はたして、国家の便益を自発的に受け取っている（本書では「受領する〔accept〕」という）のではなく、受動的に恩恵にあずかる（本書では「享受する〔receive〕」という）だけで、政治的責務が正当化できるのだろうか。現在最も有望な公平性論においては、「全ての国民に議論の余地なく必要な財があり、それを国家が提供する限り、国民がその便益を享受しているのでしかないとしても、政治的責務は正当化される」と説かれている。しかし「議論の余地なく必要な財」とは何だろうか。それは政治的責務――全ての国民が全ての政治的決定に従う責務を負うこと――を正当化するに足るのだろうか。我々は悲観的な診断を下さざるをえない。

第十一章では、正義の自然的義務論を扱う。正義原理そのものに内在する相互扶助義務、あるいは概して正義に見合っている政治体制に支持協力する義務は、我々が国民であろうとなかろうと、人間である以上果たさなくてはならない自然的なものである。このような自然的義務に基づいて政治的責務が正当化できるとするのが、正義の自然的義務論である。しかし、正義の自然的義務論にも難点がある。個別性の要請を充足しえないことである。政治的責務が、我々が特定の国民として負う責務であることを、正義の自然的義務論は十分に説明できないのである。

第十二章では、以上の政治的責務論がなぜ失敗したのか、その要因を探るべく、被治者の政治的責務と統治者の政治的権威との相関を否定し、前者と独立に後者の正当化を考える支配権論、そして国家に対する感謝からの議論を検討する。その作業を通じて明らかになるのは、政治的責務の正当化根拠は、国民相互の関係のみでなく、むしろ統治者に対する被治者の敬意の道徳的根拠を探究するところでこそ見出されうる、ということである。

このような診断を踏まえて、統治者に対する被治者の敬意を「敬譲」の概念によって捉え、その道徳的根拠を明らかにしようとするP・ソウパーの敬譲論を取り上げる。敬譲論は、被治者の敬意が、統治の必要性と統治者と被治者の立場交換の仮想によって裏付けられると説く。

我々のみるところ、敬譲論は既存の政治的責務論のなかで最も有望なものである。しかし、ソウパーの議論にも不足がある。いくら立場交換をしても、邪悪な統治を行う統治者は敬譲に値しないだろう。それでは敬譲に値するのはいかなる統治か。この問いに対する十分な応答抜きには政治的責務論として完結しているとは言えない。我々の示す道筋は、以下のようなものである。政治的責務の正当化が成功するには、統治者の正義要求が制度的に保障されなくてはならない。そして、そのためには規範的法実証主義に与して、議会主権を尊重し、強い違憲審査制を斥けることこそが望ましい。

第七章　同意理論

政治的責務の正当化根拠を個々のメンバーの同意に求めるのが同意理論である。特定の国家のメンバーになり、互いにメンバーとしての責務を負い合うことに同意したのであれば、責務を遂行すべきである。言うまでもなくその祖形は、社会契約論にある。だがD・ヒュームの社会契約論批判以来、同意理論で政治的責務の正当化が成功するか否かは長く争われてきた。その論争の焦点は、国家のメンバーになり、政治的責務を負うことを引き受けたものと見なしうるのは、どのような同意かである。

政治的責務の正当化根拠となりうるのがどのような同意か、その同意の態様としてこれまで取り上げられてきたものを挙げると以下のとおりである。①明示的同意（express consent）。②暗黙の同意（tacit consent）。③同意を含意する行為（implied consent）。④仮説的同意（hypothetical consent）。本章では、まず順次それぞれの同意がいかなる性格を有するかを示した上で、これらの同意の態様が、政治的責務の正当化に成功するか否かを簡単に検討したい。その上で、そもそもなにゆえ国民の同意が政治的責務の正当化根拠たりうるのかについて、検討したい。

一　同意の諸態様と政治的責務の正当化

1　明示的同意による正当化

個々人の実際に行った約束に、国民が互いに政治的責務を負い合う国家形成の根拠を求めるものとして洗練させたのが、A・シモンズである（Simmons 1979, Ch. 3; 1993）。彼は政治的責務が存在する根拠を、国民個々人の（personal）、自発的な（voluntary）、意図的な（deliberate）国家形成への明示的な（express）同意に求める。そして他の国民との国家形成への同意が政治的責務の引受けを含意すると考える。このような同意は、歴史的同意（例えば建国者の同意に現在世代の政治的責務の根拠を求める）や、例えば領域内での居住（離脱しなかったこと）の事実をもって同意しているものと見なす暗黙の（tacit）同意とは区別され、後二者のみによっては政治的責務は正当化されないとシモンズは主張する。このような同意理論は国家形成を個々人の自律的決定に依拠せしめるもので、同意が現実に存在するのであれば政治的責務の拘束力を約束の拘束力に依拠して最もわかりやすく説明する議論になるが、実際に我々が所属する国家の他の国民との間で責務の引受けに同意しているわけではないことは経験的に明らかなので、政治的責務の正当化には失敗する。

2　暗黙の同意による正当化

明示的同意が現実にはなされていないことから、明示的同意によっては政治的責務の正当化は成功しない。明示的に同意をしていなくとも、国家のメンバーとしての責務を引き受けたと見なしうるということはないのだろうか。

代表的な議論は暗黙の同意を持ち出すものである。政治的領域内における居住の事実などをもって、国民が暗黙に同意していると見なすことで、これを政治的責務の正当化根拠とするのである。だが、ある領域に居住しているというだけで、居住自体からは何の便益も得ていないにもかかわらず、それを国民の「同意」と見なすことには明らかに無理がある。それゆえ、居住によって何らかの便益を享受した場合にこれを限定する必要が出てくる。

しかし、さらにその上でも、現実に退出することに伴う困難が多大である以上は、退出か意に反する服従かの選択を迫るものであり、不当であると言わざるをえない（Simmons 1993, Ch. 8, Sec. 3）。そうだとすると、政府の供給する公共財の便益を自覚的かつ自発的に受けた場合に、しかも、それに対する応分までの負担を負うことしか正当化できない。ところが、第十章でも確認するように、実際には便益を自発的に受けている人間は稀である。したがって、暗黙の同意による正当化は成功しない。

3　同意を含意する行為による正当化

こうして同意理論は、暗黙の同意よりもさらに弱い条件で正当化を行うことを目指さなければならない。(a)自分が負担の引受けを意図しており、(b)自分が同意したものと他者が合理的に信じるに足る理由があり、(c)しかも同意をしていないことを示す挙証責任を自分に負わせるようなコンヴェンションが成立しているところでは、いわば禁反言（estoppel）が成立し、政治的責務が正当化される。これが同意を含意する行為の理論の基本的主張である。だが、(a)から(c)の三つの要件の全てが満たされることはやはり稀である。そこで、(a)の要件を外して、負担の引受けを意図していない場合でも、禁反言によって政治的責務が正当化されると主張することになる（Greenawalt 1987 pp. 64–68）。

この立場に分類されうる代表的な論者はH・ベランである（Beran 1987, Ch. 3）。もし居住の継続・不離脱が同意を含意するということが成立しているならば、居住の継続という事実によって先の条件が満たされることになる。より正確に言えば、居住の継続がその国家・政治的領域における完全なメンバーシップを受容していることになるというコンヴェンションが成立していさえすれば、現に国家がルールによって統治された結社体(rule-governed association)であり、ルールによって統治された結社体の国民であることを受容することがルールに従う責務を伴うことを誰でも知っている以上、居住の継続は政治的責務を含意することになる。そして、この含意をわきまえない国民は通常そのことについて過失があるので、含意を認識していないことは政治的責務を解除しないということになる。

ベランによるこの議論にも、シモンズによる反論が存在する(Simmons 1993, pp. 229-232)。居住の継続という事実が国家における完全なメンバーシップの受容であるというようなコンヴェンションが本当に成立しており、人々が実際にそのように居住の事実を見なしているということはないし、国家が上述のような結社体であるという前提も十分な根拠が示されていない。そして、もし大多数の人間が、居住の継続という事実が服従への同意を帰結するということについて事実として「無知」であるならば、それはもはや過失によるものと言うことはできない。以上の理由により、居住の継続・不離脱から法服従への同意が含意される、という議論も失敗する。

4　仮説的同意による正当化

以上により、何らかの意味で現実の同意に接続しうるものとして政治的責務の正当化根拠を提示しようとする議論が失敗することが示された。だが、現実の同意に接続せずとも同意理論は可能である、という主張がありうる。これが、一定の理想化がなされた仮説的状況に置かれたならば、人々が同意するであろうことが政府の決定に対する服従の義務を正当化する、という、仮説的同意による正当化、ないし仮説的契約説である。(1)

だがシモンズが適切に指摘しているように、この議論の弱点は明らかである。理想化された状況における仮説的同意が成り立つかどうかは現実の個人が同意するかどうかとは全く関係がなく、ひとえに政府が道徳原理に見合うだけの質を有しており、彼らが受け容れるべき理由を有するかどうかにのみ依存する以上、同意は政治的責務の正当化に際して独自の意義をもたないからである。同意理論が有する中心的な魅力の一つは、同意によって政府の支配に服従することが自己統治として自律の要請に適うということにあるが、現実の個人が実際に同意するかどうかに関心をもたない仮説的同意に基づく正当化は、その魅力を有さない（Simmons 1993, pp. 76–79, 205–208）。

二　なぜ同意なのか——政治的責務論の意義

1　政治的責務の実践的意義の矮小化

シモンズの以上の同意理論批判は、社会契約論に対するヒュームの批判の現代的再構成としてなされている。その主たる特徴は二つある。

第一に、政治的責務の正当化根拠となりうるのは、国民の明示的・自発的同意、あるいは社会的協働のもたらす便益の（単に与えられるまま受動的に享受するのではなく）自発的な受領により責務が引き受けられる場合のみである、とする主意主義的立場——シモンズやW・エドマンドソンの呼称では「取引論的正当化」——である(2)。その上で、シモンズは、実際に国民がこのような同意や便益の受領を行うことは極めて稀であり、それゆえ政治的責務が現実に正当化されることはない、という判断に至る（Simmons 1979; 1993）。

シモンズのこのような議論には、以下の二つの前提が存在する。一つは、そもそも我々の相互行為は非政治的なものであり、国家はあくまで我々が意図的に作り出すことなしには存在しえない人為的なものであるという認識である。もう一つは、自己統治と自律の価値を極めて高く位置づけ、他人の支配を受けることを正当化しうるのは、権利譲渡への本人の自発的な同意でしかありえず、本人の意思とは無縁に成り立つ普遍的な道徳的要請などではない、という見解である。(3)

第二に、シモンズが自然状態および国家の道徳的意味を極めて希薄化していることである。彼にとって、国家とは単に国民相互が政治的責務を負う関係にあること、これに対して自然状態とはそのような国家の不在のみを意味する。この考え方に基づくならば、自然状態でも国家は存在しうる。存在しないのは、全員が同意あるいは便益の受領により政治的責務を引き受けたという意味において、正統性を備えた国家だけである。

つまりこういうことである。一方で、国家形成は個人間の現実の自発的同意のみに依拠し、また同意はいつでも撤回可能で、撤回によってその個人間の関係はいつでも自然状態に戻る。しかし他方で、国家内の国民相互の関係が自然状態に戻ろうが、それだけでは国家や秩序の存立そのものが危殆に瀕するような道徳的帰結をもたらされない。この点、シモンズは、ホッブズやロックの社会契約論にみられるような、自然状態から自然法が侵犯される戦争状態へ移行する、という考え方には全く与しない。一部の国民が自然状態に復帰するとしても、それは単に彼らが政治的責務を負わないことしか意味せず、既に事実上成り立っている政府の存立は脅かすような行為を許容する理由を与えるものでは全くないのである。

以上をまとめればシモンズは、国家形成とは、国民が政治的責務を負う状態のみを、自然状態とは、政治的責務の不存在のみを意味すると考える。国家に正統性が存在せず政治的責務が存在しないからと言って、国家への不服従が無際限に許容されることにはならない。政治的責務がないことは、個々の状況において望ましい行為が何かを示す個別的な道徳的要請の集積、あるいは国家の支配権――決定権や強制力行使の権限の独占――を侵害してはならない道徳的理由に基づいて、政府の決定に従うべき場合があることと両立するし、大抵の政府の決定には従うべきことにもなりうる。

しかし、ここで肩透かしを食らったような気分にならないだろうか。シモンズは、個人が政治的責務を負うか否か自律的に選択しうることを非常に重視することで、政治的責務の正当化条件を極めて高く見積もっている。その傍らで、正統性問題とは別のところで国家の命令に従う理由を用意することで、政治的責務の不存在が含意する実践的意義を予め極小化している。このような議論に対しては、我々は次のような疑問を抱かざるをえない。なぜシモンズは政治的責務を正当化する必要があったのだろうか。自発的同意の有無に固執して、政治的責務が実際は存在しないことを主張することに、いかなる実益があるのだろうか。

シモンズの議論をこのように長々と取り上げる理由の一つは、それが政治的責務論にみられがちな、ある病理を典型的に示しているからである。シモンズの同意理論は、後述する正義の自然的義務論や一部の連帯責務論などと同様、あるいはそれ以上に、政治的責務の実践的意義の矮小化を行っている。政治的責務を矮小化することで、その政治的責務が成立しようがしまいが大差ないという枠組みを作り上げ、その上で政治的責務の正当化の成否を論じるという態度は、政治的責務論がなぜ必要なのかを見失わせる。したがって政治的責務の正当化根拠の評価は、各々が正当化に成功するか否か、だけではなく、政治的責務不要論に対して、いかに政治的責務の実践的意義を保持するかにおいてこそ、なされなくてはならない。

2　同意が拘束力をもつゆえんと敬譲

シモンズの政治的責務の矮小化の主要な要因の一つは、同意の拘束根拠をひとえに自己の自律と自己統治という、自分だけの価値の保全の問題に落とし込んだことに見出すことができる。そこでは、同意の相手方との関係性において実現される内在的価値は見落とされている。したがって、シモンズに抗して、政治的責務の実践的意義を保持するための有望な道筋の一つは、同意の拘束根拠を、自律や自己統治にのみ求めず相手方との関係性に内在する価値に求めることにあるだろう。

この道筋を進む議論として、ソウパーによる敬譲（deference）の倫理を挙げることができる（Soper 2002, Chs. 5, 7）。相手方との関係における同意は、基本的には約束と同型のものとして理解されうる。約束責務の根拠は、相手方に意志決定の権利を与え、自らは相手方の判断を尊重すること、すなわち敬譲が有する内在的価値である。約束責務と、実践的権威を備える政治的決定ないし法に服従する責務には、他の行為理由を排除する、内容独立的理由を提供するといった共通の特徴がある。これらは、この双方の基底にある敬譲に由来する。

その一方で政治的責務については、ほとんどの市民にとって特定の国家への帰属は自らの意志によらないものであるため約束責務と同様に自らが意図的に行ったコミットメントの一貫性に訴えることはできない。しかし法体系の不可欠性と、立法者と被治者間の反転可能性条件とが満たされることによって、政治的責務と約束責務は同じく敬譲の倫理という内在的理由に基づく責務として位置づけることができる。政治的責務の正当化にとって重要なのは同意そのものではなく、同意の拘束根拠としてその基底にある敬譲とそれを可能にする関係性なのである。

第七章　注

（1）ロックの契約説が、それを整合的に解釈しようとする限り、仮説的契約説以外ではありえないと主張するH・ピトキンの議論（Pitkin 1966）と、そのロック解釈としての不適切性を指摘するシモンズの批判（Simmons 1979, pp. 84-87）を参照。

（2）この点について、シモンズ流の契約論の主意主義的立場を批判するものに、N・マコーミックの議論がある

(MacCormick 1979)。

（3）　自律と自発的同意の関係性について、D・ハーツォグは興味深い指摘を行っている（Herzog 1989, Ch. 6)。同意が同意以降永続的に服従を正当化することを考えるならば、同意は自律と自己統治の理想を達成するものではなく、むしろそれらを剝奪するものである。同意が強い拘束力をもつのはそれが明示的である場合であるが、一方で、強い拘束力を同意に持たせようとすればするほど現実にはそうした同意は調達されえず、他方で調達しやすいように同意を暗黙の同意などまで内容を薄めれば薄めるほど同意の拘束力も弱くなる。その上で同意の一般的調達と拘束力とを同時に達成するような中間地点は実際には見出しえない、と言うのである。そこで、同意を個人主義的にではなく国民という統一体の意志として捉え、政府の統治がそれに対して充分に応答的であることを国民の政府に対する同意として集合的に捉える（ロックの古典的な同意理論からははみ出す）立場が検討される。だが国民の感情がいくらでも操作しうる（例えばエールの饗応やプロパガンダによって）以上、こうした同意が自律や自己統治に資する条件を満たすことはほとんどない。ハーツォグは歴史的実例を通して、明示的同意が露骨な操作の対象になりやすく、だましうちのようにして得られた署名が強制の根拠となったり、政治的組織家の自己利益に利用されたりすることを指摘する。したがってハーツォグも、シモンズ同様、同意理論による政治的責務の可能性について懐疑的であるが、他方で、現在のリベラル・デモクラシーについてそれよりましな選択肢がない以上は、それを採用すること自体は正当化されると考える。ここでも国家による統治それ自体の正当性は認める一方で、政治的責務が成り立つという意味での正統性は存在しないという、本文で扱うシモンズと同様の主張が（ハーツォグとシモンズとでは同意理論の性格が異なるにもかかわらず）維持されている。

　個人主義的な同意理論を放棄して集合的観点に移行するもう一つの可能な立場は、ルソー的な議論に訴えることである。例えばC・ペイトマン（Pateman 1985, Ch. 7）は、政治的責務が存在するという我々の根強い直観が真であるためには、直接民主主義的な政治参加過程から排除された少数者が存在してはならず、しかも厳格な平等が達成されていなければならない、という方向で、政治的責務が正当化される条件を通して現実の国家が正統性を満たしえないゆえんを示し、これを批判する。シモンズやハーツォグとは別の動機によるが、しかしペイトマンも現実の国家において政治的責務が存在しないとする見解を共有する。

第八章　連帯責務論

第七章で述べたように、我々が自ら望んで、国民となることは極めて稀である。ほとんどの人々は、ある国に生まれ育ち居住することで、選択の余地なく国民となるのであり、どの国民になりたいかを選んで決めるわけではないし、人生のある時点で国民として生きることを改めて決断するわけでもない。同意理論を批判したA・シモンズからすれば、そうである以上、政治的責務は正当化されない、ということになる。国民になることに明示的に同意しているか、（第十章で検討するように）国家がもたらす便益を自発的に受領しているのかでなければ、政治的責務は正当化されない。

しかし国家以外の集団でも、我々が選んでメンバーになったわけではない場合は少なくない。（養子でない）親子関係や友人関係を考えればわかるだろう。子どもは親を選べない。また誰と友人になるか予め選び、友人関係を作る人は稀であろう。では、子どもは自ら選んで親子になったわけでないから、親子関係に基づく責務を負わなくてよいと言えるか。親を助けるのは子の務めではないだろうか。自ら選んで友人になったわけではないから、友人と誠実に付き合わなくても、あるいは友人の窮状を知りつつ手を差し伸べなくても、道徳に反しないと言えるだろうか。きっと言えないだろう。親子関係や友人関係では、関係を自発的に結んだかどうかは責務の有無と関わらない。

そうだとすれば、国民同士でも、親子関係や友人関係と同様のことが言えないだろうか。我々は自ら選んで日本国民となったわけではない。しかし我々は同胞である。同胞関係にある以上、国民としての義務を負わなくてはならない。なぜなら同胞関係の価値は、それが自発的に形成されたものか否かには関わりなく存在するからである。このように考えるのが、同胞関係についての我々の道徳的直観に適う。本章では、このような主張をする連帯責務論を検討する。

一では、まず、連帯責務論の定式化を行った上で、それに対していかなる批判がなされているかをまとめたい。その上で、二では、連帯責務論者たちが、なぜ同胞関係に基づいて政治的責務を正当化しようとするのか、その動機を確認し批判的に検討したい(1)。

このような順序で連帯責務論を扱う理由は次のとおりである。連帯責務論を批判するのは比較的容易である。国家のメンバーシップそのものを根拠に、政治的責務が存在すると説くのは、議論として不十分である。政治的責務論はメンバーシップがもつ道徳的価値が何であり、それが政治的責務を正当化するに値するかどうかを問題にしており、その問題に答えるために、同意や便益の受領などを持ち出しているのに、連帯責務論はメンバーシップの存在だけで政治的責務は正当化できる、と考えるからだ。それでは、ただ「政治的責務はある」と述べているのとほとんど変わりない。もし、連帯責務論者が政治的責務論に貢献しうるとすれば、それはそのような議論をせざるをえない理由は何かを明らかにすることによってなのだ。つまり、連帯責務論がメンバーシップの存在に訴えて政治的責務を正当化せずにはいられない事情を示すことが必要なのである。

一　連帯責務論の定式化と批判

連帯責務論のエッセンスを、改めてまとめれば以下のとおりである。国家の個別のメンバーシップは、①個々人が自ら望んで引き受けたものであるか否かによらず、②我々に便益をもたらす手段的価値ではなく、メンバーシップが有する内在的価値によって政治的責務の正当化根拠となる。③このように考えるのが、メンバーシップについての我々の道徳的直観に適う（Horton 1992, Ch. 6; Dworkin 1986b, Ch. 6; Gilbert 1996, esp. Ch. 7; Dagger 1997, Ch. 5)。

しかし、連帯責務による政治的責務の正当化には重大な困難が存在することが、多くの論者から指摘されてきた。以下、その主要なものを示そう。

1　家族関係・友人関係との類比の失敗

個々人が、国民であることを自発的に引き受けたのでなくても、政治的責務を正当化しうると説くことが、連帯責務論の主目的である。そのために、多くの連帯責務論が、メンバーシップと家族関係や友人関係との類比を持ち出す。家族や友人とのつながりは、自ら選んで形成したものではない。しかしそれにもかかわらず、家族や友人に対しては、他の人々には負わない特別な責務があると我々は考える。同様に、我々は、国民になることを自ら選んだわけではないが、他の国民に対して、外国人には負わない特別な責務を有する。それこそが政治的責務である。

しかし、国民同士の関係では、家族や友人と違い、互いに顔も名前も知らず、生涯会うこともないであろう人がほとんどである。そういう同胞関係と、家族や友人のような親密な関係とを類比的に捉えることは、不適切である(Simmons 2001, Ch. 3)。

2　主意主義的議論からの批判

第七章で扱った主意主義的議論からすれば、連帯責務論は、重大な道徳的価値を犠牲にしかねないものである。我々は国民になることに明示的に同意していないし、社会がもたらす便益を自発的に受け取っているわけでもない。

ただ国民として扱われているにすぎない。そのことだけで政治的責務が正当化されるのだとすると、我々の自律は著しく制約され軽視されるだろう。我々は自らの計画に従い、自発的に責務を引き受け遂行することではじめて自律的でありうるのである。

とは言え、同じく第七章で指摘したように、同意の拘束根拠を自律や自己統治のみに求める立場が、個人間の関係性に内在する価値を見落としていることも事実である。したがって、もし国民相互の関係性が、政治的責務を正当化するだけの内在的価値を有することを、連帯責務論の考える「連帯」の内実から導出できるのであれば、連帯責務論は如上の批判をかわすことができる。しかし、そのためには、家族関係・友人関係との類比とは別の形で、「連帯」の内実を明らかにしなくてはならない。

3　世界分配正義との抵触

第一章で示した遵法責務論の理論的前提をいま一度想起しよう。遵法責務は、我々が自国民に対してのみ負う、特別の責務である。それがあらゆる人を不偏的に扱うことを求める正義を不当に軽視したものにならないようにするには、不偏的な道徳原理によって正当化される必要がある。

しかし、連帯責務論が、メンバーシップが存在するだけで政治的責務が正当化されるというものであるとすると、それは自国民だけ特別扱いすることを真正面から認めてしまうことになるのではないか。連帯責務論は、正義、なかでも国を越えて人々に権利や利益を平等に分配することを求める世界分配正義を度外視することになるのではないか。

連帯責務論にこのような懸念を示す議論には、大きく言って二つのタイプがある。順にみていこう。

①連帯責務論は、同胞関係の存在そのものにより政治的責務を正当化する。このような議論を用いれば、自国民の権利や利益を、外国人のそれよりも重視することを正当化しうるであろう。家族や友人を、他の人々よりも特別扱いするのが道徳的に望ましいのと同様に、同胞を外国人より手厚く扱うことも望ましい。

しかし、このような考え方は、不偏的ではない。もちろん、功利主義のような、不偏的道徳原理においても、行為者相対的な道徳的義務が正当化されえないわけではない。しかし、連帯責務のような、不偏性に最終的に回収できないような真正の行為者相対性は、道徳的に――とくに正義との関係では――疑わしい。

②自国民相互の特別な責務を成り立たせる関係性は、家族関係や友人関係などと同様、それ自体として国民に報酬をもたらすものである。同胞の絆は、人々に帰属意識や安心感などを与えるものであるし、国民同士相互に扶助し合う責務を裏付ける。それゆえに価値がある。しかし他方で、その関係性は、既に報酬を受けている人間に対して、真に報酬を必要とする人間に対するよりも多くを分配する責務をも正当化する。その責務は世界分配正義に反しており、道徳的に疑わしい（Scheffler 2001, pp. 82-86）。

これらの懸念を払拭するために、連帯責務論はいかなる応答をすべきか。ここでは、S・シェフラーの議論を参照しよう。②の懸念に対して、シェフラーは次のように反論している。第一に、国民がそうした関係性から報酬を受け取っているのは確かである。しかし、その報酬に見合う負担を他の国民に対して負わなければならない。国民の報酬と負担の全体をみれば、世界分配正義に反するほどの利益・価値が、自国民だけに与えられている、とは必ずしも言えない。

第二に、世界分配正義が達成されておらず、権利や利益が十分に保障されていない外国人が存在している状況で、連帯責務を楯にして彼に対する配慮を拒むのであれば、その連帯責務は正義に反する。だが、世界分配正義が達成されており配慮を必要としている外国人がいないならば、話は違ってくる。そこで連帯責務によって、自国民だけ特別に配慮したとしても正義には反しない。

つまり、問題は世界分配正義の達成度である。それ次第で連帯責務が正義に適合するか否かが決まるのだ。したがって、連帯責務がそれ自体として正義に反しているとは言えない。世界分配正義の実現を、連帯責務を理由に拒むことは許されないが、だからと言って連帯責務が常に道徳的に正当化されないわけではない。

②の懸念に対する如上の応答が成功するならば、①の批判に対する応答がより容易になる。我々が我々の同胞に対して、「我々」の同胞だから配慮すべきということならば、それは不偏的でないばかりか、普遍化可能性も有さず、正義に真正面から抵触する。しかし連帯責務論は、そのようなことを説いているのではない。国家一般について、そこにある一定の「連帯」が成り立った場合、同胞関係が内在的価値を備え、政治的責務の根拠となると論じているのである。我々が同胞に対して配慮すべきなのは、そのような正義に違背しない内在的価値を根拠としてのことである。そして連帯責務が、世界分配正義の実現をそれ自体として阻害するものでないのだとすれば、取り立てて道徳的に疑わしいわけではない（ibid., pp. 94-96）。

本項から引き出される連帯責務論の課題をまとめよう。連帯責務論は、国民相互の「連帯」の内実が、世界分配正義に反しないことを示さなくてはならない。

4　不正な国家の連帯責務は存在するか

これまで述べたように、連帯責務論が外国人に対する不正な扱いを認めてしまうのではないか、という懸念が存在する。他方で、連帯責務論は自国民・外国人を問わず、不正な扱いを許容しかねない、という批判もある。

D・ジェスクは以下のように述べる。連帯責務が成り立つための条件が、単にメンバーシップの存在だけである、ということであるならば、著しく正義に反する無法国家においても、政治的責務が成り立ってしまう。例えば、白人至上主義に基づいて公然と人種差別を行う国家においては、国民には不正に加担する政治的責務が存在することになる。しかし、そのような政治的責務の存在は、我々の道徳的直観に反するのではないか。国家が議論の余地なく不正な目的を奉じているときでも、不正の片棒を担ぐ責務があり、その責務を道徳的に正当化するのが同胞関係である、というのは信じ難い。

家族関係や友人関係においては、場合によってはこのような責務は成り立つと言えるかもしれない。父親や友人が凶悪な殺人犯で、彼らに請われて警察に見つからないように匿った場合、その行為が道徳に反するかどうかには議論の余地があるかもしれない。しかし、同胞関係で同様のことが言えるだろうか（Jeske 1998, pp. 553–555）。

もし連帯責務論がジェスクの批判をかわそうとするのであれば、政治的責務の正当化条件のなかに、メンバーシップの存在だけでなく、国家が概して正義に適っていることも含める必要があるだろう。しかし、連帯責務論が両者をともに含むものとして理解することは、本当に可能だろうか。むしろ、我々にとってより基本的な義務は、我々の国家による正義の実現に協力することであって、連帯責務はその義務に抵触しない範囲でのみ存在すると考えるべきではないか。そうだとすると、連帯責務論単体では、政治的責務の正当化根拠を示すものとして全く不十分であることになる。連帯責務論が正当化しようとする政治的責務の中身とはいったい何なのだろうか。

本項において確認したのは次のことである。我々は、メンバーシップの存在が政治的責務を正当化するという道徳的直観とともに、正義に著しく反する国家においては、連帯責務が成り立たないという道徳的直観も有している。この直観に沿うのであれば、連帯責務と国家の正義適合性、両者が揃ってはじめて政治的責務が正当化されることになる。そうだとすると、連帯責務論が政治的責務にどのように貢献しているのか、明らかにしなくてはならない。

二　連帯責務と不同意

1　連帯責務論の課題

連帯責務論の課題は何か。一で確認したところを改めてまとめよう。(A)連帯責務を、家族関係や友人関係と同胞関係の類比だけから説明するのでは不十分である。同胞同士の「連帯」が、政治的責務を正当化するに足る内実をもつことを示さなくてはならない。(B)さらに同胞同士の「連帯」の内実が、世界分配正義に反しないものであることを示す必要がある。(C)国家の正義適合性とは別に、連帯責務が政治的責務の正当化にどのように貢献しているのかを明らかにすべきである。

連帯責務論は以上の三つの課題にどのように応えるか。2では、D・ミラーのナショナリティ論を取り上げて検討する。

検討を始める前に、勘所を予め示しておきたい。連帯責務論が、敢えて同胞の連帯に訴えて政治的責務を正当化しようとするのはなぜか。我々のみるところ、それは、連帯責務論の以下のような問題関心にある。政治的責務論の基本問題は、正義構想をめぐって不同意が存在するなかで、国民全員が政治的討議を続けていく理由をどうやって見出すかである。国民同士で互いに相容れない正義構想を支持している状況では、国家の決定が個々の国民の立場と著しく抵触することもありうる。政治的責務は、そういう場合でもその決定を尊重し、対立する立場に与する人々と討議を続けていくことを求める。

しかし、なぜそのような割に合わないことをしなくてはならないのか。同意だけでは説明がつかない。「国民になることに同意したからには、国家が自らにとって不正な決定をした場合でも、それを尊重しなくてはならない」と言われて、同意を拒否する者がいたとしても、さほど不思議ではないだろう。便益の受領でも十分な根拠を与えられない。便益の受領が正当化しうるのは、便益に見合うだけの負担でしかない。国家が自らと対立する立場に与する決定を続けていて、不満が蓄積している人々のことを考えてみよう。彼らが受け取っている便益は、決定を尊重し討議を続ける負担を正当化するに足るだろうか。否と答えたとしても、すぐさま間違いだとは言えないだろう。(2)

政治的責務は、同意や便益の受領では正当化しきれないほど、割の合わない負担を国民に課す。そうだとすれば、政治的責務は、国家の決定が各人の立場に有利か不利かを勘案しない道徳的態度と結びつける必要があるのではないか。そのような態度を説明しようとすれば、同胞の連帯を政治的責務の正当化根拠とするほかないのではないか。

連帯責務論が如上の関心を有しているとすれば、課題の(A)と(C)は、次のような形でより限定することができるだろう。(A)′政治的責務が、不同意の下でも政治的討議を続ける責務であるとして、同胞の連帯がどういう内実をもてば、そのような責務を正当化できるのか。(C)′政治的討議を続ける責務を正当化する上で、連帯責務はどのように貢献するのか。

2　ネーションの一員としての責務——ミラーのナショナル・アイデンティティ論

(1)　ナショナル・アイデンティティとは何か

我々は、同じ国家の下で暮らすばらばらの人間ではなく、ナショナル・アイデンティティ——同じネーションのメンバーとしてのアイデンティティ——を有しており、それこそが政治的責務の根拠である。このような発想は比較的馴染み深いものであろう。D・ミラーもまたそのように考える。(3)

ミラーは、ナショナル・アイデンティティを有する者たちの特性を五つ挙げている。①互いを、共通の特別な性質をもった、同胞として認め合っていること。②自らが帰属するネーションが、過去から未来まで世代を超えて持続するものである、そして過去の同胞の行動を自らのものとして引き受け、将来へと引き継ぐ責務が存在する、と考えること。③その一方で、ネーションを、ただ所与のものとして受け止めるのではなく、自らの能動的な行為により作り変えられていくべきものと捉えること。④ネーションと特定の領土を結びつけること。⑤ネーションが、他と異なる固有の公共文化を有しており、それに従って各人の責務の内容が確定されると考えること（Miller 1995, Ch. 2, Sec. II）。

では、このようなナショナル・アイデンティティが政治的責務の正当化にとって重要であるのはなぜか。ミラーの議論を敷衍しつつ、1で示した課題(A)′、(B)、(C)′に沿ってまとめよう。

(2) 同胞関係の特性

課題(A)′について、ミラーが述べているところをまとめれば、次のようになろう。家族関係や友人関係と同胞関係は、それらの関係性が特別の責務を根拠づけるという点では、共通する。我々は、それらの特別な関係に対する一体感を根拠にして、人間一般に成り立つ普遍的な道徳的義務とは異なった責務を負う。さらに、両者は「ゆるやかな相互性」を有する点でも重なり合う。家族や友人同士でも、同胞同士でも、互いに助け合うべきであり、誰かが一方的に負担を負い続けるのは望ましいとは言えない。とは言え、関係から得られる便益と負担が不釣合いであるからと言って、責務を負わなくてよいということにはならない。便益より負担が大きい状態が続いていたとしても、我々は関係を維持すること自体を望み、責務を果たそうとするのである。

しかし、両者は重要な点で異なる。それは、同胞関係をつなぐものが、直接的な付き合いではなく、公共文化であるということである（上記⑤）。1で述べたように、同胞関係では、ほとんどの相手の顔は見えない。けれどもそうだからと言って、同胞同士が各人の意思や各人の受け取っている便益だけでつながっている、ということにはならない。彼らは同じ公共文化の下で一体になっているのである。

同じ公共文化の下で一体となるとはどういうことか。要点を三つ挙げよう。第一に、各国の政治制度のあり方、そして政治制度の是非をめぐる議論のあり方は、歴史的・文化的制約を受ける、ということである。例えば、国籍取得条件として出生地主義を採るか血統主義を採るかは、国によって異なる。無論、国籍法のあり方は極めて論争的であり、根本的に改変される可能性もある。しかし、現在の国籍法やその是非をめぐる議論を全く無視した議論は受け容れられないだろうし、受け容れるべきでもない。我々はゼロからスタートすることはできないのである（上記②）。

第二に、政治制度の歴史的・文化的制約は、単に我々の振る舞いを縛る枷であるだけでなく、同じ文化の担い手同士として、互いのニーズに配慮する特別の理由を与える、ということである。家族や友人が困っていれば、手を差し伸べようとするのが自然かもしれない。しかも彼らが何に困っていて、彼らを助けるには何をすればよいかを知るためには、直接やりとりをすればよい。同胞については事情が違う。家族や友人ほど親しくはないし、遠くにいる同胞がどのような苦境にあり、その苦境から救い出すために誰が何をすべきかを明らかにするために、みなで集まって直接話し合うわけにはいかない。しかし、それでも同胞は単なる他人ではない。同じ文化の下で苦楽を共にしてきた、いわば「同じ釜の飯を食ってきた」間柄である。それゆえ同胞のニーズに応えるべきである。

第三に、上記の国籍法をめぐる論争からも示唆されるように、公共文化の内容をどのように理解するかをめぐって、同胞同士で対立しうる。その背景には、各々が支持する正義構想の違いが存在するだろう。しかし対立が、同じ公共文化をめぐって生じていることは覆らない。そして、互いにどんなに対立していても、その公共文化を継承し発展させる責務はなくならない。我々は、過去の政治的討議を通じて育まれてきた公共文化を尊重し、それをよりよいものにして、将来へと引き継いでいかなくてはならない（上記②・③）。なぜなら公共文化は、我々のナショナル・アイデンティティを構成するものであるからだ（Miller 1995, Ch. 3, Sec. III）。

⑶　ナショナル・アイデンティティ論の魅力と限界

このようにミラーは、ナショナル・アイデンティティに基づく同胞関係により連帯責務を説明しようとする。彼の連帯責務論が少なからぬ魅力を有していることは確かである。とりわけ、課題⒞′に対してそれがどのように応えるかをみれば、そのことは明らかになる。

国民がさまざまな正義構想を支持している状況では、国家の決定が少なからぬ国民の意に反するものとなることは避けられない。⑴で述べたように、全ての国民が決定を尊重すべきことを、同意や便益の受領だけを根拠に説くのは困難であろう。ミラーの連帯責務論ならば、この困難を克服する道筋を示しうる。我々は、ナショナル・アイデンティティに基づいて、過去の政治的討議の結果を自らのものとして受け止め、公共文化を継承発展させる責務を負う。そうである以上、各々の支持する正義構想と国家の決定が抵触することだけでは、決定を尊重する責務はなくならない。たとえ国家が自らの意に反する決定をし続けていたとしても、事情は変わらない。問題は、国家の決定が各人の意見にどれくらい反しているか、国家が各人にどれだけ負担をかけているか、ではない。公共文化にどれだけ沿っているかなのだ。したがって、国家の決定が公共文化を無視したものである場合には、責務は存在しない。

さらに、我々は他の国民のニーズに応える責務も負う。どれだけ手厚く保障すべきかは、公共文化のあり方によって変わってくるだろう。しかし、ニーズを全く顧慮しないことは許されない。例えば、国民全員が貧困にあえぐことなく暮らせるように、社会保障を充実させることは、同胞としての責務である。

しかし、ミラーの連帯責務論は、一の4で述べたこととの関係で、限界を抱えている。世界の全ての国が、リベラル・デモクラシーを奉じているわけではない。例えば、ある国の公共文化が人種差別を是とするものであった場合、その国民は差別に加担する責務を有する、ということになってしまうのではないか。公共文化が不正なものであった場合、それでもなお政治的責務が存在するのであろうか。

もちろん、公共文化の内容をめぐってさまざまな見解が存在しうるし、その内容をよりよくしていくことは、国民としての責務である。しかし、だからと言って、現状の公共文化を尊重する責務はなくならない。そうである以上、連帯責務論はそれ自体としては、同胞関係を理由に、不正の片棒を担ぐべきと説くものであらざるをえないだろう。

(4)　世界分配正義とナショナル・アイデンティティ論

最後に、二の1の課題に対するミラーの応答を検討したい。彼の応答は大要以下のとおりである。これまで述べたような連帯責務論は、人間一般に対する道徳的義務の存在を否定するものではない。とくに生命権・身体の自由・最低限の財産への権利などといった基本的人権は、同胞であろうとなかろうと保障されるべきである。世界分配正義と連帯責務との関係は、ひとまずは二つの道徳的義務の競合として捉えられることになる。

しかし問題は、この競合をいかにして解決すべきかにある。解決の指針は三つ存在する。①外国人の基本的人権を十分に保障しようとすると、国民のニーズの充足が不十分となる場合に、後者を優先したとしても、直ちに道徳に反するとは言えない。②基本的権利の中身が何であるかは、個々の国家の公共文化によって異なりうる。ある国民がその国家の公共文化に見合う権利保障を求めたにもかかわらず、別の国家が自らの公共文化を理由として要求を拒否したとしても、やはり直ちに道徳に反するとは言えない。③基本的権利の保障が人間一般に課せられた義務であるからと言って、全ての人々が等しく保障の義務を負うわけではない。基本的権利の保障を行うべきは、第一にその権利主体が属している国家である。とりわけ、権利保障が不十分なものとなる原因が、当該国家の決定にある場合が多いことを鑑みれば、他の国民がなすべきは、決定が正しく行われ権利保障が図られるようにその国家に働きかけることである（Miller 1995, Ch. 3, Sec. IV）。

ミラーのこのような議論には、既に多くの批判が存在する。そのなかでも最も重要なのは、③への反論である。なるほど、途上国の国民が貧困にあえいでいるのは、国家の決定のせいかもしれない。しかし、その国家の決定に先進国も少なからず加担している。国民の権利を侵害して憚らない政府に対して、先進国は正統性を認め支援を与えている場合が少なくない。そのようなところで、「国民の基本的権利の保障は、その国の責任だ」と言って済ませるわけにはいかないのではないか。

問題は、ミラーが公共文化の継承発展の責務を連帯責務の中核に据えたことにある。公共文化が世界分配正義に対して冷淡である限り、連帯責務と世界分配正義が衝突することは避けられない。そうである以上、我々は、連帯責務論以外の政治的責務の正当化の道を探ることで、この衝突を克服する必要があるだろう。

第八章　注

（1）予め述べておけば、我々のみるところ、連帯責務論は成功していない。その原因は二つある。一つ目は、連帯責務論が説く同胞関係の内在的価値が、政治的責務の正当化には不適切であること、二つ目は、逆に政治的責務の正当化に見合うように同胞関係のもたらす価値を捉え直そうとするとどうしてもそれは道具的価値として理解せざるをえなくなることである（Cf. Soper 2002, Chs. 7-8）。

（2）この問題は、第十章**四**で詳しく論じる。

（3）ここでは、ミラーの趣旨に即し、nation を敢えて訳さず「ネーション」と表記する。nation を「民族」や「国民」と訳すと、nation が国家形成を志向する側面が見えにくくなるためである。

第九章　帰結主義的正当化

本章では、不服従がもたらす悪しき帰結に訴えて、遵法責務を正当化する議論を検討する。『クリトン』でソクラテスが示したものの一つも、この議論である。「それでは、こう考えてみてくれたまえ。今かりに、ぼくたちがここから脱走するにせよ、あるいは他のどんな名前でそれを呼ぶにせよ、そのことをしようとしているところへ、国法が国家とともにやってきて、ぼくたちの前に立ち、こう言ったとしたらどうだろう。『ソクラテスよ、言ってくれ。いったいお前は何をしようと企んでいるのか。お前は、お前がしようとしている仕業によって、私たち法と、さらに国家の全体を、お前の勝手で滅ぼそうと考えているのではないか。それとも、お前は、国家の中でいったん正義として下された判決が少しも力をもたず、個人によって無効とされ破棄されるようになっても、なおその国家が存続し、崩壊しないでいられると思うのか』と」（プラトン 1998, 144頁）。

このようにソクラテスは、判決に従わないことが、悪しき帰結すなわち法と国家の崩壊を招くものだと説く。しかし、彼の主張は政治的責務の正当化として十分に根拠があるものであろうか。それを明らかにするためには、次の二つの問いに答える必要がある。

(A)　一部の国民が国家の命令に従わなかったからと言って、それだけで国家は崩壊するだろうか。ある事案の当事者が、最高裁判所が下した終局的判決に大いに不服を抱き、判決に従うことを拒み、国外に逃亡したとしよう。彼らのその行為が単体で、国家の崩壊をもたらす、と本当に言えるだろうか。もし言えるのだとしたら、その根拠は何か。

(B)　国家の命令が効力を有するか否かを、個々の国民が決められる、ということになれば、各々が自らにとって都合の悪い命令を無効としていくだろう。そうなれば、国民全員が異論をもたない命令以外は効力を失うことになり、実際には国家は崩壊せざるをえない。しかし、個々の国民の不服従は、国家の命令の効力を失わせるものだろうか。むしろ不服従とは、命令の効力を認めつつも、より重い理由に従って命令に背く行為ではないか。

本章では、主として(A)の問いに答えたい(B)については、第一章二を参照)。問いに答えるにあたって、直接帰結主義からの正当化と間接帰結主義からの正当化を分けて、順次検討したい。直接帰結主義とは、個々の行為の正しさを、それらがもたらす帰結の評価によって決する立場である。間接帰結主義とは、最善の帰結をもたらすためには、個々の行為の正しさを、その帰結の善し悪しに直接訴えて判断するよりも、別の条件(例えば、規則や意思決定方式)に従っているかどうかで判断したほうが、望ましいとする立場である。

一　直接帰結主義による議論

単独の不服従がそれ単体で国家を崩壊させる、と言えるだろうか。ある国民が現行税制に不満を抱き、所得税を納入しなかったとしよう。その者が納税しなかったからと言って、それだけで国家財政が破綻することにはならないだろう。同様に、徴兵制を敷いている国で、ある国民が兵役を拒否したからと言って、それだけでその国の安全保障が危殆に瀕することになるとは考えにくい。

そうである以上、ソクラテスの議論を成り立たせるためには、彼が明示していない別の理論的前提を用意し、単独の不服従が、国家にとって重大な帰結をもつものとして評価できるようにしなくてはならない。この前提は、典型的には、次のような主張にまとめられる。「もし全員が不服従者と同じことを行ったら、国家は崩壊する、ならば個々人の不服従も道徳的に許されない」。

この主張については、大きく分けて、以下の①から③の解釈が可能である。それぞれの解釈を順次取り上げていくことにしよう。

①　不服従を続発させる危険

ある国民の不服従が、それのみで国家を危殆に瀕せしめるような帰結を招くことは、上記のように極めて稀である。しかし、彼らの不服従が原因となって他の国民の不服従が続発し、そのことによって国家の崩壊がもたらされるかもしれない。「もし全員が不服従者と同じことを行ったら、国家は崩壊する、ならば個々人の不服従も道徳的に許されない」という主張は、次のように解釈されるべきである。個別の不服従で国家が崩壊することはない。しかし、それが多くの国民の不服従を惹き起こし、国家を崩壊させる危険がある。その危険がある以上は、不服従は道徳的に許されない。

しかし、ここで問われるべきなのは、ある国民の不服従が別の国民の不服従を惹起する原因となるかどうかである。確かに、ある不服従を目の当たりにすることで、不服従への心理的抵抗がより小さくなるということはありうるだろう。もし我々が、脱税行為を目にし、さらに脱税に成功した者からその方法を伝授された場合、試してみたいという気持ちにならないだろうか。正当な理由なく兵役を免れた者がいれば、我々も同様にうまく兵役に就かずに済ませようと企むかもしれない。だが肝心要なのは、実際にどれだけの不服従が引き起こされるかである。それはあくまでも経験的問題である。現実の社会を見れば、国家を崩壊させるほどの不服従が引き起こされるとは言い難い（Cf. Woozley 1979, pp. 112-113)[1]。

②　公共財供給破綻の責任は誰が負うべきか

①から進んで、以下のように考えることができるかもしれない。ある国民の不服従の道徳的評価は、その不服従単体がもたらす帰結の評価に尽きるものではない。例えば、一〇〇人の資金拠出がなければ維持できない公共財を一五〇人で維持しているとき、五一人が資金拠出を拒み、公共財供給が破綻したとする。どの五一人の拠出拒否も同等の行為である以上は、彼らの行為の道徳的地位は同じでなければならない。誰から順番に資金拠出をやめていったか、誰が五一番目になったかは、たまたま起こったことでしかなく、拠出拒否の道徳的評価には影響を与えない。誰が破綻の最後の引き金を引くことになったかは問題ではない。したがって、五一人の誰もが、公共財供給を破綻させた責任を、五一分の一という割合的にではなく、完全に負うべきである。

つまり、「もし全員が不服従者と同じことを行ったら、国家は崩壊する、ならば個々人の不服従も道徳的に許されない」という主張は、次のように解釈されるべきである。ある一定数nの不服従が公共財供給を破綻させるとすれば、一番目になされた不服従も二番目になされた不服従も、三番目、四番目、……そしてn番目になされた不服従も、同様に道徳的に不正である。

しかし、このような解釈で、全員が政治的責務を負うことを根拠づけようとしても、うまくいかない。行為帰結主義による限り、行為の道徳的評価はあくまでその行為自体がもたらす現実の帰結の善し悪しによって行わなければならない。五〇人に至るまでは、どの国民の不服従によっても公共財供給は破綻しない。現実に破綻が生じていない以上は、彼らの行為を道徳的に不正だと断じることはできないのである。

③　規則帰結主義

②からさらに進んで、以下のように主張することも可能であろう。ある国民の不服従が不正かどうかは、それが現実に他の国民の不服従をもたらすかどうか、あるいはそれが公共財供給を破綻させるかどうかとは関係がない。

全員が不服従を行った場合の帰結こそが、個々の不服従の道徳的地位を決定するのである。①で述べたように、個々の不服従が現実に国家を崩壊させるに至ることは極めて稀である。しかも、場合によっては、抜け駆け的になされる不服従によって、国家の安定性がより強固なものになることすらあるだろう。例えば、国民が、そのような不服従が処罰される様子を見て、国家への服従の動機をより強くすることになるかもしれない。そうであるとしても、不服従を全員が行った場合の帰結こそが、不服従の道徳的評価に左右するのである（Cf. Hooker 2000, pp. 4-5）。

これは規則帰結主義の基本的な発想である。改めて述べるまでもなく、行為帰結主義は、個々の行為が道徳的に正しいか否かは、その行為自体がもたらす帰結の評価で決まるとする。これに対して、規則帰結主義は、個々の行為の正しさは、一定の規則に従っているかどうかで決まるとする。その一方で、全員がそれらの規則に従った場合の帰結評価により規則の正しさが明らかになると考えるのである。規則帰結主義に基づけば、一部の人々が規則に背いた場合のほうが、全員が規則に従った場合より、よい帰結が生じるとしても、規則への不服従は道徳的に許されない（Miller 2014）。

もし規則帰結主義が行為帰結主義よりも説得的であるとすれば、帰結主義的に政治的責務を正当化することが可能かもしれない。しかし、規則帰結主義にそれだけの説得力があるとは言えない。第一の理由は、全ての国民が全ての規則に従うなどということは、実際にはまず起こりえないからである。帰結主義による限り、現実に極めて低い確率によってしか生じない帰結によって、ある行為の評価を決定すべき合理的理由は見出せない。

第二の理由は、特定の規則に対する全員の服従義務が道徳的直観に適い説得的であるとしても、規則一般についてはそうとは言い切れないからである。例えば、殺人を一律に禁じる道徳的規則には全員が従うべきである、と言われて、反対する者は稀であろう。しかし、国防への協力を国民全員に命じる規則については、たとえ国防の必要性を疑う者が稀であったとしても、反対する者は少なくないだろう。そうだとすれば、規則帰結主義の説得力は、個々の規則の直観適合性に左右されるのであり、国の規則一般に服従する政治的責務を正当化するに足るものではない（Eggleston 2014）。

以上のように、①から③のどの解釈によっても、単独の不服従の帰結評価をする際に、それが国家に対して実際にもたらす脅威よりも重大なものとすることはできない。「もし全員が不服従者と同じことを行ったら、国家は崩壊する、ならば個々人の不服従も道徳的に許されない」という主張は、直接帰結主義による限り、十分な根拠をもちえない。

この主張のどこに間違いがあったのだろうか。それは、ある行為の道徳的評価は、その行為を全員が行ったときの帰結を基準にして決するべきである、という一般化論法（generalization argument）にある（Singer 1961, Ch. 4）。(2)我々のみるところ、一般化論法は、正義の要求する普遍化可能性とは必ずしも同じではない。R・ヘアは普遍化可能性を、道徳判断に個体定項が現れないという意味で理解する（Hare 1981, pp. 105-115）。この理解を踏襲する限り、道徳判断が普遍化可能であるかどうかは、行為者を一般化させた場合にその帰結が善いか悪いかとは別のものである。例えば、「全ての国民は、他の国民の不服従を続発させない限り、不服従してよい」、「全ての国民は、公共財供給を破綻させない限り、不服従してよい」という判断は、普遍化可能だ。しかし、一般化論法には見合わない。

さらに言えば、不偏性や行為者相対性の否定、公平性といった要請と普遍化可能性とが、概念的に関連しているわけでは必ずしもない。不偏性を、「自らの行為で誰が得をするか、誰が損をするかを考慮しない」という意味で捉える（Gert 1995, p. 104）としよう。その場合、普遍化可能であっても不偏的ではない判断が成り立ちうる。「全ての親は、才能のある子どもをそうでない子どもより、手塩にかけて育てるべきである」という判断は、普遍化可能であるが不偏的ではない。行為者相対性を、「行為理由が行為者と不可分に結びついていること」として理解するならば、行為者相対的でない判断と普遍化可能な判断とは異なりうる。「いかなる個人も、自分の利益を促進するように行為すべきである」という判断は、普遍化可能であるが、行為者相対的である。公平性と普遍化可能性の関連に関しては、次章で述べる。

重要なのは、次のことである。普遍化可能性だけでなく、不偏性、行為者相対性の否定、公平性を道徳の必要条件とするのであれば、行為帰結主義に対して規則帰結主義を擁護することは容易になるかもしれない。しかし、「道徳判断が普遍化可能であるべきだ」という主張に比して、「道徳判断が不偏的であるべきだ、行為者相対的であってはならない、公平であるべきだ」という主張は、より論争的である。そうである以上は、後者を擁護する十分な根拠を抜きにして、帰結主義的考慮だけで、規則帰結主義を採ることはできない。

以上の検討を踏まえると、行為帰結主義のみが適切な帰結主義的立場として残ることになる。付言すれば、行為帰結主義を採ったとしても、「服従した場合にあまりに悪い帰結が生じるのでない限り、国家の命令にはとりあえず従っておく」という規則を、経験則（rule of thumb）として受け容れることは許容されうる。しかし、経験則である以上、「あまりに悪い帰結が生じ」たと言えるのはどのような場合か、とりあえず命令に従うという態度をやめ、個々の行為の帰結を考慮すべきなのはどのような場合かを、一般的に示すことはできない。したがって、国家の命令に服する政治的責務がいつ成り立つか、一般的に示すこともまたできないのである。

二　間接帰結主義による議論

一において、帰結主義として成り立ちうるのは行為帰結主義のみであること、そして、直接帰結主義に基づく政治的責務の正当化が成功しないことを明らかにした。しかし、帰結主義による政治的責務の正当化の道筋は他にも存在する。行為帰結主義に基づく間接帰結主義を採った場合、正当化の成否はどのようになるだろうか。

間接帰結主義から政治的責務を正当化する場合、次のように議論することになる。帰結主義的に考えて、被治者が個々の行為ごとに帰結評価を行い、行為するか否かの意思決定を行うことは望ましくない。一般的規則の体系に従って行為することが望ましい（Driver 2012, pp. 86-95）。そしてそのような一般的規則の一つに、「国家の命令には、それが国家の命令であるゆえに、従うべきである」という規則（以下「規則O」と呼ぶ）が存在するのである(3)。

このような間接帰結主義による正当化は成功するだろうか。我々の答えは否である。なぜなら、間接帰結主義において被治者がもつべき意思決定方式は、決して一意に決まらないからである。

意思決定方式が帰結主義において適切とされるのは、それによって行為者が全体として、善い帰結をもたらすような行為をなしうるからである。だが、間接帰結主義は、帰結主義的にみて同程度に優れた意思決定方式が複数存在するような事態を許容する。上記のように、最善の意思決定方式を提供する一般的規則の体系に、規則Oを含むものがあるとしよう。しかし、それと同程度に優れていながら、規則Oを含まない一般的規則の体系が存在する事態を、間接帰結主義は許容するのである(4)。

ある社会状況の下では、そうした複数の可能な規則体系のうちから、規則Oを含む体系のみが選ばれる、ということがあるかもしれない。例えば、国民の一定数が既に規則Oを含む体系を意思決定方式として採用している場合には、その事実によって規則Oがもつ効用が上昇し、その結果残りの国民もまたそれを採用するほうが帰結主義的に望ましくなる、ということになりうる。しかしこのような社会状況が生じるかどうかは、あくまで偶有的であり、あらゆる状況で規則Oを採ることが望ましいとは言えない。そうである以上、間接帰結主義によっても、政治的責務を正当化することはできない。

三　帰結主義的正当化と法内在的価値

ここで一点補足しておきたい。帰結主義的正当化と法の内在的価値の関係についてである。仮に帰結主義的正当化が成功して、政治的責務が、そして遵法責務が正当化されるとする。もし、法が法であるゆえに従う、という遵法責務が成立するとすれば、そのことから帰結主義的正当化が前提とする価値論について一定の条件が必要とされる。

ある不服従行為が帰結主義的に禁じられるとしよう。そうすると、この不服従行為のもたらす帰結の悪さが、この禁止の根拠である。ところで、この行為の悪さそれ自体は別にそれが法に違反しているから悪いわけではないかもしれない。例えば古典的な自然犯を考えてみよう。自然犯は、まさにそれを犯すことが、法が存在するとしないとにかかわらず、道徳的に悪いから禁じられるのである。つまり、自然犯を犯してはならない理由は、その行為が法に反するからではなくて、行為の道徳的悪さによるものである。同様に、自然犯が帰結主義的に禁じられる理由は、その行為の帰結が、法が存在するかどうかによらず、道徳的に悪いからであって、それが法に対する不服従であるからではない。つまり、自然犯が帰結主義的に禁止されるのは、遵法責務に基づくものではないことになるのである（Gans 1992, pp. 66–69）。

この問題を避けようとすれば、次のように考えなくてはならない。法に従うことそれ自体がもつ価値とは、法が存在するとしないとにかかわらず存在する道徳的価値とは別個の固有のものである。そして不服従が禁じられるのは、不服従のもたらす帰結が、法固有の価値を侵すものであるからである。そうであるとすると、法を道具主義的に捉え――法を他の価値を実現するための道具として捉え――、法固有の価値を認めない立場では、遵法責務を論証することはできない。法を道具的に捉える立場は、仮に政治的責務を正当化することができたとしても、遵法責務固有の問題には答えることができないのである。(5) この点を見落とす多くの帰結主義的正当化論は、その時点で遵法責務の正当化には失敗せざるをえない。

四　帰結主義的正当化の限界

これまで、帰結主義的正当化がいかに失敗しているかを述べてきた。簡単にまとめておこう。直接帰結主義からの議論は、以下のような難点を抱えていた。①個々の不服従が他の国民の不服従を惹起するかどうかは経験的問題であり、一概には言えない。②公共財供給を破綻させるような不服従は道徳的に望ましくないが、そのことだけでは、破綻させるに至らないような不服従を禁じる根拠は示せない。③規則帰結主義は、国民全員が規則に従う義務を有すると考えるが、そのような義務の存在を道徳的直観に依拠して示すことは容易でない。間接帰結主義からの議論については、政治的責務の存在を認めることが、最善の帰結をもたらす唯一の意思決定方式であるかどうか偶有的である、という困難が存在する。

本章を終えるにあたって、帰結主義的正当化に対する我々の根本的疑問を述べておきたい。それは、帰結主義が、政治的責務論――国民が国家に服従する動機や理由の解明――に対して、二次的な関心しかもたないのではないか、ということである。帰結主義は、最も望ましい帰結をもたらす行為や規則遵守が何かを明らかにせねばならない。しかし、個々の国民がどのような動機や理由に基づいて、それらの行為を行うかには必ずしも関心を向けずともよい。なぜなら、国家が安定的に存在するために必要な遵守行動をいかに確保するか、その点から考えていかなる政治制度が道徳的に望ましいのかという問題と、国民が国家に服従すべき理由とは何かという問題とは、別個に扱いうるからである。

個々の国民から最善の帰結をもたらす行動を引き出すために、国家はいかにあるべきか。このことを明らかにするのに、国民がいかなる理由に反応して行為するかを考えることは必須ではない。統治者が一定の行為や制度構築を行った場合、いかなる国民の行動が生起するか。その事実的相関さえわかっていれば、あとは最善の帰結をもたらす行動をよりよく惹起する行為や制度を用意すれば済む。この考え方を突き詰めたところでは、国民は、国家の命令にいかなる理由があるか熟慮した上で従うか否かを決める、自律的主体としては存在していない。統治者の作用に反応する客体でしかない。そして帰結主義は、最善の帰結をもたらすのに役立つならば、ためらわず国民を客体として扱うべきである。

しかし、政治的責務論は、あくまで国民が国家の命令に服する理由を問題にする。その点で政治的責務論は、国民を上記の自律的主体として扱うところではじめて成り立つものである。帰結主義がこの姿勢が共有しうるかどうか、必ずしも明らかでない。帰結主義にとって切実なのは、国民がまとまって不服従し国家を崩壊させることがないようにするために、どのような統治が必要であるかを、集合的観点から考えることであろう。だが、そこでは、個々の国民が国家の命令に従うべき理由を明らかにする必要がない。

本節の要点をまとめ、この章を閉じたい。国家の命令への遵守が現実に確保するための条件とその道徳的正当化だけが問題になるところでは、政治的責務論の動機は共有されない。個々の国民が国家の命令一般に服従すべき理由を示す必要があるところではじめて、政治的責務の正当化が必要となるのである。帰結主義的正当化は、直接帰結主義からの議論も、間接帰結主義からの議論も、ともに失敗している。そして帰結主義的正当化の焦点が、国民の服従理由ではなく、国民の遵守を確保する制度の正当化可能性にあるのだとすれば、それは本質的に政治的責務論に対する関心を欠いていると言わなくてはならない。

第九章　注

（1）　もちろん、ある不服従が、国家を崩壊させるだけの不服従を引き起こす原因とならずに済んでいるのは、違法行為に対する国家の取締りのおかげでもあろう。全てでなくても、大多数の違法行為に制裁が下されている状況では、ほとんどの国民は、よほど強い動機がない限り、制裁のリスクを勘案し不服従を差し控えることになるだろう。しかし、それが示しているのは、次のことである。ある国民が不服従してもよいかどうかを帰結主義的に判断する際、国家が十分に取締りを行っている限りは、他の国民が次々と不服従を行った場合の帰結を考慮しなくてもよい。

（2）　これは、カントの定言命法の定式化にも見られるものである。

（3）　被治者が行為帰結主義へアドホックに後退することを一切許さないような間接帰結主義が正当化できるかどうか、実はかなり疑わしい。だが、ここではそれを議論のために認めておくことにしたい。

（4）　この議論の含意は、帰結主義的正当化の成否のみにとどまらず、政治的責務・遵法責務の正当化がもつ意義を揺るがすものでありうる。もし、ある行為者のもつ「ある程度の義務（pro tanto duty）」の集合と、そこから行為理由の比較考量を経て導き出される「終局的義務（all-things-considered duty）」との関係が、ここで述べた一般的規則の体系と、実際に行為者が規則体系に従ってとる行為との関係に対応するならば、それは次のことを意味する。

政治的責務・遵法責務が仮に正当化されたとして、それが終局的義務ではなく、ある程度の義務にとどまるものであるとしよう。そうだとしても、道徳的観点から意味があるのはあくまで終局的義務であって、ある程度の義務の集合は、その終局的義務を導出する過程の表現にすぎない。同じ終局的義務を与えるような、ある程度の義務の集合が複数あるとすると、それらのなかからある程度の義務としての政治的責務・遵法責務を含むような集合を絶対に選ばねばならないとは言えないだろう。

もしそうだとすると、仮に政治的責務・遵法責務が一応の義務として正当化できたとしても、それは終局的義務の導出過程の一つが信頼に足るものであることを明らかにしたにすぎない。A・シモンズの「哲学的アナーキズム」(Simmons 1979, Ch. 8)のように、個々の状況における道徳的要請を集積していくことで、政治秩序・法秩序の存立条件を解明し、終局的義務を見出しておこうとする立場は、依然として、政治的責務・遵法責務を踏まえて終局的義務を明らかにしようとする立場と並び、道徳的に間違っていないことになりうるのである。

このような議論が成立するか否かは、ある程度の義務と終局的義務の関係をめぐる議論のさらなる展開を待たなければ決着がつかない。しかし当座のところは次のように述べることができよう。個々の状況における道徳的要請を一つひとつ積み上げることとは、行為者に膨大な認知能力を要求することになる。そうである以上、行為者が遵法責務をある程度の義務として扱うことを求める立場に強みがあることは疑いない。

(5)　この点は、第十章で検討する公平性論にも同様に当てはまる。

第十章　公平性論

公平性論の基本的動機は、同意理論と帰結主義的正当化が抱える限界を克服することである。(1) 振り返れば、同意理論は、個々人が特定の国家に帰属することに自発的に同意することこそが、政治的責務の正当化条件であるとするが、現実に自発的同意を行っている者がほぼ皆無であるゆえに正当化には成功しない。帰結主義的正当化は、違法行為がもたらす破壊的帰結に訴えて政治的責務を正当化しようとする。しかしそれは、法体系の存在および法に対するある程度一般的な遵守確保の必要性までは根拠づけうるかもしれないが、全ての国民が包括的服従責務を負うべき理由を提示しようとすれば、一般化論法が孕む難問を克服せねばならず、現在のところ、その見通しは明るくない。

しかし、次のような仮想事例を考えてもらいたい。

ある一人の大金持ちが、課税を免れるために、租税法の専門家たちを秘密裏に高額で雇い、彼らの英知を結集して当分絶対に破られない脱税技術を開発した。大金持ちの脱税行為は、政府だけでなく他の人々にも決して知られず、他人が同様の税金逃れをするおそれは全くない。また、彼の脱税による税収減のせいで財政が危殆に瀕することもない。さて、彼の無二の友人であるあなたは、ある日、彼から門外不出の脱税技術を教わった。あなたの脱税も、あなたが告げようとしない限り誰にも知られず、あなたの脱税による税収減も政府の運営に悪影響を与えない。このとき、あなたが脱税をすることは、道徳的に許されるだろうか。

同意理論でも、帰結主義的正当化でも、脱税を道徳的に禁じる理由は引き出せない。しかし実際にその場に立ち会ったとしたら、我々は脱税に逡巡するのではないか。そして、こう考えるのではないか。いま私がそれなりに安寧に生活できているのは、政府によるさまざまなサービスのおかげでもある。安全保障、警察、裁判所による紛争解決、社会保障、どれをとっても、それがなければ今の生活は成り立たない。政府のサービスは何によって賄われているか。税金である。サービスだけ受け取っておいて、税金を支払わないのは、不公平ではないか。

公平性論は、このような考え方に道徳的根拠を与えようとするものである。議論のポイントは、政府のサービスの多くが、集合財（collective goods）としての性格を有するという認識にある。集合財に関する詳しい説明は後に譲るが、勘所は、集合財が、ある者の消費が別の者の消費を排除できないという「非排除性」にある。このような集合財については、対価を払う者だけに財がもたらす便益を与えることができず、対価を払わずに便益を受ける「ただ乗り」（free-ride）ができてしまう。そして公平性論が成功するかどうかを分ける鍵は、政府が提供するサービスに対して「ただ乗り」することが非道徳的であるとする十分な根拠が存在するかどうかにある。

以下では、まず**一**で公平性論の基本的定式を示し、次いで**二**では公平性論への批判を簡潔に示した後、**三**と**四**では、この批判を克服すべくなされている議論を二つ紹介したい。本章の結論を予示すると以下のとおりである。公平性論が成功するためには、国民一人ひとりが政府サービスの便益を自ら望んで受け取っていなくてはならないが、しかし彼らが実際にそうしていることは稀であり、そうである以上公平性論は成功しない。このような批判を克服するために、国民にとって政府サービスが必要不可欠なものである以上、彼らは望むと望まぬとにかかわらず受け取るほかなく、受け取った以上は政治的責務を負わなくてはならないとする議論がなされているが、これは次章で扱う正義の自然的義務論との区別がつかなくなる。したがって、公平性論擁護として提示されている既存の議論の成否は、正義の自然的義務論が成功しているか否かによって決まる。

一　公平性論の定式化

公平性論は以下のように定式化できる。公平性論は、まず政府による生命・身体・財産の安全の確保や秩序維持を、国民相互の社会的協働（social cooperation）の産物と考える。社会的協働が成り立つためには、一定数の国民が、各々の自由を一定程度制約して協力するという負担を負うことが不可欠である。このような状況で、他の国民が負担を負った結果もたらされる産物を受け取り、恩恵にあずかっておいて、自らが負担を負わずにいるのは、「ただ乗り」であり不公平であって、道徳的に許されない。したがって、国民全員が負担を負うべきである。この負担の核心部分は政治的責務である。

ここで、代表的な公平性論において、いかなる定式化がなされてきたか、振り返っておきたい。戦後の政治哲学で公平性論の先駆となったのが、H・L・A・ハートが、論文「自然権は存在するか」（Hart 1955→1984）において示した、「制約の相互性（mutuality of restrictions）」である。ハートは、まず特定の他人の自由への干渉に関わる特殊的権利（special rights）と一般に自らの自由に対する他人の干渉の排除に関わる一般的権利（general rights）とを区別し、前者は、特定の関係性に基づく権利責務関係により成立するものとする。約束責務によるものが代表的であるが、その他の事例として、「制約の相互性」を挙げる。

多数の人々がルールに依拠した共同の営為（enterprise）に従事しそのために自らの自由を制約している場合、必要に応じて制約に服してきた者は、彼らの服従によって便益を受けてきた者に同様の服従を要求する権利を有する。〔共同の営為に依拠する〕ルールが服従を強制しさらなるルールの制定を行う公権力の権威の保持を定める場合もあるであろうし、このことが法的権利と法的義務の一定の構造を生成することになるであろうが、〔法的権利と法的義務は道徳的権利とこれに対応する責務とは異なり〕ルールに従う道徳的責務は、あくまで社会の協働する構成員に対して負われているのであって、彼らこそが服従と相関する道徳的権利を有しているのである（ibid., p. 58、補足引用者）。

さらにハートは続く部分で、制約の相互性が政治的責務の正当化根拠となりうることを指摘し、そのような正当化が帰結主義的正当化にも同意理論にも還元できないことを指摘する。

ルールへの服従責務は、服従が生み出す善き帰結（例えば苦痛の予防）に依拠する他の道徳的理由とは別個のものである。この責務はあくまでそれ自体として社会の協働する構成員に対して負われているのであり、社会の構成員が人間であり、人間に苦痛を与えることが間違いであるから負われているわけではない（ibid., pp. 58-59）。

遵法責務が単に（直接的あるいは間接的〔に他の構成員に善をなす〕）慈善行為の特殊事例ではなく、特定の国家の国民の間で、彼らの構成員の相互的関係から生じてくるものであることに注意を向けた点では社会契約論は正しい。しかし社会契約論は当該相互的制約により権利が創造される状況を約束のパラダイム的事例を同一視した点で誤っている（ibid., p. 59、補足引用者）。

しかし、「制約の相互性」が、本章冒頭で述べたように、同意理論や帰結主義的正当化の限界を乗り越えるだけの、独自の内容を有するかどうかは、ハートの叙述のみからは明らかにならない。

「制約の相互性」の議論を、政治的責務の正当化に成功しうる公平性論に結びつけるためには、まず集合行為論における集合財の非排除性と「ただ乗り」の合理性をめぐる議論を踏まえなくてはならない。M・オルソンは、財が「集団のどのメンバーに対してもそれを消費することを妨げることができない」、あるいは消費を妨げるために認容しえないほどの高い費用がかかる性質をもつとき、その財は「非排除性」を有するとする。さらに「非排除性」とあわせて、消費者が増えても追加的費用が生じないという「非競合性」をも有する財を、集合財と呼ぶ。オルソンによれば、集合財について、その正の外部性ゆえに、財の供給に必要な他人の費用負担の上に「ただ乗り」することが、とくに国家のような大規模集団の場合、自己利益に適うという意味で合理的となる。その理由は以下のとおりである。ある国家で、国民全員が費用の負担を免れれば集合財は成り立たなくなり、忌避することが合理的な不利益を各人が被ることになるが、ある国民一人が負担を免れても、そのことのみで他の国民の負担が顕著な増大を示すわけではない。それゆえこのような状況においては、個々の国民が自身で費用を負担するのは合理的ではなく、他人の費用負担に「ただ乗り」して集合財を受け取ることが合理的である。しかし、他の国民が集合財供給のために負担を負い「協力する」なかで、「裏切る」つまり負担を免れることが合理的だということになると、結局、全ての国民が「裏切る」ことになり集合財が供給されなくなる。これはある種の囚人のジレンマ状況である（オルソン 1996、第1章）。オルソンは、国家による制裁により「ただ乗り」の誘因を引き下げることでこの状況を解決しようとする。しかし第一章や第九章でも論じたように、問われるべきは「ただ乗り」しない誘因をいかに与えるかではなく、国家のような大規模集団で「ただ乗り」を禁止する道徳的根拠が存在するかどうかである。

二　公平性論の射程の限定

オルソンの議論を踏まえて、公平性論が答えるべき問いをより詳細に示すことにしよう（Cf. Smith 1973, pp. 956-960）。政府が供給する集合財により、国民全員が便益を得る。集合財供給を維持するために、多くの国民の協力が必要であるが全員が協力する必要はない。したがって、必要最低限の国民が協力している限り、他の国民が負担を負わなくても集合財供給は維持できる。しかし集合財の非排除性により、負担を負わない国民にも便益がもたらされる。彼らは集合財供給の維持にかかる負担を免れていながら、便益が与えられる、つまり「ただ乗り」することになるのだ。

しかし負担を負わずして便益が与えられる「ただ乗り」は、常に道徳に反するだろうか。最も重要なのは、集合財の便益が、その便益を受けることを積極的に望み、その意図を示したわけではない国民にも与えられてしまうこと、つまり便益がこぼれ出て（spill over）しまうこと――政府の集合財供給には「正の外部性」があるということ――である。望んで、意図を示して、便益を受け取ったわけでもないのに、集合財供給を維持するために協力しなければならないというのは理不尽ではないだろうか。

この問いに取り組むにあたっては、以下の三点をあわせて考える必要がある。第一に、前節で述べたように、国民が政府の決定を遵守する誘因を、制裁を通じて与えることも可能である。第二に、より重要なことであるが、個々の国民が集合財の便益を実際にどのように評価するかは、大いに異なりうる。このことは、とりわけ個々人が法に不服従してよいか否かを判断する場面を想起すれば、より容易に理解されるだろう。ある立法が望ましいと考える者と望ましくないと考える者とでは、その立法のもたらす便益の内容や大きさの評価が異なり、その評価の違いが、不服従してよいか否かの判断を分けることになろう。このような事情を考慮してもなお、個々の国民の不服従を「ただ乗り」として批判することに、道徳的根拠が存在すると本当に言えるのだろうか。

A・シモンズ、そしてJ・ロールズ「法的責務とフェアプレーの義務」(Rawls 1964)、R・ノージック『アナーキー・国家・ユートピア』(Nozick 1974) は、いずれもこの問いに以下のような応答を行っていると言えよう。(3) まず、公平性論が成功するために、国民一人ひとりの事前の同意は必要ない。つまり、個々の国民が予め明示的に国家への帰属に同意していてはじめて、彼の政治的責務が成り立つという、シモンズの同意理論の成功条件は公平性論には当てはまらない。国民が政府の集合財供給から便益を受けている状況を出発点としてよい。しかし一方で、公平性論においては、個々の国民がいかなる態度で「便益を受けている」かが極めて重要であり、積極的に望んで、また意図してその便益を受けている場合と、そうではなく便益を受けた場合とを区別すべきである。前者を「受領する (accept)」と呼び、後者を「享受する (receive)」と呼ぶことにしよう。「ただ乗り」批判が成り立つためには、個々の国民が、集合財がもたらす便益を単に享受するだけでなく、受領することが必要である。便益の受領があってはじめて、集合財供給のための応分の負担を負う責務、つまりは政治的責務が引き受けられたと見なしうるのである。便益を享受しただけなのに、負担を負えと要求するのは、集合財の「押し売り」であり、道徳に反する。(4)(5)

仮に、便益の享受だけで政治的責務の引受けと見なしうると考えるとしても、そのような議論では、政治的責務が自らの属する特定の国家においてのみ成り立つこと、つまり政治的責務の個別性を説明できない。例えば観光目的で日本を訪問している外国人も、治安のよさなどの便益を享受するが、彼らには政治的責務はない。また日本の安全保障政策の結果、周辺国の国民が便益を享受したとしても、彼らは政治的責務を負わない。このように、日本国民にだけ政治的責務があることを説明するためには、便益の享受だけでは不十分である。

さらに、便益の受領がなくては政治的責務が引き受けられたとは言えないと考える場合にも、政治的責務の正当化は成功しない。個々の国民が政府のもたらす全ての便益を実際に受領しているわけではない以上、全ての国民に政治的責務があることを正当化しきれないからである。

三　公平性論擁護の試みとその限界

1　アーネソンの「ただ乗り」禁止論

R・アーネソンはシモンズらの公平性論批判に対して以下のように反論する（Arneson 1982）。一口に集合財と言っても、以下の性質のいずれを有するかによって、財の十分な供給を確保するために必要な条件は変わってくる。①ある一人による消費が別の人々による消費を不可能にしない財の結合性（jointness）あるいは非競合性、②ある人が消費した場合でも別の人々による消費を妨げることが困難である財の非排除性、③集団の全ての構成員が必ず財を同じ量だけ消費することにならざるをえないこと。①から③の全ての特徴を有する財をアーネソンは純粋公共財（pure public goods）と呼び、①と②のみを有する財を集合財（collective goods）と呼ぶ。国防などの純粋公共財については正の外部性が生じることは不可避であり、公共財の便益を意図なく享受するのでなく意図的に受領することは不可能である。また①のみを有する財については、便益受領を拒否して、財の供給を行う社会的協働から離脱することが可能である。したがって、結合性のみを有する財については、政治的責務が正当化されるためには、当事者による便益受領が必要であるということになろう。

問題は集合財の場合である。二における公平性論批判を繰り返そう。便益の享受を拒むことが困難な――拒むためには多大な費用がかかる――非排除的な財を供給し、享受者の了解を得ていない状況で、ある時、突然、集合財供給に協力しろ、負担も払わずに恩恵を受けてばかりいるのは「ただ乗り」だと要求するのは、「押し売り」の誹りを免れないのではないか。このような批判に、アーネソンは以下のように答える。集合財の場合でも、①その供給が継続的な社会的協働によってなされていること、②財が全ての国民にとって便益をもたらすことが論争の余地なく言えること、さらに③社会的協働の負担が公平に分配されていること、以上の三つの条件が成り立つときには、便益をただ享受しているだけであったとしても、政治的責務は正当化される。なぜなら、「自らの行為の便益や損失は、その行為のもたらす便益を移転、あるいは交換することを自ら選択したのではない限り、自らにのみ付与されるべきである」――アーネソンは「自己便益原理（self-benefit principle）」と呼ぶ――からである。つまり、こういうことである。我々は、社会的協働に協力し負担を負っている国民の同意なしに「ただ乗り」してはならない。同意なしの「ただ乗り」により、件の国民は自らの選択によらず、彼の行為の便益を他人に移転することになるからである。

アーネソンの如上の議論は、便益を受領する国民の視点から政治的責務の正当化条件を考えるシモンズらの公平性論理解に対して、便益を移転する国民の視点からして政治的責務が存在しないと言える条件を問うものである。この視点に立てば、集合財の便益を享受するほかない状況でも「ただ乗り」することは許されない。「ただ乗り」がなされているところでは、負担を負った国民が一人でもいる限り、彼は自らの選択によらず自己の行為の便益を他人に移転することになる。このような事態は自己便益原理に反するのである。

アーネソンの公平性論は、政治的責務の正当化を自分が受けた恩恵に見合う負担を負わない不公平性ではなく、他人が集合財供給のために必要な犠牲を払っているところでは、自分だけ負担を免れることは許されないとする「ただ乗り」禁止に訴えるものである。これに対してシモンズは、この「ただ乗り」の禁止では政治的責務の正当化根拠となりえないとする（Simmons 2001, pp. 34-42)。以下のような例を考えてもらいたい。ある住民Xが自分で井戸を掘り生活に必要な水を賄っていた。そこで隣人たちが協力して水路を建設し、遠くの川から水を引いてくることになり、Xもまたその恩恵を被ることになった。つまり、Xは隣人たちの事業の正の外部性により便益を享受したわけである。このときXが隣人たちと同様に、応分の負担を負わないからと言って「ただ乗り」の誹りを受けねばならないだろうか。そんなはずはない。それでは便益の「押し売り」である。

シモンズの疑問を一言でまとめれば以下のようになる。「ただ乗り」の批判をするためには、まず「押し売り」の誹りを免れるための条件を充足することが必要である。その条件は、結局のところ、便益を自ら望んで受領することに求めざるをえない。

2　クロスコの財の必要不可欠性からの議論

(1)　必要不可欠な財の享受による正当化

G・クロスコもまた、シモンズらの公平性論批判に対し応答を試みる。彼は国家が供給する財のなかには、個々の国民が望むと望まぬとにかかわらず、必要不可欠なものが存在することに基づき、政治的責務の正当化を成功させようとする（Klosko 1992; 2005)。クロスコの財の必要不可欠性からの議論の中心的動機は、それに一定の支持を与えるC・ギャンズが整理しているのでそれを参照する（Gans 1992, pp. 57-66)。集合財の正の外部性により、国民が便益を享受することが不可避であるが、望んで受け取ったわけではない、あるいは便益を受けたこと、その対価が求められることを認識していないのであれば、国民に集合財供給への協力を求めるのは不当である。このようにシモンズらは説く。しかし国家が供給する集合財のなかには国防や秩序の安寧、身体の安全の確保など、我々の誰もが必要不可欠としている財がある。それらについては便益を受けることを望まないと考えるほうが不自然である。そうである以上、少なくともその集合財供給のための社会的協働については、応分の負担を国民が相互に負うべきであり、このようにして政治的責務は正当化されるだろう。(6)

しかし、如上の応答だけでは、政治的責務の正当化として不十分である。全ての国民にとって議論の余地なく必要不可欠な財は非常に限られており、さらにその財の供給をどのように行うべきかについても論争的であることを免れないからである。国防が国家が供給すべき必要不可欠な集合財であることに異論を唱える者は、それほど多くないかもしれない。しかし高速道路が必要不可欠かどうかは、より論争的である。さらに国防が必要不可欠であるとしても、それがどのようになされるべきかは極めて論争的である。例えば武力をもつべきか否か、核兵器を保持すべきか否か、国際的安全保障体制はどうあるべきかなどについて、我々の間にどのような意見対立があるかを想起してみればよい。

このように財が必要不可欠か、必要不可欠な財がどのように供給されるべきかが論争的であるなかで、集合財供給のあり方について一つの立場に基づき決定がなされたとしよう。その決定に反対する者も決定に従うべきだ、なぜなら彼らもまた国防の必要の点で一致しているのだから、と論じることには無理があるのではないだろうか。

(2)　「裁量財」による正当化

クロスコは、このような疑問に対する答えを用意している。それが彼の「裁量財（discretionary goods）」の議論である。「裁量財」とは、それ自体は必要不可欠ではないが、必要不可欠な財を供給するために道具として必要となる財のことである。引き続き国防を例にとると、国防自体は必要不可欠な財だとして、その供給のために必要な道具が存在する。軍隊を編成し兵器を持ち基地を造ることがそれだと考える者もいるだろう。さらに道路などの基本的インフラは、国防にだけ役立つものではないが、しかし国防のためにも必要である。国民全員が高い水準の教育を受けることも同様だろう。これら国防のための道具となりうるさまざまな財が「裁量財」である。

「裁量財」の存在を認めることが、政治的責務の正当化にどのような実益をもたらすのだろうか。クロスコはおおよそ次のように考えている。まず国防が必要不可欠だということをほとんどの者が認めていたとしても、国防のために必要な「裁量財」が何なのかは論争的である。前述のように、武力を備えるべきか、核兵器をもつべきかどうかが争われるというのも、「裁量財」をめぐって意見対立があるということにほかならない。さらに「裁量財」をめぐる対立は、国防にのみ貢献するのではないインフラや教育のあり方にも波及する。しかし肝心なのは、このような「裁量財」の論争性は、国防の必要不可欠性自体を覆すものではないことである。そして、「裁量財」の必要性が必要不可欠な財に結びつけられる限り、「裁量財」の中身に反対する者であっても、その供給に協力する政治的責務が存在するのである。

「裁量財」の議論の実益をより一般的に説明しよう。二で扱った公平性論批判をいま一度振り返ってみてほしい。その勘所は、国家がもたらす集合財の便益を根拠に政治的責務を正当化するのであれば、国民一人ひとりの便益の受領がなくてはならないということであった。つまり公平性論が成功するためには、国民が便益を望んで受け取ることにより、政治的責務を意図的に引き受けているのでなければならない。この点で公平性論批判は、政治的責務の正当化を主意主義的（voluntaristic）に捉えている。同意にせよ、便益の受領にせよ、政治的責務の引受けと言える行為を意図的に行った者だけが責務を負う。そのように考えるのである。

クロスコの公平性論擁護の狙いは、国民全員が国家から受け取らざるをえない利益に訴えかけて、この主意主義を斥けることにある。国民が必要不可欠な財を国家が供給しており、「裁量財」が必要不可欠な財の供給のために必要だということになれば、その必要性と便益享受の不可避性を根拠に、責務引受けを意図的に行っているといないとにかかわらず、政治的責務を正当化できるのではないか。

⑶「押し売り」批判にどこまで答えているか

クロスコの狙いが、主意主義を斥け、集合財供給に協力する責務が、集合財を意図的に受け取っているかどうかによらず正当化されることを示すことにあるとして、その狙いは実現できているだろうか。その成否を分ける勘所は、「押し売り」批判をいかに斥けえているかである。集合財の便益をただ享受しただけで、集合財供給の負担を負うことを求めるのは「押し売り」だと説く議論から、公平性論を守ることに彼はどこまで成功しているか。

政治的責務の主意主義的正当化にこだわる側が、クロスコに反論するとすれば、その道筋は以下の二つであろう。①国家が供給する集合財がどんなに必要でも、それが「押し売り」されているならば、政治的責務は正当化されない。②国家が供給する集合財がいかに必要であるとしても、必要な財の供給がいかになされるべきか――「裁量財」が何かも含まれる――が論争的である以上、集合財の必要性だけでは政治的責務の正当化にとって十分ではない。論争の下でなされた集合財供給をめぐる決定に従うべきか否かは、論争の結果に従う責務を意図的に引き受けているか否かに左右される。順に検討してみよう。

①については、次のような事例を考えてみてほしい。(7) ある住民Xが私費で、耳寄り情報を仕入れて流す街頭放送を始めた。街の住民全員にとって、Xの耳寄り情報が生活を営む上で必要なものとなっていた。ある時、私費での運営に限界が生じたXが、街頭放送の運営にかかる費用を、聴取料として街の住民たちから徴収すると言い始めた。住民たちは聴取料を支払うべきだろうか。ここで、「押し売り」された街頭放送の費用を住民たちが負担しなかったとしても、道徳には反しないと考えることにも一定の理があろう。その理屈からすれば、国家の集合財供給に協力する責務についても、集合財の必要性だけでは正当化できない、集合財を国民がどうやって受け取ったかが肝心で、いくら必要でも、意図して受け取らなかった集合財については政治的責務は成り立たない、ということになる。

しかし、この反論がどこまで有効かは、主意主義自体をどこまで支持しうるかによる。国家が行った決定に従うべきか否かを、国民一人ひとりの意志に委ねることにどのような根拠があるのだろうか。第七章で同意理論を検討した際に述べたように、同意が拘束力をもつかどうかは、同意によって形成される関係性に依存すると考える余地がある。主意主義についても同様である。責務の意図的な引受けによって政治的責務が成り立つかどうかは、責務主体の間にいかなる関係性を形成されるかに依存すると考えうる。集合財の必要性と便益享受に基づいた関係性には、政治的責務を正当化するに足る価値が見出せるだろうか。

この問いに対する応答は、②とも相関するだろう。集合財供給のあり方が論争的である以上、集合財の必要性と便益享受だけでなく、便益の受領がなくては政治的責務が正当化できないということになるのだろうか。クロスコは以下のような応答をなしうると思われる。「裁量財」のリストについて意見対立があったとしても、便益の受領を政治的責務の正当化根拠にする必要はない。「裁量財」のリストをめぐって、国民相互で議論が重ねられ政治的決定がなされ、特定のリストに基づいて財の分配がなされた場合、そのリストを支持できない者も、「私はただ便益を享受しているだけなのだから、応分の負担を負う筋合いはない」と言って済ませることはできない。なぜならこの場合政治的責務とは、便益享受を根拠に、応分の負担を負うことにはとどまらないからである。国民が何を必要としているかをめぐって争いがあるなかで、自らの意見に反する政治的決定がなされたとしても、その決定に従う。そのような国民相互の関係性に見出される価値にこそ、政治的責務の根拠が存在するのである。つまり政治的責務の正当化根拠は、いまや集合財の便益を受けていることそのものではなく、その必要性をめぐる論争を政治的決定を通して解決していく国民の関係性に求められる（Cf. Klosko 1992, Ch. 3）。

それではその価値とは何か。クロスコ自身は、意見対立の下で正義を実現する制度の必要性と結びつけて、その価値を示そうとする（Klosko 2005, Ch. 5）。しかしこの方途はさほど魅力的ではない。我々がみな正義に服する義務を有することに基づき、正義を実現する制度への支持服従義務を引き出し、そこから政治的責務を正当化する道筋は、正義の自然的義務からの議論と呼ばれるものであるが、第十一章で述べるように、それも政治的責務の正当化には成功していない。

他方、次のような説明の仕方もありえよう。集合財の必要性をめぐる意見対立を政治的決定により解決していく国民の関係性は、集合財の便益を受領したか享受したかによらず、それ自体として価値がある。しかし、このような考え方もうまくいっていない。結局のところ、それは国民の紐帯そのものの価値に訴える連帯責務論にほかならず、第八章で示したとおり、連帯責務論には限界があるからである。連帯責務論が邪悪な政治体制に服従する責務をも正当化してしまいかねないこと、世界分配的正義に対してあまりに冷淡であることについて、相応の対応がなされない限り、連帯責務論をクロスコの議論を補強するために持ち出したとしても、政治的責務を十分に正当化するものとならない。

四　公平性自体は内在的価値ではない

これまで**二**および**三**で扱った公平性論批判を簡単にまとめてみよう。国民全員が集合財の便益を受領したのでなくては、政治的責務は正当化されない。単に便益を享受しただけで集合財供給に協力すべきと説くのは、集合財の「押し売り」である。また、仮に集合財の必要性により便益の享受だけでも正当化できるという立場を認めたとしても、集合財の必要性いかんをめぐって意見対立がある以上、その意見対立を解決する政治的決定に服すべき理由を示す必要がある。この理由を政治的責務を十分に正当化する形で示すのは困難である。

しかし、このような公平性論批判に対して、次のような疑問が投げかけられるかもしれない。公平性論批判は、政治的責務論の意義をとり逃がしている。政治的責務論が問うべきは、政治的決定に反対する者もなお決定に服すべきか否かである。そのことを十分に踏まえれば、公平性論の意義もよりよく理解されるはずである。公平性論の勘所は、意見対立の下で、政治的決定に自らの意見が容れられなかった「敗者」が、自分の意見のみに即して決定を無視するのが「不公平」だと説くところにこそある。公平性論の成否を問うときに考えるべきは、政治的決定における「勝者」と「敗者」との間の公平性である。集合財の便益を受領しているか享受しているかは重要ではない。

井上達夫は、以下のように述べている。政治的決定に従うべきか否かが最も深刻に争われるのは、決定が正義に適っているかどうかが問題になるときである。「正義とは何か」に対する我々の解答――つまり正義構想――は大いに異なり対立しうる。例えば、福祉国家を擁護するリベラリズムと国家の規模を最小化すべきと説くリバタリアニズムの間のように。しかし両者がともに正義をめぐって対立するのである限り、「等しきは等しく」という正義の普遍主義的要請――つまり正義概念――にはともに服すべきである。そして、正義の普遍主義的要請からは、自らに反対する立場に仮に立ったとしても、受容可能な根拠をもって自らを正当化すべしという反転可能性要請を引き出すことができる。

正義概念から導出される反転可能性要請をもってすれば、政治的決定における「敗者」もまた決定に服すべきと言えるかもしれない。今日の「敗者」は明日の「勝者」というような立場の入れ替わりが起こるところ――典型的には、個々人に政治的影響力が平等に分配された民主制――では、反転可能性要請に基づき「敗者」は次のように考えるべきだろう。もし私が自らの意見に反するからと言って、政治的決定に背いたとしたら、私が「勝者」となり「勝者」が「敗者」となったときにも、同様の振る舞いを許さなくてはならなくなる。それでは困る。ならば私も今回の政治的決定に従うべきである。

しかし、この道筋には疑念がある。正義概念が、道徳判断における個体指示を禁じるという意味で、普遍化可能性を要請することを認めるとしても、そこから「ただ乗り」批判へと到達することができるかは疑わしい。少なくとも概念的には、公平性論に全くコミットしない正義構想が存在する――例えば功利主義――以上、正義概念そのものに公平性論を読み込むことは不可能ではないか。いや、正義の普遍主義的要請は、公平性論にコミットしないそうした正義構想を排除するかもしれない。しかしそう考えることが仮に可能だとしても、功利主義が有力な正義構想であることを認める以上、井上の正義概念理解のほうを正すべきではないのか。

それでもなお、公平性論を正義概念から導き出すことは可能かもしれない。一つの道筋は以下のようなものである。正義の諸構想が対立する状況で、それらを主張している「人間」は自らが主張することにコミットしなければならないので、その主張をすること自体の成立条件である社会的条件を保証することにコミットしなければならない[8]。そうすると、不公正な「ただ乗り」を許すならばそうした社会的条件が破綻してしまう以上、正義構想を唱える「人間」は、まさにそのことによって公平性論にコミットしなければならない。

このような考え方は、事実として正義構想を主張する誰もがフリーライダーになるわけではないだろうにもかかわらず、全員が「ただ乗り」したならば正義構想の主張そのものが不可能になるということに訴える点で、規則帰結主義的であるが、そのことはここでは措く。しかし規則帰結主義への限界については目をつぶるとしても、正義概念をそのように理解することの動機の中核を政治的責務の正当化から引き出すのであるならば、議論は循環してしまうのではないだろうか。井上は、普遍化可能性よりも強い要請を正義概念に読み込む際、それを政治的責務の正当化が可能になる形で持ち出してきているのではないか。つまり、こういうことである。我々が正義構想を主張することを可能にする社会的条件は成立するが、政治的責務が成立するとは言えない程度に悪しき秩序であるような社会の存在は明らかに可能である。そうだとすれば、そのような最低限度の社会的条件を超えて、政治的責務が成立する程度によき秩序が保たれることへのコミットメントを、正義構想の主張を可能ならしめる諸条件へのコミットメントのみから引き出すことはできないのではないか。その懸隔を埋める議論が示されない限り、正義概念から政治的責務の正当化根拠を引き出すことはできないと思われる。

また以上の検討からは、次のような疑念も生じる。対立する正義の諸構想とそれを主張する主体について、その主張可能性を担保する物質的――まさに res publica と言うように res として触知できる――諸条件と、政治的責務の成立に必要な諸条件の懸隔がもしあるとするならば、必要なのは前者についての検討である。少なくとも、ここでも公平性論は、それが維持・供給しようとする集合財の内実についての具体的検討を必要とする。もちろん何がそうした集合財であるかについての議論もまた正義構想論の一つであるという立場は成り立ちうる。だが、そのような議論は正義構想の主張を可能にするための物質的諸条件に根本的に変更を迫るものではない。公平性、そしてそれにより実現される集合財の供給が実現する価値は、いくらそれ自体を正義構想論に属するものとして常に論争の余地があるものとして考えるとしても、根本的に物質的制約を受ける。他方、公平性原理においては政治的責務はあくまでそれ自体として内在的価値を有さない。政治的責務はあくまで集合財の維持と供給を行う社会的協働の実現のための手段でしかない。公平性を内在的価値としてみてしまい、それが我々に必要な財をもたらすための道具的価値であることを見逃す議論は、公平性論そのものとは別個の動機に基づくものと考えるべきである。[9]

結局のところ、公平性そのものの価値ではなくて、治安維持や国防など、公平性が達成された社会状態が実現する価値が公平性論の成否を分ける基準になるのである。そして、P・ソウパーも指摘するとおり（Soper 2002, pp. 159-162）、公平性が道具的価値である限り、やはりその目的である価値を損なわないような不服従は常に可能になると言わざるをえない。しかし、公平性論が政治的責務の正当化において無価値であるわけではない。そこで我々が求めるべき道筋は以下のとおりである。政治的責務の成立根拠を公平性以外のところに求める一方で、[10] 公平性論はその議論の強化に貢献するものとみることである。

第十章　注

（1）Ｈ・Ｌ・Ａ・ハートの著名な論文「自然権は存在するか」（Hart 1955→1984）において、特定の他人の自由を干渉することが許容される権利義務関係の成立根拠として、当事者間の同意と別個に「自由の相互的制約」を挙げたことからも、その事情は看て取れるだろう。

（2）第二次世界大戦後から一九八〇年頃に至るまで、政治哲学において政治的責務の正当化の成否が真剣に論じられたのは実際には公平性論だけだった。Ａ・シモンズの政治的責務論の主要な目標も二〇〇〇年代までずっと公平性論批判であった（Simmons 1979; 1993, Ch. 8; 2001, Chs. 1–2）。

（3）「法的責務とフェアプレーの義務」において、ロールズは公平性原理による政治的責務の正当化が成り立つ条件として、以下の四つを挙げる。①全員、あるいはほぼ全員が協力することによってはじめて利得を生み出す社会的協働の枠組みが、国民相互に便益をもたらし、さらに正義に適う形で存在していること。②社会的協働が成り立つためには個々の国民の何らかの犠牲、ないし自由の制約が必要となること。③他の全て、あるいはほぼ全ての国民が自分の負うべき負担を担っているところでは、自らはその負担を負わずともそのまま恩恵を被り続けることができる、つまり「ただ乗り」が可能であることを一人ひとりの国民が了解していること。④我々は以上の三つの条件が満たされる社会的協働によって生み出される便益を受領した場合に限って、応分の協力責務を負わなくてはならない（Rawls 1964, pp. 9–10）。④の条件から、ロールズもシモンズらと同様、便益の受領を通して責務を意図して自ら望んで引き受けることを政治的責務の正当化条件とする主意主義的立場に立っていることになる。

　問題は①の条件、つまり社会的協働の枠組みとしての国家が国民相互に便益をもたらし、正義に適うことを求める条件が必要であるか否かである。シモンズらは、たとえ社会的協働が国民の間で便益を偏って分配し正義に抵触する場合でも、個々の国民に恩恵が与えられるものである以上、彼らが便益を受領している場合には、やはり便益に見合う分だけの負担を負わねばならないことになるのであり、それゆえ①の条件は余計であると論じる（Cf. Simmons 1979, pp. 109–114; Greenawalt 1987, pp. 162–168）。我々も同様に考える。ロールズが①の条件を公平性論に読み込んでしまったのは、政治的責務の正当化の条件としての公平性と、政治的責務の正当化が問題となる悪法状況とは何か、そのような不正な法が生じる要因として認めうるものは何かを規定する正義原理とを混同したためである。ロールズにおいて、不正な法に対する服従責務を問題にせざるをえない、つまり悪法問題と遵法責務問題を問わざるをえないゆえんは以下のとおりである。一方で、憲法体制が正義原理によって制約されるにもかかわらず、他方で、憲法の定める立法手続の価値は、正義に適った法形成を保証することにはない。最善の政策が何であるかをめぐる意見対立の下で国民全員が服従すべき義務を有するような法の制定を行うことにある。このことである。それゆえロールズは、服従責務が問題となる集合的決定であるためには、単に手続的制約を満たしているだけでは足りず、国民相互に便益をもたらし正義に適うことが必要である（という形で不正な法の範囲を限定すべきである）と考えることになるのである。このような混同は、『正義論』における彼の自然的義務論、つまり決定権や強制力行使の権限を独占する国家一般を正当化する正義の二原理の導出により、自らの属する特定の国家の政府に対する包括的服従責務としての政治的責務の正当化根拠をも示しうるとして、正当化問題と正統性問題との区別を行う必要を基本的に認めない立場の予兆と理解することもできるだろう。

他方で、ギャンズが主張するように、政治的責務を正当化する公平性原理に何を不正な法と見なすべきかの応答をも読み込む誤りを排したとしても、正統性問題すなわち政治的責務の正当化が問題になるのは、その社会の政治体制が一定以上正義に反するものでない場合に限られる、とする考え方はなお成り立ちうる。その考え方を採る場合には、当然に無効な約束からはそもそも責務が生じないのと同様、一定以上不正な政治体制の下では、便益の享受、受領を行ったとしても、あるいは不服従が当該政治体制を揺るがしかねない場合でも、（政治的責務以外の道徳的要請により不服従が許容されない可能性は残されるが）そもそも政治的責務が正当化される余地はない（Gans 1992, pp. 96-108）。これに対してシモンズは、第七章で述べたように、正当化問題と正統性問題の区別を徹底する立場から、不正な政治体制においても同意あるいは便益の受領による責務引受けによって政治的責務が正当化される余地は存在すると考えるべきとする（Simmons 1979, pp. 109-114）。この点に関しては我々は、同じく第七章で示したように、シモンズの主意主義と結びついた正統性問題の極小化には与しない。しかし他方で、当然に無効な約束との類比のみを根拠にして、正統性問題の射程を自らが属する国家の政治体制が正義に合致するか否かで予め限定することにも賛同できない。後述するように、政治的責務の正当化において最も望みがあるのは、統治者に対する敬譲に訴える議論であるが、政治的責務の正当化の際政治体制の正不正が問題にすべきかどうかは、ひとえに敬譲の理由に依存する。

（4）このような「押し売り」批判からすると、国民に所属する国家からの離脱の自由を実質的に保障せず、便益の享受を拒否できる条件がないところで、集合財供給のための応分の負担として、政治的責務を負わせるのは不当であるということになる。

（5）ノージックは、当事者の明確な合意による契約がないところで、一方的に財が付与された場合、相手にはその対価を払う義務はないと述べるが、この議論は適切でない。シモンズらが言うように、その相手が財を（享受ではなく）受領した場合には、応分の負担を負う責務が生じると考えるべきである。

（6）ギャンズは以下のように論じる。社会的協働と集合財供給との相関について、①国民が負担を負わずとも便益がもたらされる場合（例えば自動車の利用規制がなくても大気汚染が生じない場合）、②便益をもたらすがそのために負担も必要となる場合（自動車の利用規制によって大気汚染が防止される場合）、③便益はもたらさないが負担も必要ない場合（自動車の利用規制を行わないが大気汚染が深刻化する場合）、④便益がないにもかかわらず（公平な）負担のみ要求される場合（自動車の利用規制を行ったがなお大気汚染の進行が止まらなかった場合）の四つに分けられるが、②と③といずれを優位とするかについて国民の間で選好が分かれうるのであり、その状況では一部の国民の選好に反して社会的協働を行うあるいは行わないのは不当である危険がある。しかし上記のような必要不可欠な財については、国民の間で選好の違いは生じないゆえに、社会的協働への協力責務は正当化される（Gans 1992, pp. 64–66）。

（7）この事例は、Nozick 1974, pp. 90–96 を改変したものである。

（8）主張を行う以上、主張を可能にする諸条件の実現にコミットしないのは「遂行的矛盾」だと説いて、公平性論を論証しようとすることは、論点先取の嫌疑を免れないとも思われるが、ここではいったん措くことにする。

（9）　クロスコの議論の検討において明らかになったように、一口に「ただ乗り」禁止と言っても、それに政治的責務、すなわち公共財供給の共同事業に対する国民相互の協力責務の正当化根拠として十分な内容を与えることは容易ではなく、それゆえ正当化される集合財や国民に求められる協力の態様などに対応して複数の道徳原理を相互補完的に組み合わせたものと考えることには相応の説得力がある。

（10）　第十二章で述べるように、我々は敬譲こそがその根拠だと考える。

第十一章　正義の自然的義務論

第七章から第十章でみてきたような諸見解の失敗に対し、いわば政治的責務論の最後の砦として持ち出されるのが正義の自然的義務論である。その内容は次のようにまとめられよう。正義に適った政治体制を支持遵守し自らの負担を担うこと、また、一定の矩を超えない範囲で不正な法に対してこれにたてつくことをせず、正義に適った政治体制の設立を支援すること、の二点である。支配的見解（例えばA・シモンズ、W・エドマンドソンによる位置づけ）では、正義の自然的義務論の最大の動機は、取引論的正当化の失敗を克服する一方で、連帯責務論（連帯論的正当化）に陥ることをも回避すべく、（国民相互の同意のみでなく公共財の便益の受領によってもなされうる、責務の熟慮を経た自発的な引き受けだけではなく）そもそも国民による紐帯の形成に訴えかけずとも、政治的責務の正当化に成功しうる道筋を探ることである。

正義の自然的義務からの政治的責務の正当化の議論をまとめると以下のとおりである。「特定の国民は、全体として概して正義に見合った政治体制の下で組織された政府の行う決定に対しては、これを遵守支持し（comply with and support）なければならず、不服従を行って足を引っ張るようなまねをしてはならない。国民のこのような義務は、国民の同意や公共財の便益の受領などの意思の有無によらず存在する。その理由は以下のとおりである。第一に、相互扶助、生命や身体などの深刻な危険にさらされている他者への救護などの義務、他者に危害を与えることの禁止などの正義原理を特定の国家において実現するためには、正義原理は自ら自己を実現することができない以上、集合的決定を行いこれを執行するルールを定めた政治制度が存在し安定的に存立することが不可欠であるからである。第二に、いまだ正義に反する法がまかり通っている国家において、正義原理に即した政治体制を形成するためには、国民が自らの道徳的信念に従って法を無視するのではなく、改善のために協力することが必要であるからである」。正義の自然的義務からの議論の基本動機の一つは、上述の公平性論の失敗に対処すべく、いかに責務主体の便益の受領によらず政治的責務を正当化するか、にある。その際に一つの焦点になるのは、政治的責務が、正義に見合っている政府であればどれにでも従うべきであるというのではなく、とくに自らの属する国家の国民あるいはその政府に対してのみ特別に負う協力ないし服従責務であることである（第一章で述べたように、シモンズはこれを「個別性の要請」〔Simmons 1979, pp. 31-35〕と呼ぶ）。

一　正義と現実の統治のへだたり――ロールズ

J・ロールズによる正義の自然的義務論で注目すべき点は、それが政治体制の正当化とは別個に、その政治体制の下における集合的決定に対する服従責務の正当化を特別に行う必要を認めない（したがって、正義原理に著しく抵触する政治体制に対しては〔たとえ国民全員が同意や便益の受領を通じて自発的に責務引受けを行うことが現実にあったとしてもなお〕そもそも政治的責務は存在しえない）とする点である。

ロールズは公平性論が政治的責務の正当化に失敗するゆえんを以下のように示している（Rawls 1999, pp. 336-337）。一つは社会的協働の恩恵を被ってもその返報を渋ることは、利己的人間にとっては合理的である。もう一つは自分が協力した場合に、他の国民の裏切りによって、自分の負担が便益と結びつかないことになり、あるいは便益が得られたとしても「ただ乗り」した国民だけうまい汁を吸うことになって、いずれにしても結局、馬鹿をみるのは耐え難いと考えて、はじめから協力を拒む行動をとったとしても無理はない。いずれにしても実際に社会的協働の便益を受領して協力の意思を示す場合にのみ存在する責務にのみ依拠しては、社会的協働は成り立たない。政治的責務の正当化に成功するためには、利己的動機に基づく行動を規制する、さらに他人が従う動機をもつか否かにかかわらず従われるべき道徳原理に訴える必要がある。ロールズにとって正義の二原理こそがそれである。

しかし何がその道徳原理であるべきかをめぐってはさまざまな正義構想相互の間で論争があることは言うまでもない。そして政治的責務の正当化の困難は、我々の利己的動機や他人の協力の保証を確保することの困難だけではなく、我々が正しいと考えないような構想に基づく決定に対しても服従する動機をもたないことによっても存在するはずである。このような疑問に対して『正義論』のロールズ（Rawls 1999）は、誰もが受容すべき正義構想の探求と政治的責務の正当化とを区別する。つまり、正義基準をめぐる論争において特定の基準が支持されるべき根拠（原初状態において合理的個人が行う仮説的合意に基づく正義原理の選択）を示すことと、その正義基準の実現において特定の国家の政府の決定に包括的に支持を与え服従すべき理由を明らかにすることとは、別立てで行われる。したがって国民全体としてなされる集合的決定に従う政治的責務が問題となる直接の動機は何が統治原理であるのかについての論争――井上達夫においては、正義の普遍主義的要請の下で対立する正義構想相互でなされる論争――そのものではなく、純粋手続的正義である正義原理と不完全手続的正義である憲法とのへだたり、より端的には実際の政治体制の下では、純粋手続的正義に基づく集合的決定は実現不可能であり、多数決主義を採用せざるをえないことにある。

ロールズは、正義を実現する政治体制が多数決主義を採り、国民はその決定に服従する義務を負うこと、つまり正義の自然的義務自体が、正義の二原理と並んで、原初状態における合意に依拠して導出しうるものと考えている。

したがってロールズにおいて、政治的責務は正義に著しく抵触するものであってはならず、政府の決定（典型的には立法）への服従が過度の犠牲を強いるものである場合、また決定への服従の負担が国民の間でほぼ均等に分配されているのでない場合には、政治的責務は存在せず、不服従が許容されるより有力な根拠が与えられることになる。

二　正義の適用問題としての政治的責務問題――ウォルドロン

J・ウォルドロンの自然的義務論（Waldron 1993）は、ロールズの政治的責務問題すなわち正統性問題の動機の限定を継承している。(1) 彼において正統性問題とは正義の実現のために特定の土地と国民のみに対して、他の主体を上回る最高の権力を有する国家が必要であるのがなぜかを明らかにすること――このような問いとして理解された個別性の要請の充足――である。ウォルドロンはこの個別性が、国民の自由意志による同意や便益の受領などによる服従責務引受けによってしか根拠づけられないとするシモンズの主張を斥けることを企図する。

ウォルドロンの議論の中心的動機は、政治的責務の正当化を、国家に対する忠誠（alligiance）の問題から政治制度の適用（application）の問題へ転換することである（ibid., pp. 7-8）。議論は三段階に分けられる。第一に、ウォルドロンはまず普遍化可能性を有する正義原理が、実際には適用範囲の制限を暗黙のうちに含むものであること、またそれが許容されることを指摘する（ウォルドロンは、父親が自分の子どもに向かって「めいめいにケーキを均等に分けなさい」と言ったところで、それを見ていた隣人の子どもが自分もケーキの分配に加えろ、そうしないのは道徳的に恣意的な区別に基づいており不当だと難じた場合、隣人の子どもにケーキを分けないのは必ずしも正義に反するとは言えないとする）(2) 政治的責務の正当化において、我々が正義に見合う政治体制をとる国家ならどこに対しても服従責務を負うのではなく、とくに自らが属する国家の政府に対してのみ特別の責務を負うことを示す必要があるという条件（「個別性の要請」）の充足を、このような正義原理（分配的正義）に内在する適用範囲の限定性によって説明するのである。ウォルドロンの考えるところでは、その理由は、我々が自らのもつ資源の分配に日常的に強い利害関心を有する人々との間での正義の実現を、そうでない人々とのそれより優先することが望ましいことに求められる(ibid., pp. 12-15)。[3][4]

第二に、このような正義原理の実現のために、特定の領域のみを統治する政府が正義の適用範囲の内にある人々に対してその執行を行う権限をもつ（さらに適用範囲の外にある外国人に対してその執行を阻害する行為を禁止する）ことが正当化される（ibid., pp. 15-19）。[5]その上で最後に、同じ程度、実効的な複数の（可能な）政府が並び立つ場合に、いずれの政府に支持服従義務を負うかが問題になる。しかし、ここで支持服従義務を正当化するのはもはや国民の同意や便益の受領である必要はない。車が右側通行か左側通行かを決める例で典型的に論じられる調整問題の解決と同様、いずれか一つの政府のみが統治する状態がもたらされればよく、それはどちらが当該領域で「顕著なsalient」（他の制度の挑戦を受けない、多数の同意が民主的政治過程で確保されている）統治かだけを考慮すれば足りる（ibid., pp. 18-27）。

しかし、特定の領域に適用範囲が制限された正義原理を実現する安定的執行権の必要性に訴えるこの議論は、我々の自らの国家の政府に対する特別な忠誠の説明としては甚だ不十分である。ウォルドロンの議論では、我々は自ら選んだ統治者に対しても不当な征服により統治者になった者に対しても、正義を安定的に執行している限り同様に忠誠を尽くすべきことになるだけでなく、より実効的に統治する者が現れれば既存の政府から乗り換えることも正当化されてしまう（Wellman and Simmons 2005, pp. 173-174）。このような不自然な帰結を招くのは、正義の自然的義務論に、統治者と被治者の間の支配服従関係が成り立った経緯や、統治者が自らの決定が正義であると誠実に信じているものと被治者が見なしうるための条件に対しての関心が乏しすぎるからである。

三　よきサマリヤ人の義務からの議論――ウェルマン

これに対して、ロールズやウォルドロンとはまた異なった路線での正義の自然的義務論の代表が、C・ウェルマンの議論である。ウェルマンは、他者危害原理ではなく「よきサマリヤ人の義務」を範型とする「他者への便益」原理（以下「他者便益原理」）こそ、リベラリズムを規定する基底的な道徳原理であると主張し、他者便益原理に基づく相互扶助義務と他者便益原理とを満たす財の分配を実現するために国家が不可欠であることに訴えて、国民の政府に対する支持服従責務を正当化する。

近時ウェルマンは、よきサマリヤ人の義務の議論、通りがかりの他人が危難に遭遇しているところでは、自らに過重な負担を強いるのでなければ、救護する義務が存在するのであり、その義務の存在は、その人が自分と特別の取引関係にあるか否か、またその人に連帯意識をもつか否かに左右されない、という道徳原理から政治的責務を正当化しようとする（Wellman 1996; 2001; Wellman and Simmons 2005）。ウェルマンは、国家は、自然状態において我々が遭う危難（例えば統一的な司法権の不在により諸個人が各々自らが正しいと考えるが相互に対立する道徳原理を適用しようとして生じる紛争、私的復讐の連鎖による秩序の動揺など）を回避するために必要な統治を行うものであるとする一方で、政府がその目的の実現のために自らの決定を強制する権限を有することを正当化するのは、我々が統治の恩恵を被ったことではなく、我々が他者を危難から救済する義務を有していることである、と主張する。ただし、よきサマリヤ人の義務は、政府が決定権と強制力行使の権限を独占する支配権を有し、国民がその安定的存立を阻害しないことが要請されることは示せても、国民が政府の決定一般に服従する責務を負うことまでは正当化できないことを、ウェルマンは認める。公平性論の検討で論じたように、国民一人ひとりの不服従はそれ自体では統治の安定を危うくする影響力をもちえないからである。しかしウェルマンは、政府が我々のよきサマリヤ人の義務を実際に遂行する任務を果たしている限り、他の国民が政府に対して協力しているのに自分だけ協力しないのは「ただ乗り」であり不公平である、として、よきサマリヤ人の義務に公平性論を組み合わせることで、政治的責務を正当化することができると論じる（Wellman 2001）。また政治的責務が同じ国民に対する特別の責務であることは、既に実効的な支配を行っている政府こそ、上記の危難を最も有効に解決するからである（したがって飢餓など、より重要性の高い危難からの救済の義務との関係で、政治的責務の拘束力や国家の支配権は相対的でありうる）[6]。

しかしシモンズは、このようなウェルマンの議論を以下のように批判する（Wellman and Simmons 2005, Ch. 6, esp. 179-188）。第一に、救護義務を理由に認めうる政府の支配権は、既存の国家の統治一般を裏付けるほど広範なものではありえない。自然状態の危難の回避の要請は、国防や治安維持などの最低限の公共財の供給や、国民一般に拘束力をもった指令を下しうる紛争解決過程が必要であることまでは示しうるとしても、それ以上の正義（なかでも分配的正義）の実現のための強制までも正当化できるかどうかは極めて論争的である。第二に、シモンズは救護義務は、基本的には誰が危難に直面しているか、そして自分こそが相手を救護する必要があることをはっきり認識できるような、対面的な関係において成り立つものであり、顔も名前も一生知ることのない同じ国家の他の国民に対する義務を救護義務だけで説明することには無理がある、と考える。対面的関係における個別的義務とも、世界中の危難に遭った人間一般に対する普遍的義務とも違う形で、既存の国家への国民の服従責務の正当化に見合うよう救護義務を論じようとすることは、やはり恣意的の誹りを免れない。

このようにして、ウォルドロン、そして目下最も有望視されるウェルマンの議論の双方とも、政治的責務の正当化には失敗しているという判断を下さざるをえない。正義の自然的義務論が目指していたところを再度確認しておきたい。これらは、シモンズの正当化問題と正統性問題とを截然と区別する立場を斥け、正当化根拠となる自然的義務により政治的責務の正当化をも賄うことを期すものであった。そこでは個別性の要請も相対化されるだけでなく、政治的責務の正当化と市民的不服従の正当化とも連続的に捉えられることになる。このために、これらの論者は正義の自然的義務という普遍的義務から、実行可能性などに頼ることで実質的に個別的な義務を括り出そうとしてきたのであった。正義の自然的義務論同士の間に、これ以外の共通点は見出せないので、それらの批判は基本的に個別にその限界を指摘することによらなければならない。しかし他方で正義の自然的義務論一般が抱える限界として、個別性の要請を満たす政治的責務を普遍的義務のみから導くことに、そもそも無理があることを認識すべきではないだろうか。

第十一章　注

（1）『正義論』におけるロールズの自然的義務論と自然的義務論へのシモンズの批判をかわすことを試みるウォルドロンは、実際に政治的責務が問題となる（＝悪法状況）のは、多数決原理によってなされる立法に少数者が服従すべき根拠が問われる場面においてであると考えている。しかし、多数決原理による決定がそもそも尊重に値するゆえんについて、両者には相違がある。ロールズの場合、政治的責務が問題になるのは彼の正義構想と実際の集合的決定を規制する憲法との不可避の乖離においてのみであり、正義構想をめぐる哲学的論争においてではない。ウォルドロンの場合、ロールズと異なり、正義構想相互の論争の下で特定の正義構想を支持する集合的決定がなされた場合にこの決定に服従すべきか否かも政治的責務の問題に含まれるとする一方で、正義原理の適用範囲が自らの属する特定の国家にのみ限定されることが、正義の普遍化可能性に必ずしも反するものではないこと、正義原理は自らを執行する力をもたず、強制力とそれを独占する政府を要し、それが実効的であるための制度的条件の保持に全員が協力すべきであることを主張する。

（2）　敢えて指摘するなら、普遍化可能性はこの父親が、隣人が自分の子どもにも同様に「めいめいに分けなさい」と主張することにコミットしていれば満たされるので、ウォルドロンには普遍化可能性を不偏性と混同している嫌疑が生じる。相手が自分の子どもであるかどうかが道徳的に恣意的な区別でなければ、行為者相対性を認めることに問題はないが、まさにそれが道徳的に恣意的な区別でないことを示すことの要請こそ、シモンズの「個別性の要請」である。親子関係のような直観的に明らかな事例ならばともかく、政治的責務の個別性の要請を正当化せよという批判に対して、自分が属しているかどうかが行為者相対性を正当化する恣意的でない差異だとのみ主張するのは、応答になっていない。しかし、ウォルドロンは、行為者相対性を認めない限り、そもそもケーキの分配それ自体が（ケーキが有限である以上）不可能となるのと同様、個別性を容認しない限り、我々は正義への第一歩も踏み出しえない、そのことは経験上明らかであると主張しているのである。

（3）　正義原理の適用範囲の限定性の正当性について、A・ゲワースも同様の議論を（普遍主義的倫理が倫理的特殊主義を正当化する根拠をめぐって）展開している（Gewirth 1988）。ゲワースは、行動の自由と人間の生活における基本財（生命・身体の健全・精神の安定）、目的達成と行為能力の維持に必要な非基本財、さらにそれらの涵養に必要な付加的な財の三つの財に対して与えられる平等な権利は人間の普遍的権利であると考え、自由と財が個々人の生の一貫性に則して実現されることを要求する包括的一貫性の原理（Principle of Generic Consistency）は普遍主義的倫理原理であるとする。しかし、第一に、普遍的原理の実現は特定の社会制度においてなされること、さらに第二に、より重要なことは、包括的一貫性のあり方は制度に属する諸個人に応じて異なることにより、普遍主義的倫理原理の適用範囲が限定されること（倫理的特殊主義）は正当である（許容されるだけでなく、むしろそうあるべきである）、と論じる（ibid., pp. 289-292）。

（4）　ただし、正義原理の適用範囲の限定性は特定の政治共同体の紐帯を必ずしも支持するものではない。我々のこれまでの日常的な政治実践においてたまたま国家が、隣人間の、つまり地域的に限定された政治制度における統合と結びつくということでしかない。また既存の国家を超えた地域的統合（EU、地域的経済ブロック、複数国家に跨がる民族の紐帯）、問題に応じた国家を超えた正義原理の適用（南北問題）などに抵触しても、帰属する国家の政治的責務を果たすことを正当化するものではないし、外国人の遵法責務を免じるものでもない。

（5）この議論は、統治の必要から政治的責務を正当化するT・オノレ（Honoré 1981）にも見られる。

（6）この点に関して、ウォルドロンとウェルマンに加えてR・グディンの割当責任論（Goodin 1988）に触れることが有益である。グディンは、功利主義に基づいて次のように主張する。我々は功利主義によって、他者の厚生について等しい配慮を差し向ける普遍的義務を負っており、対象となる他者が自分とどれだけ離れた所にいるかといった事情は原理的には道徳的義務にとってイレレヴァントである。しかし、実際には我々は見知らぬ人間にまで薄く広く配慮を求められるよりは、身近な人間により濃厚な配慮を向けるときのほうが配慮を働かせやすい。また各人が自分の（物理的ないし心理的に）近くにいる他者を本来の普遍的義務が求めるよりも強く配慮し、その厚生の実現に責任をもつほうが効率よく世界全体の厚生が実現される。勿論基本となる普遍的義務よりも強いレベルの配慮が近くにいる（典型的には家族や国家といった集団に属する）他者になされるべきであることになるが、その義務の根拠はもともとの普遍的義務と異ならない。

グディンは以上のような割当責任論によって、我々が自分が属する共同体の構成員の厚生を強く配慮すること、自分が属する共同体への特別な配慮の義務を負うことを正当化する。重要なのは、この特別の配慮の義務はあくまで普遍的義務を割り当て直したものでしかなく、結局個別性の要請に適う政治的責務の正当化には成功していないことである（と言っても、グディンも割当責務論によって個別性の要請を満たす議論をしようと意図しているわけではない）。しかしグディンが普遍的義務である正義の自然的義務から出発して個別性の要請を満たすに至らなかったのであるならば、同様に普遍的義務であるよきサマリヤ人の義務（とそれに基づく他者便益原理）から出発して政治的責務の正当化を試みるウェルマンの議論も個別性の要請を満たしえないのではないか。

第十二章　統治者に対する敬譲

第七章から第十一章までの議論に基づくならば、同意理論も、連帯責務論も、帰結主義的正当化も、公平性論も、正義の自然的義務論も、みな政治的責務の正当化に成功していない。もちろん、一部の国民が政治的責務を負う可能性はある。国民となることに明示的に同意している場合や、国家が提供する公共財の便益を受領している場合には、政治的責務を引き受けたことになる。しかし、現実に全ての国民が同意や便益の受領を行っているわけではない。そうである以上、同意理論や公平性論は、第一章三で示した一般性の条件を満たさない。

他方で、正義の自然的義務論の場合、個別性の要請を満たさない。概して正義に適合している政治体制を支持し服従する義務があるということであれば、支持服従の対象は、我々が属している国家でなくても構わないことになる。例えば、自国の法に抵触する他国の法が存在するとしよう。他国の法のほうがより一層正義に適合しているので、そちらに従い自国の法に背いたとしても、正義の自然的義務に反したことにはならない。自国の法と抵触する条約や国際機関の決定でも同様である。例えば、国際人権規約で認められている公務員のストライキの権利に基づいて、ある公務員がストライキを行ったとしよう。公務員のストライキの権利を認めることが正義に適っているのであれば、その者の行動は正義の自然的義務に見合うものとなる。しかし、その者の振る舞いは国民としての義務に反するだろう。したがって、正義の自然的義務論は、政治的責務を正当化する議論としては不適切である。

政治的責務の正当化の多くが失敗しているという我々の診断に対して、疑念をもつ向きもあるかもしれない。

「政治的責務は道徳的には正当化されない」ということで本当によいのか。政治的責務の正当化が失敗するということは、国民の国家に対する不服従や、公共財形成・供給のための社会的協働に対する非協力が、際限なく許容されるということなのではないか。そういうことでは、政治秩序は成り立たないのではないか。そうであるとすれば、我々の診断はどこかで間違っていたのではないか。

これまでの議論から明らかなように、A・シモンズもまた、これまで検討した政治的責務論が成功していないという我々の診断結果を共有している。しかし彼は、政治的責務なくして政治秩序なしとは考えない。いったい、どういうことか。彼は次のように説く。政治的責務は、あくまで我々に当てはまるものと考えられている道徳的義務の一つでしかない。政治的責務がなかったとしても、ほかにも道徳的義務が存在するのである。そうである以上、政治的責務が正当化されないからと言って、不服従や社会的協働への非協力が許容されることにつながるとは限らない。

例えば、政治的責務がなくとも、正義に適合する政治体制を、過大な負担のかからない範囲で支持し、その発展に寄与する自然的義務がなくなるわけではない。ただ、その義務の射程が自国にとどまらないということであるにすぎない。また、政治的責務がなくとも、不服従が無際限に認められることにはならない。他人に不利益をもたらすことは、より強い理由がなくては道徳的に許されない。これは不服従でも同様である。他人に不利益をもたらす不服従は、その不利益を上回る理由がない限りは許されない。さらに、暴行、殺人、詐欺、窃盗など、いわゆる「自然犯」については、政治的責務が存在すると否とにかかわらず、政府による取締りに服すべきである。交通法規など、社会全体で行動を一致させることを目的とする法や政策についても、それらに違背する振る舞い――いわゆる「法定犯」――は制限されるべきであろう。しかし以上のような道徳的義務は、我々の属する国家に対してのみ成り立つものではなく、国民相互の特別の紐帯を根拠とするものでもない。外国人や外国政府に対しても当てはまるものである。

一言でまとめれば、国民全員が一定の関係性の下にあるとしても、その関係性に道徳的意味を見出すことはできない——正確に言えば、見出す根拠となるべき道徳原理はいまだ存在していない——が、だからと言ってあらゆる不服従が認められることにはならないということである。この見解こそ、シモンズが「哲学的アナーキズム」と呼ぶものにほかならない(1)。

それでは、我々はシモンズの「哲学的アナーキズム」の軍門に下ることになるのだろうか。結論から言えば、そういうことにはならない。政治的責務の正当化に成功する道筋はまだ存在する。敬譲論こそがそれである。本章の主目的は、敬譲論がいかに有望であるか、また敬譲論からいかなる含意——とくに制度構想上の含意——が引き出せるかを示すことにある。

しかし、その議論を行う前に、政治的責務の正当化が失敗することが、いかなる帰結をもたらすのかについて、さらに考えることにしたい。政治的責務が正当化されないということは、いつ何時でも不服従が認められるということではなく、我々の行為は政治的責務以外の道徳的制約に服するというのが、シモンズの見解であった。それでは、政府がもつ権限についてはどうなるのか。とくに国民全体としての決定を行いそれを強制する権限、つまり支配権は、政治的責務が正当化されない以上、同じく正当化されないということになるのだろうか。それとも政治的責務が正当化されずとも、支配権が正当化される余地は存在するのだろうか。一で扱うのは、後者の見解を擁護する議論(以下「支配権論」と呼ぶ)である。支配権論は、政治的責務の正当化については、おおむねシモンズの診断に同意するが、政府の支配権は別途正当化されうるとする。その正当化根拠とは何であろうか。そして、そもそも政治的責務の正当化と政府の支配権のそれとを分けて議論することに、どのような理論的意義があるのだろうか。これらの問いに取り組むことで、政府と国民との関係が、国民相互の関係とは異なる道徳的意味をもちうるということを示すのが、**一**の狙いである。

二では、**一**の議論を受けて、感謝からの議論（以下「感謝論」と呼ぶ）を立ち入って検討する。政府と国民の関係が、国民相互の関係とは別のものであるとして、前者の関係を描き出す手がかりを得るために、感謝論は有益である。なぜなら、感謝論の核心――「政治的責務とは、国家からの恩恵に対する報恩である」という主張――には、国民相互では成り立たない恩が、国家に対しては成り立つという発想があるからである。この点を確認した上で、感謝論が政治的責務の正当化に成功しているかどうかをみることにしたい。

三以下では、支配権論と感謝論の批判的検討を踏まえて、敬譲論の内容と魅力について説明し、敬譲論に見合う制度構想について若干瞥見することにしたい。

一　支配権論

シモンズは『道徳原理と政治的責務』で公平性論の失敗を指摘する際に、以下のように述べている。公平性論が成功するためには、国民が公共財の溢出効果により便益をただ与えられるまま享受するのではなく、便益を自発的、意図的に受領し政治的責務を引き受けることが必要である。しかし、実際には我々のほとんどはそのような態度をとっていない。「少なくとも多くの市民は、自らが享受している便益にほとんど気づいていない（し、自らが享受する便益について考えることを嫌がっているように見える）。さらにより多くの市民は、重税や国外での「治安活動」における戦闘を含む兵役、あるいは私的な娯楽にまで立ち入って制約する不当な法に直面して、むしろ政府から享受する便益は、自分たちが支払わされている対価に見合わないと考えている。……しかも民主的な政治共同体においてすら、〔国家がもたらす公共財の〕便益は、仲間である市民との間の協働の成果から受領するものというより、中央政府から（税金を支払って）購入するものと一般に考えられていることを認めなくてはならない。例えば、もし享受した便益について我々に負い目があるとしても、それは我々の周りにいる人々に対してではなく、政府に対してであると感じているかもしれない」（Simmons 1979, p. 139、補足横濱）。我々も、このような現状認識を基本的に共有する。このような国家観が支配的な状況では、政府の活動を国民相互の社会的協働の一環と捉えたり、国民が支持服従するところにはじめて成り立つものであると考えたりするような政治的責務論は、受容され難い。政府は、国民にとって必要だと信じるサービスを提供する。それは政府の任務である。国民はそのサービスを享受し対価を払う消費者である。政府のサービスのうち、欲しいものは対価を支払って手に入れればよい。そうでないものにまで対価を支払うべきかどうか。それが問題である。

しかし、政府は国民へのサービス提供者であり、国民は対価を支払ってそれを受け取る、という国家観を採ったからと言って、シモンズの哲学的アナーキズムに与することになるわけではない。むしろこのような考え方に相即的なのは、国民が服従責務を負うか否かにかかわらず、政府には国民に必要な便益を供給する任務があり、その任務の遂行のために必要な権限が政府に与えられるべきである、という立場のほうである。哲学的アナーキズムのように、政府の決定に服すべきかどうかは、個々に道徳的要請相互の比較衡量により判断されなくてはならない、とすると、国民に道徳的考慮の負担がより多くかかり、安心してサービスを享受できないだろう。

そうであるとすれば、政治的責務を否定しながら、政府のサービス提供者としての地位を安定的に認める立場を、別途検討すべきであろう。本節で取り上げる、R・サートリアスやW・エドマンドソンによる支配権の正当化の議論こそ、それである。彼らが共有する主張をまとめれば、次のようになる。シモンズらは既存の政治的責務の正当化はみな失敗していると診断するが、政治的責務の否定は必ずしも政府の支配権（right to rule）の否定にはつながらない。政府の支配権は、政治的決定を行う権限や、決定を実行するための強制力行使の権限を中心とするが、それらは、政府の決定に対して国民が包括的服従責務を負うかどうかとは相関しない。後者が否定されたとしても、前者の根拠を別個に問題する意義が存在する（Sartorius 1981; Edmundson 1998）。

支配権論は、政治的責務あるいは遵法責務の正当化根拠である正統性原理によって、政治秩序、法秩序の成り立ちを解明しようとする我々の基本的な見地に挑戦する議論でもある。したがって、この挑戦をいかにして克服しうるかを示しておく必要がある。

1　相関性否定論の定式化──サートリアス

サートリアス「政治的権威と政治的責務」（Sartorius 1981）によると、政治的権威は、政治的責務と相関するものとしては捉えず、強制力行使の権利の独占（他の主体の簒奪を許さないこと）など、私人にはもちえない政府（公人）の支配権（right to rule）として理解されるべきである。一方で、政府の支配権は、安全や秩序維持、調整問題の解決、基本的自由の保護、立法、司法、法の強制などの手続の安定的存立など、政府の下で生活する市民にとって必要な基本善を供給する（基本善の分配を保障する）任務を果たす上で欠かせないものであり、この必要が支配権の正当化の根拠になる。したがって、政府の支配権の必要の根拠である、市民の基本善供給に著しく怠らない限り──何が基本善かをめぐってリバタリアンとリベラルとの間に争いがあるとしても──、現実に存在する特定の政府の支配権は正当化される。

他方、政治的責務については、サートリアスは他の政治哲学者と同様、正当化に成功しないと考える。実際に政治的責務が正当化されないところで政府の任務の円滑な実現が図られるのは、国民が事実上有している──その根拠を道徳的に示すことはできない──信頼（trust）に依拠している。

サートリアスがこのような議論を行う意図は、以下の三点にあると考えられる。

①　政治的責務が正当化されないことが、市民生活にとって必要な財を供給する政府の支配権の否定にまでつながらないように、後者の正当化を前者の正当化から分離し避難させること。

②　①に依拠して、政治的責務がなくても、正当化された支配権の下で政治秩序の著しい混乱と市民の多大な不利益が生じないことを示し、政治的責務の成功を目指して、自由意志による（voluntary）責務引受け（責務の根拠となる国民相互の道徳的関係に自ら望んでコミットしなければ、その主体には責務は生じない）の枠組みを逸脱する議論（公平性の議論を後ろ楯にしない暗黙の同意による正当化や連帯責務の議論、正義の自然的義務の議論など）を予め牽制すること。例えば、正義の自然的義務の議論を以下のように斥けることができる。正義の自然的義務の議論は、正義の実現のために国民の政府に対する支持とその指示に対する服従が不可欠であり、このことから遵法責務が正当化されると考えるが、正義の実現は、全員が常に全ての法を支持・遵守しなくてもなされうる。政府による正義の実現の要請はせいぜい支配権の正当化の根拠にしかならず、遵法責務までは正当化できない。

③　②をより一般化し、政治的責務が存在するか否かにかかわらず、支配権を正当化された政府が基本善を実現し安定的統治を行う余地を残すことにより、個々人が政治的責務を真に引き受ける動機は本当はそれほど大きくなく、政治的責務の正当化はより困難であることを明らかにすること。

このサートリアスらの政治的権威と政治的責務の相関性の否定は、以下のような含意を有する。サートリアスらの議論においては、支配権の行使が有効になされるために必要とされる一般的遵守（compliance）――政府の決定あるいは法に対する遵守とは、第一章で述べたように、決定や法に指令されたからそれらの言うとおりにするという行為あるいは態度ではなく、行為理由いかんによらずどのような事情であれ指令に抵触しないように行動している場合を指す――は、政治的責務の正当化の射程には含まれない。なぜそう考えられるのか。なぜ支配権の有効な行使の担保となる遵守について、それを政治的責務として論じなくてよいのか。支配権は遵守にしか相関せずそこでは法が我々の行為や判断を指導（guide）するものとして捉えられていない、という定義を持ち出すだけでは応答にならない。サートリアスらの基本的動機は、政府の支配権の根拠である基本善の保護は、市民が相互に負担を分かち合うべき共同事業ではなく、市民社会から付託を受けた政府が、市民が服従責務を負おうと負うまいと、強制力行使を通じて実現しなくてはならず、その責任は市民相互に共有あるいは分配されるのではなく、政府が一手に担うべきものだという認識にあると考えられる。

以上のような議論に基づけば、たとえ政治的責務が正当化されなくても、政府は基本善の保護の任務を有することは変わらず、政府が自らの有する支配権によってこの任務を遂行しようとするのに対し、国民が支配権の行使を阻害しない程度の一般的遵守を行っているところでは、国民の生活には大した不都合は生じない以上、政治的責務の正当化を問題にすべき実践的動機はそもそも乏しい、ということになるであろう。

2　服従の非合理性と権威の正当化——エドマンドソン

エドマンドソンは、サートリアスらが導入した権威と責務の相関性の否定を定式化する一方で、相関性否定の最善の議論を抽出するために、以下のような概念整理を行う（Edmundson 1998）。まずエドマンドソンは、権威と責務の相関性の主張をより立ち入って分析し、それが次の二つの前提の上に立つ議論であることを指摘する（ibid., p. 38）。

(a)　強い権威テーゼ　　権威であること（したがって正統性を有する権威であることが可能であること）は、その被治者（subjects）に服従責務が作り出されることを主張することを含意する。

(b)　強い正統性テーゼ　　正統性を有する権威であることは、その被治者に服従責務を作り出すことを含意する。

これに対して、1のサートリアスらは、権威であることが含意するのは、その権威的指令を実効的に執行することを正当化する一般的権利の主張だけであり、権威が主張するのはその客体の服従責務ではなく客体から一定の行動を引き出すことが道徳的に許容されるということのみである、と考えている。そこでは、政治的権威は政府がその決定を実効的に執行するために必要な影響力つまりは強制力の行使が道徳的に許容されるための一つの正当化根拠を与えるにすぎず、政治的責務（の主張）を伴わない。エドマンドソンはこのような考え方を、上述の二つのテーゼと対置させる形で次のようにまとめる（ibid., p. 40）。

(c)　弱い権威テーゼ　　権威であることは、その権威的指令を実効的に執行することを正当化する一般的権利を主張することを含意する。

(d)　弱い正統性テーゼ　　正統性を有する権威であることは、その権威的指令を実効的に執行することを正当化する一般的権利を有することを含意する。

このような権威と責務の相関性を自明のものと考えるこれまでの権威概念に対して疑問を投げかける相関性否定論に対して、J・ラズは既に『法の権威』において、権威が単に実効的影響力の行使の権利のみにとどまり、被治者の行為理由に何ら働きかけを有さないと考えることは、単なる力と権威の意味の違いを看過するものであるとして不満を示している（Raz 1979, pp. 5–11; 1986, p. 48）。エドマンドソンは、権威と責務の相関性を否定しつつ、なおこのようなラズの不満を（限定的に）酌む議論が可能であるとする。つまり権威と服従責務の相関を否定しつつ、権威と権威による実効的執行を妨害しない、さらに強制しうる義務との相関を認める立場が成り立ちうると説き、この立場を穏当な権威テーゼ、穏当な正統性テーゼとしてまとめる（Edmundson 1998, p. 42）。

(e)　穏当な権威テーゼ　　権威であることは、その権威的指令により、権威による実効的執行を妨害しない強制可能な義務が作り出されることを主張することを含意する。

(f)　穏当な正統性テーゼ　正統性を有する権威であることは、その権威的指令により、権威による実効的執行を妨害しない強制可能な義務が作り出されることを含意する。

エドマンドソンは以上のような権威概念の分類を行った上で、一般に(a)が(b)を、(c)が(d)を、(e)が(f)を含意するという考え方が暗黙のうちに前提とされていると指摘する。この暗黙の前提を「保証テーゼ」と呼び、以下のように定式化する。

(z)　保証テーゼ　もしXであることがΦを主張することを含意するのであれば、正統性を有するXであることはΦであることを真に主張することを含意する。

エドマンドソンの権威と責務の相関性の否定の一つの目標は、(z)を拒否することにある。彼の立場を示すには、やはりラズの権威論と比較しながら行うのがわかりやすいであろう。『法の権威』においてラズは、統治者の政治的権威と被治者の政治的責務とは概念必然的に相関するという立場つまり上述の(a)・(b)に与する。その上で統治者の決定について、内容の是非によらず服従すべき理由を示す正統性問題への応答は、権威服従がより合理的であることの説明――ラズの場合には決定に服従することが被治者の一階の行為理由により見合っていることの説明――によってなされるべきであると考える。これに対して、エドマンドソンは、一方で権威は概念必然的に被治者の行為理由への働きかけをもつものであるとするラズの見解には従うべきと考え、権威は服従責務を主張するとする(a)のテーゼに支持を与える。しかし他方権威の正当化の条件に関してラズと袂を分かち、権威の正当化と服従責務の正当化とを区別し、前者については権威が被治者に正しい理由を提示していることは必要でなく、自らが正しいことを誠実に主張し、また実際に権威の判断が正しい理由に近接しているだけで足りるとする（これは、我々が自らの判断によらず理論的権威の忠告に従うことが合理的であるためには、それが真理であることを必要とせず、自らが真理であることを誠実に主張していることと真理に近接していることで足りるのと同様である)。順番を逆にして言い直すと、政治的権威を正しい行為理由を実際に常に提示するものとして理解しない代わりに、権威服従の合理性も常には担保できない、という見方を採るのである。

エドマンドソンの議論を検討する上で問題とすべきはやはり、ここで言われている政治的権威とは何か、そもそも服従責務と切り離して権威を論じることにどのような意味があるのか、という点である。エドマンドソンはサートリアスらの相関性否定論を継承し、政治的権威は政府による決定権と強制力行使の権限の独占つまり支配権（エドマンドソンは「統治大権〔administrative prerogative〕」と称している）であると考える。支配権の存立には被治者の積極的な服従は必要ではなく、統治者が（実定法の裏付けなしに有する）決定権（その中核は立法権）と、自らの決定の具体的事例において安定的に執行するために必要な権限、なかでも強制力行使の権限とを行使すること自体を阻害されないこと（被治者が個々の制裁をうまく免れて自らに不利な決定に違背することは許容される）だけで足りるのである。

しかしエドマンドソンがラズの権威と責務を相関的に捉える立場を斥けたことに対しては、D・レフコヴィッツも指摘するとおり（Lefkowitz 2004, pp. 415-427)、以下のような疑問が向けられるべきであろう。一方で、シモンズと同様、政府の決定一般について、決定の内容の善し悪しによらず、服従する責務である政治的責務は実際には正当化されえないと考え、被治者は個々の決定の内容の善し悪しや他の道徳的要請との優劣を考えて行為すべきであるとしながら、他方で、なぜ政治的権威については統治者がどのような内容の決定を行おうとも、内容独立的に正当化されうるとすることができるのか（逆に支配権を阻害することが許容されるかどうかも決定の内容に依存的に決まると考えてなぜいけないのか)、十分な根拠が与えられていない。この点で、ラズの強い権威テーゼを受容したエドマンドソンには、弱い権威テーゼにしかコミットしないサートリアスにはない弱点が存在するのである。

3　相関性否定論の意義

1に述べたように、権威と責務の相関性の否定は、基本的に政治秩序の成り立ちを政治的責務の正当化根拠である正統性原理により明らかにする立場を拒否する。サートリアスの場合は、政治秩序が成り立つためには、政府に基本権保護の任務遂行のために必要な決定権や強制力行使の権限が安定的に与えられることだけで十分であり、全ての国民が全ての決定に服従する責務である政治的責務が存在する必要はない。また被治者は決定に対して理由をもって従う、つまり服従する必要はなく、単に制裁を被らない範囲で決定に沿って行動する遵守のみ行っていれば足りる。エドマンドソンは、政治的権威は服従行為の合理性を担保しえないが、ラズとは異なり、そのことだけで政治的権威が正当化されえなくなると考えるべきではなく、自らが正しいことを誠実に主張しまた実際に正しい理由に近接していれば権威の正当化には足りると考えるべきとする。そこでは、権威の正当化は被治者の服従責務の正当化とは、少なくとも直接には結びつかない。やはりここでも、政治的責務の正当化根拠としての正統性原理への関心は失われる。

しかし以上の支配権論の基本的前提、すなわち政治的責務を、政府を中心とする政治的権威が被治者に正しい理由を提供し服従行為の合理性が担保されるところではじめて存在する、という発想そのものに対して疑問が向けられるべきであると、我々は考える。そしてこの支配権論の発想の誤りの所在を明らかにする示唆が、市民的不服従者が政治的権威に対していかなる態度を採るかをみることによって得られると考える。例えば、ガンジーは自らの不服従について以下のように述べている。「農民の〔インド藍農園主からの不当な扱いによる〕惨状を調査し、農民を助けたいという自分の良心と、法を守らなくてはならない、という良心との間で悩んでおります。この二つの義務感の矛盾のために私は自分から〔農園を〕退去することはできません。私を退去させる責任を行政にお任せし、私の取るべき態度は、不服従のための罰を抗議する事なくみずから引き受けることです。私は法を無視するのでない。しかし我々の存在からひびいてくるもっと高い法、すなわち良心の声に従っているのです」（長崎 1996、120頁、傍点引用者）。ソクラテスの場合も、彼が訴えられたことには、アテナイの内戦下で統治を安定させようとした政権指導者アニュトスの意向が働いていたと言われている。つまり三十人僭主を打倒し亡命民主派による政権（十人会）を打ち立てたアニュトスが、いまだ前政権との抗争が続くなかで、三十人政権に加わっていたクリティアスとは師弟関係にあったソクラテスとその問答を、政権を脅かす危険のあるものと見なしていたのである（加来 2004、64-82頁）。そうであるとすると、アニュトスは政権の安定のために、冤罪で訴追してでもソクラテスの（潜在的な）政治的影響力を殺ぐか、彼をアテナイから追放する必要があっただろう。ソクラテスはこの事情を知っていたはずであり、しかしそれでもなお上記のガンジーと同様に「弁明」において良心を貫き通したのである。

ガンジーやソクラテスは、統治者が被治者の服従責務の存在いかん、またそれを正当化する理由の存在いかんによらず政治的権威として果たすべき役割や満たすべき条件があること、時には統治者が、少なくとも被治者の観点からは、正しい理由に基づくものであると考えることにより困難な行動をとらざるをえなくなること、を十分に認識している。だからと言ってガンジーやソクラテスは自由に自分の良心にのみ基づいて行為してよいことになるとは考えていないし、さらに自らの属する国家のために統治者の決定を是正すべく不服従に訴えて異議申立てを行うことが無為となってしまうとも考えない。なぜであろうか。そもそも政治的責務は、政治的権威により服従責務に見合う理由を与えられることにより成り立つのではなく、統治者が一定の道徳的態度をもってその任務を遂行することに対して被治者が敬意を有することにより成り立つものなのではないか。

本節冒頭で述べたように権威と責務の相関性を否定する議論は、国民が、国家の供給するサービスを税金を対価として支払い購入する消費者となっている、あるいは政府の決定や法に理由をもって服従する主体ではなく、政府の強制力行使によりその行動を統制される対象となっている、現在の政治状況をよく反映するものである。統治者の任務、そしてその遂行のために彼らがもつ権能や影響力は被治者のそれと比して圧倒的に大きく、両者を、同じ国家に属し政治秩序が成立するために必要な負担をともに分かち合う同胞として捉えることには奇異の感を抱かれることのほうが多いであろう。しかし統治者と被治者で置かれている政治的、社会的条件が圧倒的に異なる状況であっても、過誤を行った統治者に対して、ただその「首を切る」だけでなく、被治者が一定の敬意を払って服従する、あるいは市民的不服従を含む異議申立てに訴えることの道徳的、政治的意義、つまり正統性に関心を払う意義は失われないと考える。三で扱うP・ソウパーの敬譲論は、政治的責務をこのような被治者の統治者に対する敬譲として捉え、道徳的に正当化しようとするものである。

二　感謝論

1　ソクラテスの感謝論

ソクラテスが『クリトン』において政治的責務の正当化理論として、国民相互の同意に基づく正当化、不服従がもたらす破壊的帰結からの議論と並んで示したのが、国民の国家に対する感謝からの議論である。『クリトン』には以下のように述べられている。「われわれ〔国法〕によって生みつけられ扶養され教育されて来たくせに、お前〔アテナイの市民〕は第一、お前もお前の祖先もわれわれの生みの子としてまた臣下としてわれわれに属することを否認するような真似が出来るのか。またもしそうだとすると、どうしてお前はわれわれと同等の権利を持っていると信じたり、われわれがお前に加えようとすることは、お前もまたこれをわれわれに加え返す権利があると思ったりすることができるのか。お前は父親に対しても——もしまたお前に主人があったならば——主人に対しても、決して同等の権利を持っていなかったはずだ。従ってお前は彼から仕向けられたことはこれを仕返し、罵られたときには罵り返し、殴たれたときには殴ちかえし、その他多くの類似の仕打ちをしていいわけではなかった。それだのに祖国と国法とに対してはそういう仕打ちがお前に許されるとでも思っているのか」（プラトン 1964、80頁）。ソクラテスの議論の骨格は以下のようにまとめられるだろう。我々には自らを生み養い育ててくれた親に対する感謝の義務が存在するが、このことと類比的に、我々は自らが生まれ育ち生活していくために必要な便益をもたらす国家に対して感謝する義務を有する。この感謝の義務により、政治的責務が根拠づけられる。

ソクラテスが政治的責務の正当化において国家に対する感謝を持ち出す際に、親に対する子の感謝との類比を用いたことについては、既に多くの批判がなされている。批判の要点を確認するために、A・ウーズリーの『法と服従』（Woozley 1979）における感謝論の批判的検討を見るのが有益であろう。ウーズリーは、ソクラテスの感謝論には以下の二つの正当化原理が混在しているとする。

⑴　子の親に対する感謝との類比からの議論

子は成長する過程で、望むと望まぬとによらず、親から食事や衣服や住まう家を与えられ、病気の時には看病され、教育を受ける。子は親からもたらされた、また自力で賄うことができないこれらの便益に対して、感謝し返報する義務を負う。このこととの類比で、我々が、望むと望まぬとによらず、自らの属する国家から、法の支配や安全、教育や財産権の保護など、我々の社会を生きるに値するものとするのに大きく寄与する便益を享受している以上、その恩恵に対して国家に返報する義務を有していることが根拠づけられ、この義務に基づいて政治的責務が正当化される（ibid., pp. 64-66）。

しかし子の親に対する義務は、単に恩恵に対する返報ではなく、むしろ家族愛を基底にした家族の構成員に対する特別の配慮に基づくものとして理解するのが適切である。親は単に自力で生育のための環境を用意することができない存在一般に対する配慮をたまたま身近にいる我が子に向ける、というわけではなく、我が子だからこそその必要を満たしてやるのである。子も自らに対する愛着を動機にしてなされた特別の配慮に対してこそ、感謝を示すのである。したがって、親が全く子の養育を放棄していればその子の親に対する感謝の義務はなくなるだろうが、だからと言って、怠慢あるいは知識の不足などにより親が生育のために必要な条件を十分に子に与えなかったとしても、それだけで子の親に対する義務がなくなると考えるのはやや無理があるだろう。これに対して、国家とその国民との関係に家族愛ないしそれに類比される紐帯を見出すのは、第八章の連帯責務論の批判において述べたように不適切である。国家がその国民に対してもたらす便益とそれに対する感謝の感情は、より一般的なものである。すなわち親に対する子の感謝の義務と国家に対するその国民の感謝の義務は、自分が望むと望まぬとによらずもたらされる、自力では賄いきれない便益に対するものである点では似通うが、便益の付与とその恩恵に対する感謝がなされる動機が大きく異なるため、両者の間の類比に依拠して政治的責務を正当化するのは適切でない（ibid., pp. 67–68）。

⑵　親の子に対する権威の類比からの議論

ソクラテスの議論には、親から恩恵を被った子と類比的に、国家から便益を受けた国民が返報の義務を怠って法に服従しないのは道徳に反するという考え方のみではなく、そもそも親と子とは権威的関係にあり両者を道徳的に対称的に扱うべきではなく、親が子に不正を行ったからといって、子が親に不正をもって報いることはしてはならないように、政府が不正な決定を行った場合でも国民はこれに背くことで報いてはならない、という考え方も含まれているように読める。この考え方は、国家は国民から服従される権利を有しており、国民は国家がどのような不正を行いどのような不利益をもたらしたとしても不服従を行うことが許されない、という極めて権威主義的な国家観につながる。ウーズリーは、この考え方は、ソクラテス自身が『弁明』で、市民に不服従の権利さらに義務すら認めていることと抵触するとして、この部分にはソクラテスの真意は示されていないと解釈する（Woozley 1979, pp. 70-71）。

2　シモンズの再定式化と感謝論批判

以上のように、国家に対してその国民が感謝する義務を親と子の関係になぞらえることで裏付けようとする議論は、限界を抱えている。しかしシモンズも言うように、国家に対する感謝を根拠に政治的責務を正当化するために、子の親に対する感謝との類比は必要ではない。シモンズによれば感謝論の核心は、我々は、犠牲や損失を負うことで我々に助力し便益をもたらしてくれた他人に対して感謝し、それに返報（requital）する義務を負うのであり、その義務を果たさないことは恩知らずとして道徳的に非難されるべきである、という考え方にある（Simmons 1979, p. 163, p. 168）。

他方、シモンズは感謝の義務を真正の道徳的要請と認めつつ、感謝論を政治的責務の十全な正当化として位置づけるためには哲学的に精緻化する必要があると考える。感謝の義務の成立いかんを分ける、また義務の内容を定める基本的条件を、「恩人（benefactor）による尽力」と「受益者に対する授益（services）」に置くシジウィックの考え方に従って、シモンズは、便益の享受に対する感謝の義務が成り立つためには、以下の五つの条件を満たすことが必要である、とする（ibid., pp. 170-179）。

(1)　受益者にもたらされる便益が恩人による特別の負担や犠牲によって生み出されたものであること。この条件を導入するに当たって、シモンズは便益に対して特別に「感謝の負い目（debt of gratitude）を負う」ことと、自らに便益がもたらされたことを単に「ありがたく思う（grateful）」こととは区別すべきであり、前者のみが感謝の義務の根拠たりうるとする。その上で、例えば、もし予定していた飛行機に乗っていたら墜落事故に遭遇したであろうところ、空港に向かうタクシーが渋滞に巻き込まれたおかげでその飛行機に乗らずに済んだ場合のように、我々の享受した便益を生み出すのに特別の負担や犠牲を必要としていない場合には、その便益をありがたく思うことはあったとしても、またそれが道徳的に望ましい態度であるとしても、便益をもたらした相手に感謝すべき負い目は負わないと論じる。

(2)　恩人が意図せず、自発的でなく、利己心から便益を与えたのではないこと。我々に感謝の義務が生じるためには、結果として我々に便益がもたらされたというのでは足りず、便益付与そのものを意図していたのでなくてはならない。例えば、脅されてなされた便益付与、政治家が選挙で得票することを目当てに便益を与える場合のように、自己利益を動機とする便益付与に対しては、(1)と同様、ありがたく思うことはあるとしても感謝の負い目は負わない。

(3)　無理矢理に便益を受領させられていないこと。医師により自由を奪われ強制的に薬の治験を受けさせられ、その結果持病が治った場合でも、その医師に対して感謝の義務は生じない(2)。

(4)　受益者がその便益を必要としていること。

(5)　受益者が特定の人間から便益を享受することを望んでいない場合、彼からもたらされた便益に対しては感謝の義務は生じない。例えば、世話になることを自分が望んでいない相手から便益を受けた場合、その者はその相手に対して感謝の義務を負わない。

このようにシモンズは、感謝の義務が成立する条件を（親子関係との類比などによることなく）厳密に規定し、この条件を国民にとって必要な財を供給する国家とそれを享受する国民との関係に当てはめることで、感謝論が政治的責務を正当化する道徳的議論の候補となりうることを示そうとする。しかし彼はその上で、感謝論は政治的責務の正当化には成功しないと主張する。その理由は主に二つある。①国家から受けた便益に対する感謝の義務と言うが、その感謝が政府の決定一般に対する服従として表されるべきであるとは必ずしも限らない。単に便益を生み出す際に生じた損失について、便益に応分の弁償をするのでは足りないのか。具体的に言えば、感謝の義務から引き出せるのは、政府の供給する財に対する対価として税金を支払うところまでで、それ以上に自分の利害や信念に反する決定への服従責務まで感謝の義務により根拠づけようとするのは無理があるのではないか（ibid., pp. 185–187）。②上述の感謝の義務が成り立つための条件のうち、⑴は国家とその国民の間では満たしえない。政府の供給する財を受ける人間の数が一人や二人増えようと政府が負う負担はほとんど変わらないのであり、政府が（国家全体ではなく）国家の個々の国民に対して便益を与えるために負う特別の負担や犠牲は微々たるものであって、個々の国民に感謝の義務を負わせるには到底不十分である（ibid., pp. 188–189）。

3　ウォーカーによる擁護とそれに対する反論

シモンズの感謝論の失敗の診断に対して、Ａ・ウォーカーが感謝論の擁護を試みている（Walker 1988）。ウォーカーによるシモンズ批判と感謝論擁護の主旨をまとめると、以下のとおりである。シモンズは感謝の義務の内容を便益に見合う返報と理解しているが、それは当を得ていない。受益者の恩人に対する感謝の義務が要請するのは、便益に見合う返報を行うことではなく、便益に対する正当な評価と、恩人に対する好意と敬意を明確に態度として示すこと、そしてこの態度と両立しない行動をとらないことである（ibid., p. 200）。ウォーカーはなかでも後者の、便益への評価の義務および恩人に対する好意と敬意と両立しない行動をとらない義務こそ、既存の感謝論批判が見逃しているところであり、ここに注目することで感謝論のもつ魅力を再評価することができると考える。

ウォーカーは、好意と両立しない行動をとらない義務から、以下の要請を引き出す。①恩人が困窮している時に、過大な負担を負わずに済む範囲で救援すること。②恩人からの法外でない依頼を聞き入れること。③恩人に危害を与えるあるいは恩人の利益に反する行動をとらないこと。④恩人の権利を尊重すること。

この四つの要請のうち、国家に対する感謝の義務の内容の理解に寄与するのは③である。国家から生活のために必要な便益を享受する国民は、恩を受けた国家に対する好意に基づいて、国家の利益に反する行動を慎む義務を有する。その上でウォーカーは、多くの場合政府の決定や法に従わないことは国家の利益に反するゆえに、国家に対する感謝の義務から政治的責務が正当化されるとする（ibid., pp. 202-205）。

繰り返しになるが、ウォーカーが再定式化する国家に対する感謝の義務の核心は、あくまで自らの属する国家に対する好意や敬意に基づいて、国家の利益に反しない行動をとることを要請するものであることにある。恩人に対する好意や敬意をもちそれに即した行動をとることの要請からすると、決定や法に違背する行為が、多くの場合国家に対する反感によって動機づけられるものでないことは、それだけでは恩知らずとの道徳的非難を免れさせるものではない。また同じ理由により、違背行為が多くの場合政治秩序に対して破壊的帰結をもたらさないからと言って、それが感謝の義務に抵触しないと言うこともできない（ibid., pp. 205-208）[3]。他方、不正な法に対する不服従は、それが自らの属する国家、あるいはその国民の生活の改善に寄与するのであれば、時に、政治的責務に合致しうると考える余地が存在するのである（ibid., p. 204）。

シモンズの感謝論批判に応答する上で勘所となるのは、恩人に対して好意と敬意をもつ義務の存否にとって、恩人が便益をもたらした動機が重要なのかどうかである。ウォーカーは我々に便益をもたらすにあたって、恩人にとくに負担や犠牲が生じなかったとしても、また恩人に便益を付与する意図がなかったとしても、そのことは恩人に感謝の義務を失わしめるものではないと述べる。例えば、海で溺れそうになっていたところを、船がたまたま通りかかり救助された場合、その船の乗組員に感謝の義務は生じないと考えるのは不自然であろう。むしろ問題とされるべきなのは、国家に対する感謝の義務が道徳的に根拠づけられるかどうかではなく、感謝論が政治的責務を裏付けるに足るほど強い好意や敬意をもつべき理由を示しうるかどうかである。

この点についてG・クロスコは、ウォーカーの論文に対するコメントで、感謝論の一番の難点は、国家のもたらした便益に対する感謝として、好意と敬意を有する義務だけでは、例えば兵役義務のような、重い負担を伴う政治的責務を根拠づけるには不十分であることにあると指摘し、感謝論が政治的責務の正当化に成功するためには、シモンズの言うように、便益の付与における特別の負担や犠牲の存在と、恩人の便益付与の意図の存在が欠かせないとする（Klosko 1989, p. 357）。

これに対してウォーカーは、国家に対する感謝の義務によって、どの程度の重い責務が根拠づけられるかを考える際に重要なのは、便益付与にかかる負担の大きさや便益付与の意図だけではなく、国家から受ける恩恵が受益者たる我々にとってどれほど切実であるかにも依存するのであり、秩序維持や国防、安全の確保など我々の生活に成り立つために基本的な財を供給する国家に対する感謝の義務は決して軽いものとはならないはずであると反論する（Walker 1989, pp. 363–364）。

4　感謝論の意義

シモンズ、およびクロスコの感謝論批判を評価するには、以下の二点を考慮する必要があると我々は考える。第一に、一方でとくに我々に向けられて便益を付与された場合と、他方で、他に目的があって行った行為が我々にも便益をもたらす、あるいはそもそもの行為の意図とは異なる帰結によりたまたま我々に便益がもたらされる場合とでは、少なくとも便益をもたらした側の心積もりは異なるであろう。後者の場合に受益者から感謝を示されることは、恩人の側に当惑や困惑が生じることが少なくない。つまり恩人の側からすると、自分自身がその行為に対して感謝されてしかるべきであるとは考えないし、受益者が感謝をせず好意や敬意を示さない場合に他人がそれを恩知らずとして非難するのは当を得ていても、自分自身が非難することが当然であると考えることにはためらいを感じるのが一般的であろう。シモンズの、「感謝の負い目を負う」べき場合と「ありがたく思う」ことが適切な場合とを分けるべきという主張に一定の理があるとすれば、それは以上のような事情による。とは言え、恩人自身が恩知らずと非難することが不自然であるからと言って、後者の場合には受益者に感謝の義務が存在しないとすることには無理があり、この点でウォーカーのシモンズ批判は当たっている。

さらにこの論点は、政治的責務の性質に関する根本的洞察につながりうる重要な問題と結びついている。シモンズとクロスコが、感謝論の成功条件として、恩人たる国家に便益付与のための特別な犠牲と負担が生じていること、そして便益付与が自発的、意図的に利己心に基づかずになされていることを求めたことの前提には、感謝の義務からの政治的責務の正当化が、受益者の恩人に対する義務の道徳的根拠だけでなく、受益者が感謝の義務を果たさなかった場合に、恩人自身が受益者から感謝を求める権利を有する道徳的根拠をも同時に示さねばならない、という暗黙の想定があると考えられる。しかしこの想定は決して自明ではない。確かに、シモンズが政治的責務論として最も説得的である（しかし正当化には成功しない）と考える同意理論も、クロスコの支持する公平性論も、国民が国家に対して政治的責務を負う道徳的根拠と、国家が国民に政治的責務を負うことを求める権利の根拠とを同時に与えるものではあったが、そのことは両者が別々であると考えることを認めるべきではない理由を与えるものではない。そして政治的責務の正当化にとって肝心なのは前者である。

第二に、国家に対する感謝が、兵役義務や国家による再分配や公共財供給の費用の調達のために重税を払う義務など、重い負担を負うべき理由を提供するには弱すぎる、というクロスコの不満に理があるかどうかを考えねばならない。クロスコの立場からすれば、重い負担を伴う政治的責務を正当化するためには、単に個々の国民が、与えられた便益に見合う感謝を示す義務を国家に対して負うという議論では足りず、国民相互の間で公共財供給スキームが成り立つために必要な負担を公平に分かち合うことを求める公平性原理が必要である、ということになるが、公平性論が誰にとっても必要不可欠な公共財の維持・供給に必要な社会的協働への協力以上の政治的責務の正当化に成功していないことは、第十章で既に確認したところである。それを踏まえれば、政治的責務が国家がもたらす便益に対応するものと考える限り、国民が負うべきものとして正当化しうる負担の範囲、つまりは服従責務の範囲は限定されることを率直に認めるべきであろう。したがって感謝論もまた政治的責務の正当化には成功していない、と我々は診断する。

しかしその上でなお問題にすべきなのは、そもそも政治的責務を、国家あるいは他の国民が払った犠牲や損失に見合う負担として捉えることが適切であるかどうかである。政治的責務を、政府の決定や法が求めてくる負担を負う場面において理解するのではなく、むしろ政府の決定や法が我々の信念と衝突する場合でも、なおそれを尊重し自らが正しいと信じるところに従って行為する自律を犠牲にする場面をこそ中心において問題にすべきなのではないか。そこでは政治的責務において強いられる負担の軽重は、そのままでは正当化の成否、射程を分けるものとはならない。このような政治的責務の捉え直しを行おうとする議論こそ、**三**で扱うソウパーの敬譲論である。

三　統治者に対する敬譲

1　統治者に対する敬譲とは何か

政治的責務とは統治者に対する敬譲である。これがP・ソウパーの政治的責務論の核心である。それでは、統治者に対する敬譲とは何か。まずは、ソウパー自身の議論をまとめておこう。彼の基本的発想は、『法の理論』

(Soper 1984) において提示されている。ソウパーはそこで次のように論じる。政治的責務とは、被治者からする、統治者への「相互的敬意 (mutual respect)」の下で成立する。「相互的敬意」は以下のような内容を有している。第一に、統治は国民の誰もが必要とするものである。第二に、しかしながら、統治者がどのような統治を行っていたとしても、被治者の「相互的敬意」に値するわけではない。統治者は、正義に適っていると誠実に信じるところに従って統治していなくてはならない。ソウパーの言葉を借りれば、「誠実な正義要求 (claim of justice in good faith)」を行っていることが必要である。第三に、統治者が誠実な正義要求を行っている限りは、被治者は統治者の判断に敬意を示さなくてはならない。その理由は、統治者と被治者との間での反事実的立場交換とそれに基づく相互性にある。被治者が統治者の立場になったと考えてみよう。正義だと誠実に信じるところに従って統治しているのに、国民がそれに対して全く敬意を払わず、各自が正しいと考える行為をし始めたとしたらどうだろうか。納得がいかないのではないか。統治者として誠実に任務遂行しているのだから、相応の扱いをしてほしいと思うのではないか。もしそうだとすれば、被治者も統治者に対して同様の扱いをすべきである。つまり、統治者の判断が被治者の道徳的信念と抵触するとしても、それだけの理由で統治者に服従しないということは許されない (ibid., pp. 78-84)。

ソウパーは、この発想を『敬譲の倫理』(Soper 2002) でより詳細に展開する。彼は、そこで「敬譲 (deference)」の概念を持ち出し、政治的責務を正当化しようとする。「敬譲」とは、相手の判断を尊重し自らの信念を犠牲にする態度である。そして、政治的責務とは、統治者の命令にただただ随順することを求めるものではない。統治者が誤った判断を行っているとしても、自らの信念を枉げてその判断を尊重する、このような敬譲こそが要請されるのである (ibid., pp. xii-xiii)。

命令と服従の関係では、服従者の信念に照らして、命令者が行う判断が正しいかどうかは、服従すべきかどうかを判断する際に問題とならない。命令は命令であるから服従する、というのが適切な態度である。(4) したがって、政治的責務を統治者の命令に服従する責務として理解する限り、誤っていると信じつつ従うべきか否か思い悩む被治者の姿に目を向ける必要はない。命令された行為を行うべき理由があるかどうか、あるいは自らの判断を交えず命令に服従すべき理由があるかどうかが問題となる。

しかし、政治的責務を敬譲として理解する場合は、話が違ってくる。統治者が誤った判断をしていると個々の国民が信じているにもかかわらず、敢えてその信念に背いて、統治者の判断を尊重する理由があるかどうか。政治的責務の正当化で問われるべきなのは、この問いである。この問いに答える際の焦点は、自分の判断を交えずに政治的判断のとおりに振る舞う理由ではない。政治的判断を尊重し自分の信念を犠牲にすることは、自ら正しいと信じたところに従って行為する自律に抵触する。それにもかかわらず、なおそのような振る舞いが道徳的理由に適うとすればそれはなぜか、である。つまり自律を上回る敬譲の理由を示すことが、政治的責務の正当化の課題である。(5)

2　敬譲の理由とは何か

それでは、被治者はなぜ統治者に対して敬譲を示すべきなのだろうか。敬譲の道徳的理由とは何か。この問いに答えるに当たって、ソウパーは、以下の二つの区別を導入する。第一は、敬譲の道具的理由と内在的理由の区別である。道具的理由で敬譲を示すのは、例えば、友人関係を維持することにより得られる利得を当てにしていて、関係にひびが入ることを恐れ、友人の判断を尊重して行動するような場合である。そこでは、他人の判断を尊重する人間関係そのものの価値ではなく、尊重することによって保持あるいは増進される別の価値の考慮によって、敬譲の理由が与えられる。これに対して、内在的理由で敬譲を示すのは、他人の判断を尊重する人間関係一般が、それ自体として有する価値に基づく場合である。例えば、カントの定言命法の第二式「汝の人格やほかのあらゆるひとの人格のうちにある人間性を、いつも同時に目的として扱い、決して単に手段としてのみ扱わないように行為せよ」に基づいて、他人の判断を尊重する場合がこれに当たる。

第二に、敬譲が客観的に正しい場合と主観的に正しい場合の区別である。つまり、客観的理由があって敬譲を示す場合と、主観的理由で敬譲を示す場合とが区別される。先に主観的理由で敬譲を示す場合について説明しよう。例えば、互いに相手の判断を常に尊重し合い、自分の考えを押し通すことをしないような友人関係は、馴れ合いでしかなく、客観的価値はないのだとしよう。そうであるにもかかわらず、我々が友人の判断を常に尊重すべきだと考えているとすれば、そのような敬譲は主観的理由に基づく。そのような状況では、敬譲は客観的には誤りであるが、我々はそのような態度が正しいと信じているのである。ソウパーは、敬譲の主観的理由のうち重要なものとして、自尊（self-respect）を挙げている。我々の見解が客観的には誤りであるとしても、自分の立場が正しいか間違っているか不安で腰が座らず変節を繰り返す場合と、一貫して立場を守り続けた場合とでは、後者のほうが、自尊に照らして、道徳的により望ましいとされるのである（Soper 2002, pp. 24-27）。

如上の区別に基づくと、敬譲としての政治的責務はどのように正当化されることになるか。ソウパーによれば、それは以下のごとくである。まず、敬譲の理由は、内在的で主観的なものである。自分の信念を犠牲にしても他人の判断を尊重してこれに従う敬譲が、自律を上回るだけの道徳的理由を有するのはなぜか。第一に、互いに敬譲を示し合う関係そのものが内在的価値を有するからである。そして第二に、統治者と被治者の関係にコミットしてしまっている以上、その関係が時に客観的に望ましくない性質を帯びることがあったとしても、あるいは関係が客観的に望ましいかどうか争われていたとしても、安易にコミットメントを翻すのは、一貫性に反するからである。

それでは、敬譲としての政治的責務の正当化根拠は何か。我々は基本善を保護する統治を必要としている。そうである以上、その統治のなかでなされた判断が、客観的に言って道徳的に正しいものでなくても、これを尊重すべきである。なぜなら、統治を必要とし、統治者と被治者の関係にコミットしながら、統治者の判断が不正だと信じるときだけ尊重しないのは、一貫性を欠くからだ。このように、被治者としてのコミットメントに基づく敬譲の内在的主観的理由により、政治的責務が正当化されるのである（ibid., pp. 162-167）。

3　ソウパーの敬譲論の限界

しかし、『敬譲の倫理』におけるソウパーの政治的責務の正当化には難点がある。それは次のような問いにまとめられるだろう。「敬譲の理由は、基本善なのか、一貫性なのか」。

繰り返しになるが、ソウパーによれば、我々が統治者と被治者の関係にコミットする経緯は、基本善を保護する統治の必要にある。誰もが基本善保護を必要としている以上、それを実現するための関係にコミットせざるをえない。コミットしたからには、統治者の判断が客観的に正しいときだけ尊重する、というのは一貫性を欠く。しかし、このような議論による限り、統治者と被治者の関係にコミットする経緯は、他のものであっても構わないはずである。被治者の精神的自由を著しく侵害しているが、十分な生活保障を行っており、全ての被治者が必要性を認めている統治者を考えてみよう。基本善保護という条件からすれば、この統治者に対して敬譲を示すべきではないはずである。しかし、一貫性からすれば、統治者の判断がいかに基本善に背くものでも、敬譲を示すべきだということになる。この場合、ソウパーは政治的責務の存在を認めるべきなのだろうか。

試みに、敬譲の理由として基本善保護を重視し、基本善保護を行わない統治者には政治的責務はないという理解をとってみよう。この理解は、正義の自然的義務論の一つにほかならない。第十一章の議論を思い出してほしい。「正義に従うことは全ての人間の自然的義務である、さらに、正義を実現するために政府が必要不可欠である以上、各々が属する国の政府に支持協力し従うこともまた、自然的義務である」というのが、正義の自然的義務論の中心的主張であった。ここで、「正義」を「基本善」に置き換えれば、ソウパーの議論の内実とほぼ同じものが出来上がる。違うのは、政府が実現すべき正義の中身を、ソウパーがより特定している、という点だけである。そして、この理解は、正義の自然的義務論が抱えていた限界を共有せざるをえない。つまり、概して正義に適った統治を行っている国であれば、どの国に従ったとしても、正義の自然的義務には反しない。それでは、自らの国家に対する特別の責務として政治的責務の性格は、汲み取りきれないのである。

一方、敬譲の理由として一貫性を重視する理解をとってみることにしよう。そうすると今度は、あまりに不正な統治者に対しても、政治的責務が存在することになってしまう。権威主義的統治でも、軍事独裁でも、それらが失われることで無秩序状態に陥るおそれがあることを考えれば、また別の形でよりよき統治がなされる可能性が低いことを考えれば、全ての被治者が必要を認めざるをえない、ということはありうるだろう。しかし、このような統治を尊重することが道徳に適うと本当に言えるだろうか。

このように考えてくると、ソウパーの敬譲論の狙いは、より一層明確になってくる。彼が一貫性だけではなく、基本善保護を条件としたのは、敬譲の条件をより厳格化し、あまり不正な統治者に対する政治的責務を否定するためである。しかし、我々のみるところ、ソウパーの敬譲論の狙いは成功していない。彼の議論の根幹は一貫性による正当化にあり、基本善保護は正当化の射程を限定するために外挿されているにすぎない。一貫性と基本善保護とを内在的に結びつける議論がない限りは、上記の限界は克服できないだろう。

4　限界をいかに克服するか

それでは、敬譲として政治的責務を正当化する道を諦めなくてはならないのだろうか。我々はそうは考えない。限界を克服する手がかりは、『法の理論』においてソウパー自身が示している。「もし法体系が統治者の自己利益のみに基づいており、道徳的には法体系を受容すべきではないのだが、他のさまざまな〔打算的〕理由によって受容し続けているのだ、と統治者がおおっぴらに認める場合には、統治者と〔統治者の決定に〕反対する被治者との間に、それ以上の対話が成り立つ余地が失われてしまう」(Soper 1984, p. 39、補足・傍点横濱)。

この部分を踏まえて、我々は次のように考える。敬譲論を成功させるための鍵は、統治者の正義要求が、何を含んでいるかを考えることにある。統治者が正義要求を行っていると言える条件として、統治者が自らの信念に誠実であることだけでは十分ではない。自らに反対する被治者との対話に備えることも必要である。そのためには、自らの判断にいかなる反対意見が出されうるかを想定し、その意見に対して自らを弁護する理由を用意しておかなくてはならない(参照、横濱 2006、247頁)[6]。その備えがある限りは、被治者は統治者の判断を尊重すべきである。なぜか。その理由は以下の三点にまとめられよう。

①　統治の必要性

統治が実現すべき正義が何であるかが争われているとしても、何らかの正義を実現するための統治は必要であり、正義をめぐる論争の下で政治的決定を行うこともまた必要である。

②　正義要求を保障する制度

統治者が正義要求を行うためには、自らが正義であると信じるところに誠実に統治を行い、被治者からの反論に対し自らを弁護する理由を備えなくてはならない。このような統治者の判断を被治者は尊重すべきである。仮に立場が変わって被治者が統治者となり、正義要求を伴う自らの判断を尊重されなかったとしたら、その扱いは道徳に反すると考えるだろうからである。異議があるとしても、すぐさま自分が正しいと信じるところに従って行為してはならない。統治者の判断が備えている理由を十分に上回るだけの理由がない限り、その判断に従うべきである。そうでなくては、国民の誰が統治者になったとしても、統治者の判断は異議申立てに押しつぶされてしまうことになるだろう。

③　一貫性

統治者が正義要求を行うことを保障する制度は、全ての人間が必要とする。また、個々の国家で正義をめぐる論争のありようが異なるため、統治者が正義要求を行っていると言える条件もまた、個々の国家で異なる。個々の国家において正義要求を保障する制度が必要だと認める以上、国民はその国の統治者と被治者との関係にコミットすることになる。そこで、自らの信念に応じて統治者の判断を尊重したりしなかったりすることは、一貫性に欠ける。

本節を終えるにあたって、ソウパーの敬譲論の理論的意義と限界についてまとめておきたい。敬譲論の意義は、これまで扱ってきたほとんどの論者が政治的責務をもっぱら国民相互の関係からのみ理解していたのに対して、統治者と被治者の関係に基づく敬譲として政治的責務を捉えたことにある。しかしこの関係がもつ道徳的意義を十全に解明するためには、ソウパー自身の行っている議論は不完全である。単に基本善保護の必要と一貫性だけでは、政治的責務は適切な形で正当化されない。正義要求を保障する制度の必要を踏まえてこそ、十全な正当化がなされるのである。

四　民主制と敬譲――正義要求を保障する制度とは何か

三の要点を繰り返せば、第一に、正義要求とは、統治者が被治者からの異議に応答する理由を備えつつ、自らの判断が正義であると主張することである。そして第二に、統治者への敬譲の道徳的理由の核心は、正義要求を保障する制度の必要にある。

ここで問われるべきは、正義要求を保障する制度とは具体的に何かである。敬譲論に最も適合的な政治体制が民主制であることは疑いない。国民全員に統治者の立場に立つ権利が与えられているところでこそ、被治者と統治者の立場交換の仮想が切実となるからだ。(7) しかし、どのような民主制か。

本節では、井上達夫によって展開された批判的民主主義論を検討し、それを踏まえて我々の規範的民主制論を示す。そのことで、政治的責務の正当化が成功するために、どのような制度的条件が必要かを明らかにしたい。

1　批判的民主主義論の背景(8)

井上の批判的民主主義論の中心的主張を一言でまとめれば、次のようになる。民主制の理想は二つある。第一に、国民が有するさまざまな利益や意見を主張しうるアリーナを作ることである。第二に、多数者が数の力で少数者の利益や意見を度外視する「多数の専制」に対して、少数者に拒否権を留保することにある。

批判的民主主義論は、統治構造一般に関わる制度構想である。しかし、とりわけ立法過程をめぐる既存の民主制が抱える限界を意識したものとなっている。批判的民主主義論の中身を述べる前に、その理論的背景について言及しておきたい。

(1)　公法学における法の支配論

改めて述べるまでもなく、公法学（とくに憲法学と行政法学）において、法の支配の理念の下での統治権限の分配に対する関心から、立法とは何かについて極めて多くの議論がなされてきている。ここでは、近時の日本における議論展開について簡単に触れておく。高橋和之は、法の支配の内容は、「正しい法の制定」の保障と「法の忠実な執行」にあるとし、「正しい法の制定」の役割は、議院内閣制の下では議会と内閣においてなされる「政治」に割り振られる、とみる（高橋 2006、第1章）。これに対して司法における人権実現を重視する佐藤幸治らは、高橋が司法による法秩序形成の意義を十分に捉えていない、と反論した（佐藤 2002、第1章：土井 1998）。両者の違いの核心は、憲法による統治のコントロールを、主として議院内閣制の下での立法に着目して描くか、あるいは裁判所による争訟解決の場面を注目して理解するか、という点にある。さらに、行政国家現象の下で、国民の利益実現を日々行っているのが行政であることを真剣に受け止めるのであれば、法の支配を、単に立法権と行政権と司法権の間の相互抑制としてのみ理解するのは不十分であり、議会と行政府と裁判所の「協働」による「正しい法」の存立こそ、法の支配の要諦である、という主張がなされている（参照、宍戸 2009、37-42頁：村西 2011、157-167頁：中川 2011、120-121頁））。

これらの議論は、統治機構論における権力分立のあり方、さらに現実の統治を望ましい法的統制に服せしめるために、いかなる実効的な制度を与えうるかを、公法学的に探究するものである。しかし如上の問いに終局的な解答を与えるためには、何にどのような権限を付与すべきかだけでなく、望ましい立法の指針を提示する必要がある(9)。つまり、「正しい法」とは何か、そして政府が「正しい法」を定立していくために、いかに振る舞うべきか、が問われなくてはならない。井上の批判的民主主義論は、何が「正しい法」であるか国民に意見対立があるなかで、反対者もまた立法過程の結果に服従すべきなのはいつかを示そうとする。すなわち立法の正統性条件を明らかにするものである。

(2)　政治学における民主制論

一方で、議会と行政府の権限配分のみでなく選挙制度をも含む、望ましい民主的立法過程とは何かについて、政治学に膨大な議論蓄積があることも、改めて指摘するまでもない。例えば、J・シュンペーターにおいては、「民主主義的方法とは、政治的決定に至るために、個々人が国民の投票を得るための競争を行うことを通じて決定権を得るような制度的装置である」（Schumpeter 1942, p. 250）とされる。彼は、民主制を、選挙を通じてリーダーシップを獲得するための競争と捉えた。他方、A・レイプハルトは、成員が根源的利益対立の下にある集団に属している社会において、各々の利益を代表する者同士の競争と妥協の過程として、民主制を捉えた（多極共存デモクラシー）。ここでは集団の利益をよりよく反映し、彼らの利益を犠牲の少ない形で調停することこそが、民主制の眼目となる（Lijphart 2012, Chs. 15–16）。

しかし、そもそもなぜ民主制なのか。社会全体で民主的決定を行う場合、全員一致がまず不可能であることは言うまでもない。どのような決定方式を採ったとしても、反対派の利益実現を少なからず犠牲にすることになる。また、国民相互で争われるのは、民主的決定により実現される各々の利益の多寡だけではない。社会全体で尊重されるべき価値とは何かをめぐっても対立する。このような場合、民主的決定は、しばしば反対派の価値観とより深刻に衝突することになる（井上 1999、91–93頁）。それでは、利益対立や価値対立下でなされる民主的決定に対して、反対派はなぜ従わなくてはならないのか。その主な理由が、対立を調停する仕組みとして民主制がもつ魅力にあるということであれば、民主制の魅力とはいったい何なのか。

2　批判的民主主義とは何か

それでは井上の批判的民主主義とは何か。その勘所をまとめてみよう。

(1)　民主制の正当化根拠

なぜ民主制なのかが、現在においても問われるべき問いであることを1で述べた。その解答をなすには、民主制一般が目指す核心的目標を示す必要がある。井上が挙げるのは、前述のように、「社会の対立諸力の解放」と「多数者の専制に対する少数者の拒否権」である（井上 2011、214–215頁）。国民の間にはさまざまな利益や意見（以下両者をまとめて「立場」と呼ぶ）が存在する。民主制の目標は、それらを折り合わせて合意に至らせることにあるわけではない。各々が自らの立場を活発に主張し、互いに論争し自らの正当性を競い合うことにある。なぜ諸立場の競争が必要なのか。そしてなぜ少数者にその結果に対する一定の拒否権を与えるべきなのか。その主な理由は次のとおりである。まず、競争により、各々の立場を反対者に正当化すると同時に、反対者の立場を批判して自らの優越性を裏付ける議論を、より整合的に提示する誘因が生み出されることである。そして、支持者の数で劣っていて、競争相手となる力を十分に有していない少数者に拒否権を与えることで、少数者にも競争に加わるための制度的資源を公平に与えることである。

⑵　批判的民主主義の要諦

「社会の対立諸力の解放」と「多数者の専制に対する少数者の拒否権」は、あらゆる民主制理解に通底していなくてはならない共通条件である。それでは、この共通条件に合致する民主制理解のなかで優れているものは何だろうか。

優れた民主制理解とは何かを明らかにする上で、最も大切な問いは、次のものである。国民の間に立場対立があるなかで、民主的決定が反対者も従うに値するものとなる（これを「正統性を有する」と言う）のはいかにしてか。例えば、自由市場を通じたモノやヒトの交換の結果、貧富の格差が拡がったとしても、あるいは地域の人々のつながりが失われたとしても、それは公正であるという立場は、それなりの説得力をもつ。他方で、人間として最低限満足のいく生活のために、一定の安定的雇用や収入、互いの生き方を尊重し合える人間関係が不可欠であり、社会全体でそれらを保障すべきであるという立場も、少なからぬ人々が支持しているであろう。両者の立場は相互に対立するだけでなく、双方に対して相当程度の正当化根拠を提示しうる。そして、市場における財の分配に対して我々がいかに対応すべきか、全員が一致して正しいと認める解答を行うことは、ほとんど不可能と言ってよい。

この状況で民主的決定が正統性を有する条件とは何か。肝心なのは、社会全体で合意形成がなされたことだけでは、合意内容に正統性を与える根拠とはならない、ということである。なぜか。井上の挙げる理由をまとめれば以下の二つになる。

(A)　多数の専制の克服

社会全体の合意が全員一致では行われえない以上、合意を正統性根拠とすることは、多数者の少数者に対する支配に根拠を与えることである。しかし、前項で述べたように「多数の専制」を克服することが民主制論一般の課題であるとすれば、ある立場を支持した人間の数が多いことだけでは、それを反対者に強制する十分な理由を与ええない（井上 2011、214頁）。

(B)　少数者の「ごね得」の克服

合意形成過程で合意内容を左右する力をもつのは、多数者ばかりとは限らない。勢力分布次第では、また意思決定手続次第では、一部の少数者が合意が成立するか否かを左右する拒否権をもつことになりうる。彼らは、多数者への協力を拒否しない見返りとして、自らの立場により合致した政策を多数者から引き出すことができる。このような事態は、民主的決定に多数者のみでなく少数者の立場も、より多く反映されることが望ましいという考え方では、歓迎されるべきであろう。

しかし、井上は合意形成過程のなかで少数者が拒否権を有することには否定的である。なぜか。最大の理由は、多数者が拒否権を楯にごねる少数者の意向を汲むことで、合意が無原則な妥協の産物となり、合意内容に対する説明責任が果たされなくなる危険が大きいと考えるからである。

この点については説明が必要である。井上にとって、政治的決定とは、社会全体に当てはまる正義の内容を示すものであり、政治的対立とは、正義とは何かをめぐる国民相互の対立である。井上は、政治的対立の解決は、正義をめぐる対立の「公平な解決」として行われるべきであると考える（井上 2003b、第1章；2007）。

井上の言う「公平な解決」とは何か。主要な内容は三点にまとめられよう。①対立の解決がいかなる正義原理に基づくものであるか明らかにし、反対者からの批判に開かれたものとすること。②少数者であっても、数の劣位だけを理由に、正義探求の権利と責任を奪われてはならないこと。①と②から、多数者と少数者の妥協を優先する合意形成により、政治的決定が無原則なものとなり、多数者も少数者も自らの拠って立つ正義原理を明確にせずに済ませてはならないこととなる。③為政者も被治者も、対立の解決が正義を志向するものであることに責任をとり、他人任せにしないこと。この点について、井上は批判的民主主義の勘所の一つは、代表民主制の下で、被治者が「悪しき為政者の首を切る」責務を負うことであると説いている（井上 2011、217頁）。代表民主制とは、選出者たる被治者が、事前に被選出者たる為政者の政治的決定の内実を指定する命令委任的なものではない。為政者に政治的決定・正義探求を行わせてみた上で、その結果を後から評価し是正を図る責任を負うものである(10)。

①から③に通じる基本的な姿勢をまとめれば、以下のようになろう。民主制の要諦は、為政者と被治者が、自分で決めたことの責任を自分でとることである。為政者は多数派であれ少数派であれ自らの立場に反対する者たちに、その正当化根拠を説明する責任を負い、被治者たる国民はその責任を果たさない為政者を馘《くび》にする責任を負う。これらの責任を他人に押しつける「不公平」を決して許さないこと、この「責任主体としての国民」の考え方こそが、井上の批判的民主主義の基本動機である。

この動機からすれば、少数者が合意形成過程のなかで拒否権をもち、多数派に責任を押しつけておきながら、いわば「ごね得」で決定内容に自らの立場を反映させようとすることは、望ましくない。彼らの正義探求の権利は、民主的立法過程の外で保障される必要がある。井上はこのような理由から、違憲審査制を積極的に評価する。違憲審査制の目的は、多数者が数の力だけで少数者の基本権を侵害しないようにするための防波堤を用意することだけでなく、少数者が多数者とともに正義探求の公平な競争に加わるための資源を与えることにある。

3　代表制の意義

(1)　批判的民主主義論の理論的意義

批判的民主主義の中心的な内容を改めてまとめよう。井上にとって望ましい民主制とは、正義探求において為政者と被治者がそれぞれの責任をよりよく果たし、少数者が多数の専制に屈することなく、また、「ごね得」で甘い汁を吸うことなく、正義探求に加わるための権利を保障される政体である。

批判的民主主義論は、憲法学の法の支配論と政治学の民主制論を統合する理念を提示している。「正しい法」をめぐってさまざまな立場が公平に競争する場を制度的に保障することこそが法の支配の核心であり、違憲審査制はそれに照らして正当化される。そして民主制の眼目は、為政者が正義適合的に振る舞っているか否かを、被治者たる国民が批判的に精査する責任を負うことにある(11)。

(2)　代表制はなぜ必要か

民主制の目標たる「社会の対立諸力の解放」と「多数者の専制に対する少数者の拒否権」の両者を統合的に説明し、違憲審査制を民主制の意義に内在するものとして捉える批判的民主主義は、立憲民主主義の制度構想として極めて魅力的である。しかしそれでもなお、我々は批判的民主主義には容易には賛成し難い。最大の疑問は、民主制の下で被治者たる国民がいかなる責任を負うべきかにある。

この点に関わって、代表民主制の意義について、早川誠は以下のように述べている。「代表制は、いかなる意思も制度上ひとまず政治への反映を阻止される。市民の意志は、代表者を通して表明されなければならないからである。代表という制度を使うことで、意志は有権者から強制的に切り離されるのである。代表は有権者の意志を受け取りはするが、それでも代表者は有権者自身ではない。……だからこそ、代表は判断〔＝意志の不定型性を踏まえた、一般的な政策体系の形成〕の領域に踏み込むことができる。しかも意志をそのまま表現するわけにいかないからこそ、齟齬の解消のために民主的な議論が喚起され、活発な政治参加の必要も生じてくる。……代表制の特質は、そして代表制の意義は、直接民主制と比較して民意を反映しないことにあるのであり、民意を反映しないことによって民主主義を活発化させることにあるのである」（早川 2014、193-194頁、補足横濱）。

つまり代表民主制の勘所は、国民の「意志」と代表者の「判断」とを制度的に切り離して距離を置くことで、後者が前者を踏まえてなされるために、また前者を後者に配慮して表出するために、必要な議論が喚起されることにある。重要なのは、ここでは、前者と後者との間の「齟齬」を解消する動機を、国民と代表者の双方が有していることが前提となっていることである。つまり国民と代表者の「一体化」への希求があるからこそ、両者の間に制度的に生み出された「齟齬」が、政治的議論を活性化させるのである（早川 2014、200-201頁）。

批判的民主主義も早川の代表制論と共通の動機を有している。つまり、正義探求の活性化は批判的民主主義の主目標の一つである。問題は、批判的民主主義のもう一つの目標である、少数者の権利保障の扱いにある。違憲審査制による権利保障には、裁判官が民主的に選ばれた者でない以上、代表制下の「切断」による議論の活性化のメカニズムは働かないだろう。そうだとすると、違憲審査制の積極的評価と民主制の下での正義探求の活性化への期待とは相反しないのだろうか。違憲審査制は、上記の「判断」を議会が裁判所に丸投げしてしまう危険を孕んでいないだろうか。民主制が、国民と代表者の「切断」の契機と「一体化」の契機を併存させることで議論喚起を図ることを重視するのであれば、少数者の権利保障の仕組みも、民主的政治過程に部分的に内在させることが望ましいのではないか。

この問いは、議会立法を無効化しうるような、強い違憲審査制の是非をめぐる論争の一つの焦点をなしている。

そして、我々の見解は、強い違憲審査には消極的であるべき、というものである。その理論的根拠を明らかにするためには、規範的法実証主義の民主制論を説明する必要がある。以下で改めて議論しよう。

4　規範的法実証主義と違憲審査制批判(12)

(1)　規範的法実証主義とは何か

(a)　規範的法実証主義の目標

規範的法実証主義については、第二章でも言及した。簡単にまとめれば、それは、法と道徳の分離、すなわち「法内容の道徳的善し悪しと独立に、法一般の存在条件が同定されること」を支持する規範的根拠が存在する、と説く議論である。しかしこれだけでは規範的法実証主義がどのような民主制論と結びつくのかを明確にするには不十分であり、規範的法実証主義が何を目指してなされる議論なのか、その目標を述べねばならない。規範的法実証主義の目標とは、「《法定立》——具体的事案に当てはめられるべき法の内容を確定すること——と《法適用》——法の具体的事案への当てはめ——を厳然と区別すべきであり、そして《法定立》は基本的に議会を通じた民主的立法によるべきで、議会による《法定立》に指導されずに行政が法規命令を出すこと、そして裁判所が《法定立》を行うことは望ましくない」という主張を打ち出し、擁護することである。

(b)　規範的法実証主義の目標を根拠づける議論

(a)で述べた目標を根拠づけるために、規範的法実証主義は、以下の(i)から(iv)の議論を行っている。

(i)　法の存在と拘束力の《規範的条件》が問われるべきである　「法が存在し拘束力をもつ（ようになる）」という事態は、「法が、国民から、存在し拘束力をもつものとして扱われるに値する」という《規範的条件》を満たして、はじめて成立するものとして認識されなくてはならない。この《規範的条件》が充足されているか否かを抜きにして、法の存在と拘束力は、経験的事実のみから引き出せる、という考え方は斥けられるべきである。

(ii) 法の存在と拘束力を認めるかどうかは争われる　なぜ(i)のように考えるか。その理由は、法内容が正しいか否かがしばしば争われること、そしてある法が不正であると信じる者は、その法の存在と拘束力をもつこと自体否定する動機をもつはずだ、ということにある。法内容が不正だと信じる者にとって、その法は存在せず拘束力をもたない、ということになれば、どの法に存在と拘束力を認めるかが人によって区々になりうる。そのような事態は認められず、法一般に存在と拘束力を認めるべきであるとすれば、それはなぜなのか、その根拠を明らかにしなければならない。(i)で述べた《規範的条件》こそが、その根拠である。

(iii) 《規範的条件》は「《手続》適合性」である　それではこの《規範的条件》とは何か。規範的法実証主義は、それを「法内容が特定の正義構想に適っているか否か」ではなく、「内容独立的な、つまり法の内容が良いか悪いかに無関心な、《手続》にのっとっているか否か」であると考える（Waldron 2001）。つまり、「正義構想適合性」ではなく「手続適合性」が《規範的条件》の指し示すところでなければならない。

(iv) 《手続》とは民主的立法プロセスである　そして、規範的法実証主義において、(iii)で述べた《手続》とは、民主的立法プロセス、すなわち国民が平等に参加する選挙と、そこで選出された代議士が議会で討論して行う多数決というプロセスである。民主的立法プロセスに適合したものが、法として存在し拘束力をもつに値する。そして、法内容を最終的に決定する権限は、議会に与えられなければならない。

(i)から(iv)をまとめると、規範的法実証主義の核心は、以下のようになる。法内容の正しさが争われる場合でも、国民がその法の存在と拘束力を認めるべき理由――この理由を、法の正統性と呼ぶ――があるのは、議会における民主的立法プロセスに、法内容の最終的決定権が与えられるとき、つまり「議会主権」が護持されるときである。法の正統性が「議会主権」の下で成り立つという考え方の下では、裁判所の憲法適合性判断により立法が無効化されるような違憲審査制は、「議会主権」を制約するので、消極的に評価されることになる。

(c)　規範的法実証主義の理論的背景

《法定立》にふさわしい場は、国民が平等に参加する民主的選挙を通じて統制される議会だ、という発想は、我々にとって馴染み深いものと思われる。国の統治のあり方を国民自らが決定するのが民主制の眼目であるとすれば、国民一般に適用される法の内容を、国民が自ら決定するのが民主制に適う。そしてその発想によるならば、法が正統性をもつ条件を考える際には、まず議会の立法のあり方に関心を向けるべきであろう（Waldron 1999b, Ch. 2）。

ところが、第二次世界大戦後の法概念論の主たる関心は、裁判官の《法適用》の場面で法と道徳がどのように関係するかにあり、議会の《法定立》がいかにあるべきかを主題としてこなかった（e.g., Hart 1994, Ch. 7; Dworkin 1978, Chs. 2-4）。この状況の下では、「なぜ議会立法なのか」、なぜ議会立法が《法定立》の場としてふさわしいのか、という問いに、改めて答える必要がある（vgl. Maus 1986, Kap. 10）。

(d)　規範的法実証主義の成否を握る鍵

規範的法実証主義の最大の功績は、法と道徳の分離の規範的根拠を探るなかで、「なぜ議会立法なのか」を法の正統性問題として浮上させたことにある。そして、規範的法実証主義の議会主権論が成功しているかどうかの鍵は、(b)の(ii)「法の存在と拘束力を認めるかどうかは争われる」と、(iii)「《規範的条件》は「《手続》適合性」である」、これらをどのように考えるかにある。法内容の正しさをめぐって争いがあるとしても、争いは何らかの正義構想に基づいて解決されるべきとすることも可能である。なぜ「《正義》構想適合性」ではなく「《手続》適合性」が、法の存在と拘束力の根拠になると考えるべきなのか。

この問いに対して、規範的法実証主義は、まずは次のように応答する。「何が正義か」、正義構想をめぐる不合意は極めて深刻で、国民全員が受容可能な何らかの合意を形成することは非常に困難である。そうである以上、「合意の中身が正義構想に適合しているかどうか」ではなく、「法定立を行う手続が、国民相互の正義をめぐる不合意にいかに配慮しうるか」で、「法が正統性を有するか否か」が決まる、と考えるほうが有望なのではないか。そして「議会主権」が支持されるべきかどうかは、「国民相互の正義をめぐる不合意への配慮」として議会立法がどれだけ優れているかで決まるのだ、と。

(2)「政治の情況」――「不合意への配慮」とは何をどうすることなのか

(1)の(d)で、「国民相互の正義をめぐる不合意への配慮」のあり方が法の正統性の有無を左右する、と述べた。それでは、「不合意」を「配慮」するとはどうすることなのか。

(a)「不合意」とは何か

規範的法実証主義が「《手続》適合性」にこだわる動機は、繰り返しになるが、正義構想をめぐる不合意の深刻さにある。この「不合意の深刻さ」を、規範的法実証主義者の代表的論者の一人であるJ・ウォルドロンは、「政治の情況（circumstances of politics）」という言葉で描き出している。「政治の情況」とは、単に政治的立場が対立している、というだけではなく、国民全員が支持すべき正義構想とは何かについて、意見対立がある情況である。例えば、課税ベースや社会保障給付水準をめぐって、リベラルな平等主義（に基づく福祉国家論）とリバタリアニズムが対立する場面や、脳死患者からの臓器移植の是非、生殖補助医療の是非について、争いがある場面がそれに当たる（Waldron 1999a, p. 198）。

(b)「配慮」とは何か――「政治の情況」をどう解決すればよいのか

しかし、「政治の情況」は、本当に議会立法により解決されるべきなのか。議会立法による「政治の情況」の解決が、行政や裁判所による解決を斥けるだけの魅力があるとどうして言えるのか。この問いに答えるためには、まずは、なぜ「《手続》適合性」ではなく「正義構想適合性」により解決することが不適切であると言えるのか、を明らかにしなくてはならない。以下、この問いに応答したい。

(i) 不合意解決の「落としどころ」　正義構想に関する意見対立があるとしても、その解決の「落としどころ」となる実質的中身が何か、国民の間に共通了解が成り立つなら、《手続》適合性に依拠しなくても済むであろう。例えば、ロールズの「重合的合意 overlapping consensus」——異なった包括的世界観を有する国民が、それぞれの世界観に基づいて（リベラルな）正義構想を支持する情況——（Rawls 1999, Ch. 4）の議論によるならば、不合意があっても、一定の政治文化の共有に基づいて、一定の人権保障については折り合えるはずである。

しかしこのような議論は成功しない。なぜなら「落としどころ」をどこにするか自体をめぐって争いがあるからである。ロールズは、何が政治文化として共有されているのか自体が論争的であることを、度外視していると言わざるをえない（ibid., pp. 159-163）。

(ii) 民主的プロセスへ参加することの価値　正義構想についての意見対立があっても、民主的プロセスへの参加自体に内在的価値があるという考え方が成り立つのであれば、「配慮」とは、政治参加に関わる諸権利——参政権のみならず、いわゆる「精神的自由」に関わる諸権利も含まれる——の平等保障を指すことになるだろう。この立場によれば、法内容の正義構想適合性が国民の間で争われるとき、論争を解決する《手続》として望ましいのは、あらゆる《法定立》を民主的決定に委ねるものではなく、いわゆる「プロセス主義」にのっとったものである。つまり国民の政治参加のための諸権利の保障については、裁判所が「番人」として振る舞うことを期待している（Ely 1981）。

しかし「政治の情況」の下では、民主的プロセスに参加することに何らかの内在的価値があると考えることも難しいだろう。そのような内在的価値があるかどうか自体、やはり論争的であるからである。その論争が、例えば、

「表現の自由」の正当化根拠や射程をめぐる不合意につながってくることになる（Cf. Campbell 1996, p. 215; 2004, p. 268)。民主的プロセスへの参加に内在的価値があるのであれば、その価値を認められない政治的表現は、規制対象となりうるが、内在的価値がなければそうではない、ということになるであろう。

(iii)　多数決による解決しかない　正義構想をめぐる意見対立が極めて深刻で、さらに(ii)から示唆されるように）憲法上の人権の価値づけそれ自体も論争的であることを免れない。「政治の情況」はこのように捉えられるべきである。そうだとすれば法に正統性を与えるのは何か。国民一人ひとりの正義判断における自己決定を平等に尊重することでしか、法は正統性をもちえない、というのが、我々の見解である（Cf. Campbell 2004, pp. 271-275)。自己決定の平等な尊重に最も適するのは、国民の意見を平等にカウントし、多数決で法内容を決める民主的プロセスにより、法に正統性を与えることである。なぜなら、多数決以外の集合的決定方式（例えば、特別多数の賛成を求める方式）では、少数者の判断を多数者のそれよりも不平等に重視することになるからである。

これについて、一点付言する必要がある。ウォルドロンや、ウォルドロンと並ぶ規範的法実証主義の代表的論者の一人であるT・キャンベルは、多数決主義の民主的プロセスに対して、我々ほどには信頼を置いていない。ウォルドロンは、議会運営においては、多数派が少数派の意見をよく汲み取って合意形成することが望ましい、という見解を示している（Waldron 2006a, pp. 25-28)。キャンベルもまた、議会において多数者の利益のみを動機にして立法がなされ、少数者の人権保障が蔑ろにされる危険を重く受け止めて、人権保障に関連する立法には特別多数の賛成を求める制度を検討する余地がある、と説いている（Campbell 2004, pp. 306-309)。しかし、我々のみるところでは、これらの議論は、規範的法実証主義の基本動機を曖昧にするものでしかない。民主的プロセスのあり方も、保障されるべき人権とは何かも、「政治の情況」に服さざるをえない、という認識こそ、規範的法実証主義の背骨を形作っているはずだからである。ウォルドロンやキャンベルの提案では、国民の平等な意見反映よりも、特定のプロセス構想や特定の人権構想を保持することが優先されることになりかねない。

(iv)　なぜ裁判所に期待してはならないのか　以上、(i)から(iii)で述べてきたところが、規範的法実証主義による議会主権論の根幹部分である。しかし、これだけでは、議会主権の擁護としてまだ十分ではない。なぜなら、次のような疑問が残されるからである。不合意への配慮は、法定立権限を議会に独占させなければできないのだろうか。とりわけ、数の力にものを言わせて行った議会立法を、裁判所が違憲審査で無効化することで、少数者の権利を保護する形での《法定立》を可能にしていくのは、なぜいけないのか。

　これらの疑問に対して規範的法実証主義が行う応答の一つは、裁判所の統治部門としての特性を指摘することである。裁判所の第一の任務は、既存の法の解釈にのっとって、個別の紛争を具体的に妥当な形で解決することである。それゆえ「政治の情況」の解決を裁判所に期待することは、次の二点で問題がある。まず、個別の紛争の解決において第一になされるべきなのは、紛争当事者の利害の調停であって、国民全体に関わる正義をめぐる論争ではない。さらに、より重要なことは、裁判所が自らの判断の根拠を、既存の法およびその解釈との相関のなかで示されねばならないことである。裁判所の拠って立つ根拠自体が「政治の情況」の下にある場合、仮に裁判所が自ら国民の意見対立を解決する《法定立》を行うのだとすれば、彼らは時に既存の法と法解釈を完全に捨て去って、正義判断を行うことも避けられなくなるであろう。このような裁判所の《法定立》は、いま述べた裁判所の任務との間で先鋭な緊張をもたらすことになる。そうである以上は、裁判所は「政治の情況」下での《法定立》を行うことには向いていないと考えるべきではないだろうか[13]。

　司法の特性について、例を挙げて説明したい。国籍法違憲判決である。改正前の国籍法においては、外国人の母と日本人の父の間に出生した子は、父の認知と父母の法律婚がなくては日本国籍を取得できないのに、外国人の父と日本人の母の間に出生した子は、出生をもって日本国籍を取得する、という扱いであった。このような両者の扱いの違いが、法の下の平等に反するのではないか、という批判が多くなされていた。しかし他方で、改正前の国籍法は、家族法における嫡出の扱いなどとの間に一定の整合性を有していた。そのことから考えると、平等原則のみで国籍法の違憲性を引き出すことは、それほど容易ではない。子の国籍取得、そして嫡出子の地位取得がいかになされるべきかについての、より実質的判断が必要である（野坂 2011、471-476頁）。

ここで考えるべきなのは、国籍取得条件、そして嫡出の基準が、まさに日本の政治社会のあり方の根本に関わることである。最高裁は、日本における家族関係や親子関係のあり方の変容を、判決理由の一つとしたが、このような変容があるか否か、また変容すべきか否かについては、国民の認識と意見は大いに異なりうる。そこで最高裁が国籍法を無効とする判断を下せば、その判断は政治社会のあり方に関する特定の立場に与することが避けられない。最高裁は「政治の情況」に巻き込まれることになる。しかし、国会と異なり民主的答責性を有さない裁判所が、「政治の情況」に関与することは本当に適切なのだろうか。最高裁の違憲判決を覆す権限を国会が有さない以上、最高裁の決定に反対する国民の意見反映は、最初から閉ざされてしまうことにならないだろうか。これらの点を考えると、我々は裁判所の違憲審査権行使には消極的評価を与えざるをえない。

(v)　立法過程に不合意解決の困難を集約せよ　　なぜ裁判所ではなく議会なのかという問いへの、もう一つの応答は、民主的立法過程に法定立権限を独占させることで、「政治の情況」の解決の困難を、立法の場面に集約できることである。キャンベルは、法に期待されるべき主要な役割の一つが、個々の国民の行為、そして政府の法執行や法適用において考慮し決定すべき問題や行為の多様性を制限し、判断根拠を簡略化することで、統治を効率化することにあるとしている（Campbell 1996, Ch. 3）。「「法は法」であり、その内容の是非にかかわらず服従する」という態度を、国民と裁判所が示すことで、国民相互、また裁判所組織内部における意見対立を、立法の場面に「棚上げ」することができるのである。

本項での我々の主張をまとめよう。「政治の情況」――正義構想をめぐる国民相互の不合意――において、議会主権が護持され、違憲審査に対して消極的であるべきである。なぜなら、議会における民主的立法プロセスこそ、国民一人ひとりの正義判断における自己決定を平等に尊重するものであるからである。ただし、三でも述べたように、「政治の情況」において配慮されるべきは、国民全体に関わる正義構想についての判断の不合意であって、個々の国民の意志表出そのものではないことに留意が必要である。その点で、直接民主制ではなく議会民主制が望ましい。代表民主制は、個々人がその意志を正義判断へと変えていく契機を、為政者と被治者の一体性を志向するという民主制の理想と相即する形で与えるものである。

5　民主制はいかにして正義要求を保障するか

以上、1から4にわたって、井上の批判的民主主義論を検討してきた。それは政治的責務論にとってどのような含意を有するだろうか。

統治者が正義要求を行っていると言えるのはどのような状況か。批判的民主主義論は、以下のように答えるだろう。望ましい民主制の条件を考える上での勘所は、全ての国民の正義判断が平等に尊重されることだけではない。統治者も被治者が、各々の責任を全うすることが必要である。統治者は、自らの判断に反対する者に――それが多数派であれ少数派であれ――、その理由を説明しなくてはならない。被治者は、統治者にその判断の理由づけを求めるとともに、十分な理由が示されているかどうかを判断しなくてはならない。そして、不十分な理由しか示せない統治者を辞めさせなくてはならない。統治者が正義要求を行うためには、このような条件が満たされなくてはならない。

民主制の下で統治者と被治者が責任を全うするようになるためには、多数者にも少数者にも、正義をめぐる論争に参加し各々の構想の優劣を競い合うための資源が公平に分配されることが望ましい。個々人が各自の正義判断を互いに公平に競い合わせるところでこそ、統治者の判断の正当化根拠がよりよく問い質されうるからである。このような条件を整備するためには、裁判所が議会立法を無効化しうる権能をもつような、強い違憲審査制が必要である。強い違憲審査制によって、多数者の判断に抗して少数者の権利を保障することが可能となる。そうすることで、少数者が多数者と伍して、正義をめぐる論争に参加できるようになるのだ。

我々は、この考え方には与しない。民主制の理想は、あくまで国民一人ひとりの正義判断における自己決定を平等に尊重することにある。議会主権は守られるべきであり、それに抵触するような違憲審査制は否定されなくてはならない。[14]なぜか。それは以下の理由による。被治者が、仮に統治者の立場に立ったとして、統治者の判断を尊重しないことが道徳的に許されるかどうかを仮想することこそ、統治者への敬譲が成り立つための生命線である。そのことからすれば、敬譲としての政治的責務が成り立つためには、統治が民主的になされることが望ましい。非民主的な統治部門である裁判所が、民主的立法プロセスの結果を覆せば覆すだけ、被治者のあずかり知らぬところで統治がなされることになるだろう。そこでは、統治者への敬譲の理由があるかないか、被治者が考慮する機会は減っていってしまう。

敬譲としての政治的責務が成り立つためには、統治者が正義要求を行っているかどうか、統治部門相互のチェックに委ねず、被治者とその代表者が、民主的立法プロセスを通じて、自ら問い質すことが望ましい。それゆえ、被治者に課せられるべき責任は、井上が考えるよりも重いものだと考えなくてはならないのである。

第十二章　注

（1）　シモンズの「哲学的アナーキズム」は、政治体制の善し悪しとは別に、特定の国家への帰属そのものが根拠として道徳的要請を引き出すことは現実には困難であると考える点で、第二章で扱うR・ウルフの「哲学的アナーキズム」と重なり合う。しかし後者は、そもそも政治的権威への服従が我々の義務である道徳的自律に抵触するゆえに、そもそも政治的責務は非道徳的であり、正当化される余地はありえない、という立場から、政治的責務の不在を主張するものであり、シモンズの政治的権威の理解とは全く異なる（Simmons 2001, pp. 104-110）。

（2）この条件に関わって、飲酒の禁止などパターナリスティックな干渉により便益が与えられた場合でも、感謝の義務を負わないかどうかが問題となる。シモンズは、ひとまず力ずくで自由を制約され便益が与えられた場合には、感謝の義務は生じないものの、他方、酩酊中など我々に合理的判断を行う力がないところで、一定の自由の干渉により我々の利益が保護された場合には感謝の義務が生じるかもしれない、などと部分的な応答を試みているが、国家によるパターナリズムと彼の主意主義的な政治的責務論との相関についてはっきりした態度を示していない（Simmons 1979, pp. 175-177）。

（3）個々の違背行為は政治秩序に破壊的帰結をもたらさない、あるいは公共財を維持・供給する社会的協働の存立を揺るがすものではないゆえに、それを国家の利益に反する行動と言うことはできず、したがって感謝の義務は決定一般に対する服従責務としての政治的責務の正当化に成功していない、という（第九章の帰結主義的正当化、および第十章の公平性論の両者に対する批判と類似する）反論に対して、ウォーカーは、個々の行為のもたらす悪しき帰結は微々たるものであっても、それが積み重なると極めて道徳的に重大な事態を引き起こすことがある以上、個々の行為の道徳的評価を、それらの行為がもたらす帰結を個別に捉えて行うのは不適切である、とするD・パーフィットの議論（Parfit 1984, pp. 75-82）を引き合いに出し、反論は感謝論にとって致命的ではないと応じている。しかしこの応答は論争的であるだけでなく、公平性論が直面した「ただ乗り」批判への疑問に対しても非常に乱雑な答え方しかできていない（この点はクロスコによるウォーカーの論文に対する書評でも触れられている〔Klosko 1989, pp. 353-354〕）。

（4）軍隊での上官と部下の関係の場合、上官の命令が正しいかどうかを問題としないだけでなく、してはならないであろう。

命令服従関係において、服従する理由や動機に、服従者の信念あるいは判断が関与することが認められるか、認められないかについては、権威が服従者の判断の放棄（surrender of judgment）を伴うかどうか、またそのように考えるべき規範的根拠があるかどうか、として問われてきたところである。第三章を参照。

（5）　ソウパーは、「敬譲はその判断が存在しなければ成り立っていたであろう理由相互の比較考量において優位にあった理由を凌駕し覆す内容独立的理由によって正当化される」（Soper 2002, p. 23）とし、法の権威を同じく内容独立的理由であると考える。しかし彼は、一階の理由相互の比較考量と独立して妥当性を有し特定の一階の理由を排除する、二階の理由として法を捉えるラズの立場には与しない。

（6）　とは言え、このことは統治者が被治者の自律を認めるべきことを意味しない。統治者が正義要求を行うためには、反論に対して自らを弁護する理由を用意することが必要である。しかし、そのような理由が示されたところでは、被治者は統治者の判断を尊重しなくてはならない。統治者に異議申立てをする場合でも、被治者は自らの信念のみに従って行為することは許されず、統治者の示す理由を論駁する必要がある。

（7）　ただし、民主制でなければ敬譲論が成り立たないわけではない。肝心なのは、立場交換の仮想を行うべき理由が被治者にないかどうかである。世襲王政や身分制の下では、統治者になる可能性が皆無な被治者が存在する。しかし、彼らに統治者の立場に立つことを仮想する理由がないかどうかは、一概には言えないだろう。例えば、国民の間にネーション意識が共有されており、身分の差を超えた同胞愛が存在していれば、実際に統治者になる可能性がない者も、自らを統治者の立場に置いて望ましい統治のあり方を構想し始めるかもしれない。そして、時の統治者がその者の構想を採用しなかったとしても、統治者が正義要求を行うに足る振る舞いをしていることを理由に、その判断を尊重するかもしれない。

他方で、民主制の下でも、人種の違いや性差などの社会構造により、実際に統治者になる可能性がほぼ皆無な人々が存在しうる。彼らが立場交換の仮想を行うべき理由が本当に存在するのかどうかは、問われるべきである。

ここでは、ひとまず以下のように考えたい。国民全員に立場交換の仮想を行う一般的理由が成り立ちやすいのは、民主制である。その理由が最もよく成り立つ民主制のあり方を、本節で明らかにする。

（8）　1から3は、横濱 2015a に基づいている。

（9）「正しい法」とは何かへの応答を公法学が行ってこなかったわけではない。また、最善の立法制度構想を見出す上で、公法学の応答の検討は不可欠である。例えば、近時、原田大樹は、従来の行政法学における制度設計の評価基準を抽出し分類した上で、「立法の質」の評価基準を提示している（原田 2014、とくに189–198頁）。そこで取り出されているのは、人権規定適合性、統治機構関連規定適合性、財政原則適合性などの憲法適合性、行政上の法の一般原則（比例原則、権限濫用禁止原則、信頼保護原則、平等原則）、決定過程の公平性・中立性、透明性、執行過程の実効性・効率性である。しかし、諸原則を貫くより基本的な目標が何かは十分には明らかにされていない。井上の「〈正義への企て〉としての法」の議論と批判的民主主義論は、この基本的目標を示そうとするものである。

（10）　この点で、井上の代表民主制観は、H・ピトキンの分類における「形式主義的代表観（formalistic view）」のなかの「答責的代表観（accountability view）」と多く符合する（Pitkin 1967, pp. 55–59）。

（11）　この点で、批判的民主主義は、公法学で言われる立法・行政・司法の「協働」の構想と共鳴する内容を有しており、しかも「協働」が目指すべき「よき統治」の内容を明らかにするものだと思われる。批判的民主主義論では、立法における行政の役割についての詳細な言及は少ないが、基本的には以下のように考えることになろう。議院内閣制の下では、行政府は法律の制定に対して立法府と共に責任を負う。行政府は、専門知や法案形成能力などに照らして、多数者の立場と法律との整合性を高めるために、また法律のもたらす帰結がその立場に見合う合理的なものとなるように、立法府と協働すべきである。

（12）　本項は、横濱 2015b に基づいている。

（13）「立法における解釈と司法における解釈」において、M・タシュネットが立法府の憲法解釈について示している議論も、我々の立場、とりわけ違憲審査制消極論に裏付けを与えるものだと思われる。タシュネットは、憲法解釈において司法が立法よりも秀でているという立場を以下の理由により斥けている。憲法解釈の基準は（例えば原意主義とテクスト主義との間で）深刻に争われており、いずれかの基準が他に比して優れていることの決定的根拠を与えることは困難である。このような状況においては、司法府の解釈も立法府の解釈と同様に争われることとなる。立法府の解釈が一般に司法府に劣ると考えるべきゆえんは存在しない。ここで最も重要なのは、立法府が自らの憲法解釈がもたらす諸帰結の責任を引き受ける誘因をいかに維持するかである。この点からすれば、司法府に立法府の解釈を無効化する権限を与えるような違憲審査制は望ましくない。なぜなら、司法府の解釈が立法府のそれに優先される権限が与えられているところでは、立法府は司法府に憲法解釈の責任を委ね、自らの解釈によりどのような諸帰結がもたらされるかに配慮せずに、放縦な解釈を行う誘因が与えられてしまうからである（Tushnet 2006, pp. 356-360）。

（14）我々は少数者の権利保障を軽視しているわけではない。あくまで議会主権に反する違憲審査制のあり方を斥けているのである。少数者の権利保障については、民主的政治過程に部分的に内在させることが望ましい。イギリス人権法における「不適合宣言」や、カナダ人権憲章三十三条における議会の優越的地位の規定のように、法律が人権規定に抵触する旨裁判所の判断があった場合でも、法律を改正するか否かの最終的決定権を議会に留保する制度（ウォルドロンの言う「弱い司法審査制」（Waldron 2006b, p. 1359））は、そのような事例として挙げられるであろう（横濱2014、61-62頁）。裁判所の審査を受けて、代表者がさらに「判断」を行う余地を残すことで、少数者の権利保障のあり方をめぐって民主的議論がなされることを期待しうるのである。

おわりに

本書で我々がたどってきた道筋を、ごく簡単にまとめることにしよう。

(a) 遵法責務とは法尊重義務、つまり法が自らの信念に抵触する場合でも、法を裏付けうる道徳的理由を十分に考慮し、それを大きく優越する理由がない限り、不服従を差し控える義務である。そのことは、市民的不服従者の法に対する態度、とくに法の正義志向性への敬意から示される。

(b) それでは法が遵法責務の対象たるにふさわしいことをどのように示しうるか。この問いに対しては、法服従の合理性に基づく解答と、法内在的価値に基づく解答があった。前者については、法は自らに背く理由を排除する二階の理由だとした上で、法がさまざまな理由の衝突を調整する権威としての性質を有することを説くJ・ラズの権威要求論、法は我々に、自ら理由判断を行う自律を放棄させ随順させると考えるH・L・A・ハートとS・シャピロの強行理由論を主に検討した。しかし両者はともに失敗している。ラズに関しては、法の権威を正当化する根拠を、結局のところ法が一階の理由として正しいことそのものに求めざるをえず、そこで悪法の存在を認めない自然法論と区別がつかなくなってしまう。シャピロに関しても、法に忠誠を示すべきか否かを問う参与者の視点を強行理由論は無視しており、その点で遵法責務の正当化として不十分である。

法内在的価値に基づく解答として、R・ドゥオーキンの純一性論とL・フラーの法内在道徳論、P・ソウパーの正義要求論、そして井上達夫の「正義への企てとしての法」の議論と、それを出発点として示される法の支配の

「理念化アプローチ」を検討した。純一性論によれば、法は、法をよりよく正当化する根拠を探究する企てとしての価値を有しており、その正当化は既存の法との整合性と我々が与する道徳原理に適合していること——つまり道徳性——である。しかし純一性論は、正義に適合している政治体制に支持服従する義務として政治的責務を説明する正義の自然的義務論との違いが明確でなく、正義の自然的義務論が成功していないとすれば、純一性論も同様である。

フラーの法内在道徳論によれば、法は、「人間行動をルールに服せしめる目的追求的企て」としての価値を有しており、そうだとすれば、法が法である以上、法内在道徳の八条件を抱負としなくてはならない。しかし法内在道徳は邪悪な統治者が自らの私的利益を押し通すためにも好都合であり、遵法責務の正当化根拠としては内容が乏しすぎる。

ソウパーは、法が統治者の被治者への命令としての性格を有することを重視する。そして、我々が他人の命令に服従する場合に相手に何を要求するかを想定するならば、法はその内容が正義適合的であることを主張する、つまり正義要求を行うものでなくてはならないと説く。しかし法が正義要求を行うことは、法概念そのものから引き出されているのではなく、統治者と被治者の関係を条件づける道徳原理、つまりは政治的責務の正当化根拠から説明されている。そうである以上、ソウパーの正義要求論の成否は、政治的責務論に委ねられなくてはならない。

さらに井上達夫は、法とは「正義への企て」——「等しきは等しく」という正義の普遍主義的要請に服して、正義構想の対立を調停しよりよき正義構想を探究する営為——であるとし、正義の普遍主義的要請の解釈——二重基準の禁止、「ただ乗り」の禁止、反転可能性要請など——に依拠して「法の支配」の理念を描き出す。井上は、法そして国民相互の関係がこれらに服すべきであることこそ、遵法責務の正当化根拠だとする。しかし本当にそうなのか。とくに「ただ乗り」の禁止が遵法責務の正当化根拠たりうるかどうかは、政治的責務論の検討を経ずにはわからない。

(c)　このようにして遵法責務の正当化の成否は、政治的責務論に委ねられることになった。個々の政治的責務論のうち本書で勘所となったのは、公平性論と敬譲論である。公平性論の成否を占う最大の論点は、国家の集合財供給がもたらす便益をただ享受しただけで政治的責務を負うことになるのか――意図して便益を受け取ったのではなく、ただ集合財の正の外部性により意図せず「おこぼれにあずかった」だけでも、集合財供給に協力する責務を負うか――であった。我々の応答はＮＯである。その中心的理由は、便益享受だけで政治的責務を正当化しようとすればするほど、正当化根拠として持ち出される便益はより抽象的になり、政治的責務の負担に見合うものかどうかが不明確になるからである。

敬譲論の魅力の一つは、国家がどのようにして便益をもたらすか、便益が負担に見合うかどうかを問わずに、政治的責務を正当化できるところにある。統治の必要性と統治者の正義要求を保障する制度の存在、そして一貫性の価値を認める限り、政治的責務は正当化できる。その上で、正義要求を保障する制度について、規範的法実証主義に与して、議会主権を尊重し、強い違憲審査制を斥けることこそが望ましい。これが、本書の結論である。

あとがき

本書の元型は、二〇〇八年三月に東京大学大学院法学政治学研究科に提出した博士学位請求論文「遵法責務論序説――統治者に対する敬譲と法の内在的価値」である。この論文に加筆・修正を施したものを、同名のタイトルで国家学会雑誌第一二三巻一・二号から十一・十二号（二〇一〇年）に、六回にわたって連載した。本書は、国家学会雑誌掲載論文を、その後の研究関心に基づき大幅に改稿したものである。

改稿の最も大きな動機の一つは、井上達夫東京大学教授の主催する「立法理学 legisprudence」研究プロジェクトに参加する機会をいただいたこと、またそのプロジェクトの延長線上で、二〇一四年度日本法哲学会学術大会にて報告させていただいたことであった。望ましい立法制度構想を打ち立てることを目標とする「立法理学」に取り組むなかで、法の正統性そして統治者に対する敬譲の根拠を再考することを迫られた。

その成果の一部である以下の二編の論文を、本書の第十二章に転載させていただいた。転載をご快諾くださったナカニシヤ出版と日本法哲学会には、心より感謝を申し上げたい。

「立法学――『批判的民主主義』をめぐって」瀧川裕英＝大屋雄裕＝谷口功一編『逞しきリベラリストとその批判者たち――井上達夫の法哲学』（ナカニシヤ出版・二〇一五年）、二三三―二四三頁

「議会主権の再生――規範的法実証主義の立法理論」日本法哲学会編『法哲学年報二〇一四（立法の法哲学：立法学の再定位）』（有斐閣・二〇一五年）八―二四頁

本書は私がはじめて世に送り出す本である。ここに至るまであまりに長い時間を要したことに、心底恥じ入っている。その間にお世話になった方々のお名前をお一人ずつ挙げ、どれだけの御恩があるかを記し、お礼を申し上げたい気持ちである。しかしもしそうするならば、お礼だけで一冊の本が必要になる。はなはだ申し訳ないが、ほとんどの方々には個人的に感謝申し上げるよりほかにない。

しかし、以下の方々に対する謝辞を記さなかったとすれば、私は忘恩の誹りを免れないであろう。井上達夫先生には、四半世紀前にはじめて東京大学法学部のゼミでその謦咳に接し、その後大学院にて親しくご指導いただくようになって以来、研究面のみならず、文字どおり人生において、お世話になりご迷惑をおかけしている。先生の門下生のなかでも私ほどの不肖の弟子はいないと確信している。研究に行き詰まり先に進むことをあきらめてしまおうかと考えたことは一度や二度ではない。その私がいまこうしてまがりなりとも研究者として生きていられるのは、ひとえに井上先生のおかげである。その御恩に、何万遍でも、私の人生をかけて、お礼申し上げたい。また、本書をご覧になれば、私の研究関心のどれだけ多くが井上先生の学恩によるものか、わかるはずである。負っているものがあまりに大きすぎて、どれだけ報いることができるのか、本当に心もとないが、しかしわずかずつでもお返ししていきたいと思っている。

また井上先生の門下の方々との親しいお付き合い抜きには、先行き知れずの状態であった私が、どうにかこうにか博士論文を書き上げ、さらに公刊することなどできなかった。全ての方のお名前を記すべきところであるが、ここではとくに瀧川裕英さん、大屋雄裕さん、安藤馨さん、谷口功一さんにお礼を申し上げたい。

そもそも私が遵法責務論に取り組むようになったきっかけは、大学院に進学してはじめての懇親会で、瀧川さんからA・シモンズの政治的責務論について伺ったことである。それ以降たえず啓発し励ましていただいている。また、瀧川さんが誘ってくださった法哲学会の学術大会やＩＶＲ（法哲学社会哲学国際学会連合）世界大会での研究報告は、本書の内容を形作っていくうえで欠かせないものだった。

大屋さんとの実際の、また脳内の対話なくして、法概念論の迷宮にはまり込んでいた私が、自らの立場を固めることはできなかった。博士課程に進んで、少しずつ自分のやりたいことが見えてくるようになったのは、大屋さんのおかげである。さらに、前述の法哲学会学術大会での報告準備で迷走していた私を救い出してくれたのは、大屋さんのあたたかい忠告であった。

安藤さんとの出会いがなければ、博士論文をまとめあげることは決してできなかった。安藤さんが大学院に入った直後から、井上ゼミや研究会の後、毎週のように本郷の飲み屋で、一知半解の議論や際限ない研究上の相談に付き合っていただいた。さらに、博士論文執筆の最終段階で書きあぐねていたとき、私を泥沼から引き上げてくれたのは安藤さんだった。どんなに感謝してもしきれない。

谷口さんには、大学院時代から、また二〇〇九年四月に首都大学東京都市教養学部法学系に助教として赴任して以降は殊更にお世話になっており、日ごろから気にかけ励ましていただいている。国家学会雑誌の連載論文、そして本書は、谷口さんの叱咤激励抜きには成り立ちえなかった。さらに本書の原稿についても、内容や文体について微に入り細を穿つ助言をいただいた。


博士論文の審査の労をとってくださった長谷部恭男先生、宇野重規先生にも、ご挨拶があまりに遅くなってしまったことを申し訳なく思うところではあるが、お礼を申し上げたい。審査において、不出来な論文に、非常に懇切なコメントを頂戴した。少しでも答えられていればと願っている。

谷口さんへのお礼と重なるところではあるが、前任校の首都大学都市教養学部法学系の先生方に、この機会に感謝の意を表したい。とくに助教在任当時も現在もお世話になっている伊藤正次先生、河野有理先生、そして同時期に助教であった尾原宏之さん、稲垣浩さんには、心よりお礼申し上げたい。助教時代、頻繁に飲みに行き、遅くまで語り合い歌ったことを、昨日のことのように思い出す。国家学会雑誌の連載はこの時期に行っていたものだが、当時の幸せな記憶で彩られている。

現在勤めている静岡大学人文社会科学部法学科の先生方にも、感謝申し上げたい。二〇一一年に赴任して以来、法学科の自由闊達な雰囲気のなかで、何でもフランクに話し合えて、自らが信じるままに研究・教育に打ち込めるのは、本当にありがたいことである。今後は少しでも恩返ししていたいと考えている。

校正では、谷口さん、またその門下生（私からすれば甥弟子）である福原明雄さんに、ゲラのチェックをお願いした。記してお礼申し上げる。

本書は法哲学叢書第十巻として刊行される。過去のラインナップを見れば、日本の法哲学の基本書と言ってよい著作ばかりである。本書がそのなかの一冊に加わることは大変光栄なことである。私の論文をご推薦いただいた井上先生には、改めて衷心よりお礼を申し上げたい。本書が井上先生のお気持ちにほんの少しでも応えるものになっていることを願わずにはいられない。

刊行にあたって、弘文堂の北川陽子さんには大変お世話になった。本作りについて全く無知な私を、手取り足取りで導いてくださった。また、入稿から刊行まで極めてタイトなスケジュールとなってしまったにもかかわらず、盤石の態勢を整えていただいた。篤くお礼申し上げたい。

最後に、本書を私の両親に捧げることをお許しいただきたい。大学院進学後十数年間、将来の見通しがつかない息子を、心配しつつ見守ってくれた。心から感謝したい。今後充実した研究者人生を歩むことこそが、最大の報恩と心得て、精進していく所存である。

＊本書は、平成二十五年度二十一世紀文化学術財団学術奨励金「ナショナリズムの規範的政治理論構築——在日外国人の就労問題を手掛かりに」の研究成果の一部である。

事 項 索 引

人名索引

ア　行

カ　行

サ　行

タ　行

ナ　行

ハ 行

マ 行

ラ 行

ワ 行

参考文献

〈邦語文献〉

ハナ・アーレント 1973,「市民の反抗」『暴力について』(高野フミ訳) みすず書房, 47-92頁。

井上達夫 1998,「講義の七日間——自由の秩序」井上達夫責任編集『岩波　新・哲学講義 7　自由・権力・ユートピア』岩波書店, 1-72頁。

—— 1999,『他者への自由——公共性の哲学としてのリベラリズム』創文社。

—— 2001,「何のための司法改革か——日本の構造改革における司法の位置」井上達夫＝河合幹雄編『体制改革としての司法改革——日本型意思決定システムの構造転換と司法の役割』信山社, 285-322頁。

—— 2003a,『普遍の再生』岩波書店。

—— 2003b,『法という企て』東京大学出版会。

—— 2007,「憲法の公共性はいかにして可能か」, 井上達夫編『岩波講座　憲法 1　立憲主義の哲学的問題地平』岩波書店, 301-332頁。

—— 2011,『現代の貧困——リベラリズムの日本社会論』岩波書店。

マンサー・オルソン 1996,『集合行為論——公共財と集団理論』(依田博＝森脇俊雅訳) ミネルヴァ書房。

加来彰俊 2004,『ソクラテスはなぜ死んだのか』岩波書店。

阪口正二郎 2001,『立憲主義と民主主義』日本評論社。

佐藤幸治 2002,『日本国憲法と「法の支配」』有斐閣。

宍戸常寿 2009,「法秩序における憲法」安西文雄ほか『憲法学の現代的論点〔第 2 版〕』有斐閣, 27-54頁。

高橋和之 2006,『現代立憲主義の制度構想』有斐閣。

マイケル・テイラー 1995,『協力の可能性——協力・国家・アナーキー』(松原望訳) 木鐸社。

手塚洋輔 2010,『戦後行政の構造とディレンマ——予防接種行政の変遷』藤原書店。

寺島俊穂 2004,『市民的不服従』風行社。

土井真一 1998,「司法審査の民主主義的正当性と『憲法』の観念——手続的司法審査論の憲法的地平」米沢広一・松井茂記・土井真一刊行代表『現代立憲主義と司法権 (佐藤幸治先生還暦記念)』青林書院, 115-166頁。

中川丈久 2011,「議会と行政——法の支配と民主制：権力の抑制から質の確保へ」磯部力＝小早川光郎＝芝池義一編『行政法の新構想 I　行政法の基礎理論』有斐閣, 115-166頁。

長崎暢子 1996,『現代アジアの肖像 8　ガンディー——反近代の実験』岩波書店。

野坂泰司 2011,『憲法基本判例を読み直す』有斐閣。

早川誠 2014,『代表制という思想』風行社。

原田大樹 2014,『公共制度設計の基礎理論』弘文堂。

プラトン 1964,『ソクラテスの弁明・クリトン』(久保勉訳) 岩波書店。

―― 1998,『ソクラテスの弁明・クリトン』(三嶋輝夫＝田中享英訳) 講談社。

松下竜一 1989,『砦に拠る』筑摩書房。

松平千秋訳 1986,『ギリシア悲劇2　ソポクレス』筑摩書房。

村西良太 2011,『執政機関としての議会――権力分立論の日独比較研究』有斐閣。

横濱竜也 2003,「遵法責務論と法の規範性」日本法哲学会編『法哲学年報2002 (宗教と法：聖と俗の比較法文化)』有斐閣, 193-201頁。

―― 2005,「Philip Soper The Ethics of Deference: Learning from Law's Morals」國家學會雑誌第118巻第7=8号, 162-165頁。

―― 2006,「憲法問題と法の公共性」井上達夫編『公共性の法哲学』ナカニシヤ出版, 228-247頁。

―― 2009,「法と道徳――遵法責務問題を手掛かりにして」井上達夫編『現代法哲学講義』信山社, 54-81頁。

―― 2014,「規範的法実証主義の立法理論」井上達夫編『立法学のフロンティア1　立法学の哲学的再編』ナカニシヤ出版, 55-85頁。

―― 2015a,「悪法を是正する義務――遵法義務論と政治的責務論の統合へ向けて」静岡大学法政研究第19巻第2号, 23-39頁。

―― 2015b,「立法学――『批判的民主主義』をめぐって」瀧川裕英＝大屋雄裕＝谷口功一編『逞しきリベラリストとその批判者たち――井上達夫の法哲学』ナカニシヤ出版, 233-243頁。

―― 2015c,「議会主権の再生――規範的法実証主義の立法理論」日本法哲学会編『法哲学年報2014 (立法の法哲学：立法学の再定位)』有斐閣, 8-24頁。

ジョン・ロールズ 1979,「市民的不服従の正当化」田中成明編訳『公正としての正義』木鐸社, 199-220頁。


〈海外文献〉

ALEXY, Robert 1999, "In Defence of Radbruch's Formula", in David Dyzenhaus ed., *Recrafting the Rule of Law: The Limits of Legal Order*, Oxford: Hart Publishing, pp. 15-39.
ARNESON, Richard J. 1982, "The Principle of Fairness and Free-Rider Problems", Ethics 92, no. 4, pp. 624-626.
BEDAU, Hugo A. 1991, *Civil Disobedience in Focus*, London: Routledge.
BERAN, Harry 1987, *The Consent Theory of Political Obligation*, London: Croom Helm.
BRICKHOUSE, Thomas C. and SMITH, Nicholas D. 1991, *Socrates on Trial* (rev. edn.), Oxford: Clarendon Press.
CAMPBELL, Tom 1990, "Obligation: Societal, Political, and Legal", in Paul Harris ed., *On Political Obligation*, London: Routledge, pp. 120-150.
―― 1996, *The Legal Theory of Ethical Positivism*, Aldershot, Hampshire and Brookbond: Dartmouth.

—— 2004, *Prescriptive Legal Positivism: Law, Rights and Democracy*, London: Routledge-Cavendish.

COLEMAN, Jules L. 1988, *Market, Morals, and the Law*, Oxford: Oxford University Press.

—— 2001, *The Practice of Principle: In Defence of Pragmatist Approach of Legal Theory*, Oxford: Oxford University Press.

DAGGER, Richard 1997, *Civic Virtues: Rights, Citizenship, and Republican Liberalism*, Oxford: Oxford University Press.

—— 2007, "Political Obligation", *Stanford Encyclopedia of Philosophy* (http://plato.stanford.edu/entries/political-obligation/).

DRIVER, Sulia 2012, *Consequentialism*, London: Routledge.

DUNN, John 1980, *Political Obligation in its Historical Context: Essays in Political Theory*, Cambridge: Cambridge University Press.

DWORKIN, Ronald 1978, *Taking Rights Seriously: with a new appendix, a response to critics*, Cambridge: Harvard University Press.

—— 1986a, *A Matter of Principle*, Cambridge: Harvard University Press.

—— 1986b, *Law's Empire*, Cambridge: Belknap Press.

—— 2006, *Justice in Robes*, Cambridge: Belknap Press.

DYZENHAUS, David 1999, "Recrafting the Rule of Law", in David Dyzenhaus ed., *Recrafting the Rule of Law: The Limits of Legal Order*, Oxford: Hart Publishing, pp. 1-13.

EDMUNDSON, William A. 1998, *Three Anarchical Fallacy: An Essay on Political Authority*, Cambridge: Cambridge University Press.

EGGLESTON, Ben 2014, "Act Utilitarianism", in Ben Eggleston, and Dale E. Miller eds., *The Cambridge Companion to Utilitarianism*, Cambridge: Cambridge University Press, pp. 125-145.

ELY, John Hart 1981, *Democracy and Distrust* (rev. edn.): *A Theory of Judicial Review*, Cambridge: Harvard University Press.

FAGAN, Anton 1999, "Delivering Positivism from Evil", in David Dyzenhaus ed., *Recrafting the Rule of Law: The Limits of Legal Order*, Oxford: Hart Publishing. pp. 81-112.

FISCHER, John M. 1985, "Obligation and Mutual Respect" (Book Review of Soper: A Theory of Law), *The Yale Law Journal*, vol. 95, pp. 437-453.

FLATHMAN, Richard E. 1980, *The Practice of Political Authority: Authority and the Authoritative*, Chicago: University of Chicago Press.

FULLER, Lon L. 1958, "Positivism and Fidelity to Law: A Replay to Professor Hart", *Harvard Law Review*, vol. 71, no. 4 pp. 630-672.

—— 1968, *Anatomy of the Law*, New York: Frederick A. Praeger Publishers.

—— 1969, *The Morality of Law* (rev. edn.), New Haven: Yale University Press.

GANS, Chaim 1992, *Philosophical Anarchism and Political Disobedience*, Cambridge:

Cambridge University Press.
GAUS, Gerald F. 1994, "Public Reason and the Rule of Law", in Ian Shapiro ed., *The Rule of Law* (Nomos XXXVI), New York and London: New York University Press, pp. 328-363.
GERT, Bernard 1995, "Moral Impartiality," *Midwest Studies in Philosophy*, vol. XX, pp. 102-127.
GEWIRTH, Alan 1988, "Ethical Universalism and Particularism", *The Journal of Philosophy*, vol. 85, no. 6, pp. 283-302.
GILBERT, Margaret 1996, *Living Together: Rationality, Sociality, and Obligation*, Rowman & Littlefield Publishers.
GOODIN, Robert 1985, *Protecting the Vulnerable: A Reanalysis of Our Social Responsibilities*, Chicago: Chicago University Press.
—— 1988, "What is So Special about Our Fellow Countrymen?", *Ethics*, vol. 98, no. 4, pp. 663-686
GREEN, Leslie 1988, *The Authority of the State*, Oxford: Clarendon Press.
GREENAWALT, Kent 1987, *Conflicts of Law and Morality*, Oxford: Oxford University Press.
HARE, Richard M. 1981, *Moral Thinking: Its Levels, Methods and Point*, Oxford: Oxford University Press.
HART, Herbert Lionel Adolphus 1958, "Positivism and the Separation of Law and Morals", *Harvard Law Review*, vol. 71, no. 4, pp. 593-629.
—— 1955→1984, "Are There Any Natural Rights?", *The Philosophical Review*, vol. LXIV, pp. 175-191, reprinted in J. Waldron ed., *Theories of Rights*, Oxford: Oxford University Press.
—— 1982, *Essays on Bentham: Jurisprudence and Political Philosophy*, Oxford: Oxford University Press.
—— 1983, *Essays in Jurisprudence and Philosophy*, Oxford: Clarendon Press.
—— 1994, *The Concept of Law, 2nd ed.,* Oxford: Clarendon Press.
HERZOG, Don 1989, *Happy Slaves: A Critique of Consent Theory*, Chicago: University of Chicago Press.
HIMMA, Kenneth E. 2002, Inclusive Legal Positivism, in Jules L. Coleman and Scott J. Shapiro eds., *The Oxford Handbook of Jurisprudence and Philosophy of Law*, Oxford: Oxford University Press, pp. 125-165.
HOBBES, Thomas 1996, *Leviathan* (Revised student edition), Cambridge: Cambridge University Press.
HONORÉ, Tony 1981, "Must We Obey? Necessity as a Ground of Obligation", *Virginia Law Review*, vol. 67, no. 1, pp. 39-61.
HOOKER Brad 2000, *Ideal Code, Real World: A Rule-Consequentialist Theory of Morality*, Oxford: Clarendon Press.
HORTON, John 1992, *Political Obligation*, London: Macmillan Publishers.

―― 2014, "Must Kantian Contractualism and Rule-consequentialism Converge?", *Oxford Studies in Normative Ethics*, vol. 4, pp. 34-52.

HURD, Heidi M. 1990, "Sovereignty in Silence", *The Yale Law Journal*, vol. 99, no. 5, pp. 945-1028.

―― 1991, "Challenging Authoriry", *The Yale Law Journal*, vol. 100, no. 6, pp. 1611-1677.

―― 1999, *Moral Combat*, Cambridge: Cambridge University Press.

HURLEY, Susan L. 1989, *Natural Reasons: Personality and Polity*, Oxford: Oxford University Press.

JESKE, Diane 1998, "Families, Friends, and Special Obligations", *Canadian Journal of Philosophy*, vol. 28, no. 4, pp. 527-555.

―― 2001, "Special Relationships and the Problem of Political Obligations", *Social Theory and Practice,* vol. 27, no. 1, pp. 19-40.

―― 2002, "Special Obligations", *Stanford Encyclopedia of Philosophy* (Thu. 17 Oct. 2002) (http://plato.stanford.edu/entries/specialobligations).

KING, Martin Luther Jr. 1991, "Letter from Birmingham Jail", in Hugo A. Bedau ed., *Civil Disobedience in Focus*, London: Routledge, pp. 68-84.

KLOSKO, George 1989, "Political Obligation and Gratitude", *Philosophy & Public Affairs*, vol. 18, no. 4, pp. 352-358.

―― 1992, *The Principle of Fairness and Political Obligation*, Lanham: Rowman and Littlefield.

―― 2005, *Political Obligations*, Oxford: Oxford University Press.

KRAMER, Matthew H. 1999, *In Defence of Legal Positivism: Law without Trimmings*, Oxford: Oxford University Press.

―― 2004, *Where Law and Morality Meet*, Oxford: Oxford University Press.

KRAUT, Richard 1984, *Socrates and the State*, Princeton: Princeton University Press.

LADENSON, Robert 1980, "In Defence of Hobbesian Conception of Law", *Philosophy & Public Affairs*, vol. 9, no. 2, pp. 134-159.

LEFKOWITZ, David 2004, "Legitimate Political Authority and the Duty of Those Subject to It: A Critique of Edmundson", *Law and Philosophy*, vol. 23, no. 4, pp. 399-435

LIJPHART, Arend 2012, *Patterns of Democracy: Government Forms and Performance in Thirty-Six Countries, 2nd ed*., New Haven: Yale University Press.

MacCORMICK, Neil 1979, "Law, Obligation and Consent: Reflections on Stair and Locke", *Archiv für Rechts- und Sozialphilosophie 65(3), pp. 387-411.*

MAUS, Ingeborg 1986, *Rechtstheorie und Politische Theorie im Industoriekapitalismus*, Paderborn: Wilhelm Fink Verlag.

MILLER, Dale E. 2014, "Rule Utilitarianism", in Ben Eggleston and Dale E. MILLER eds., *The Cambridge Companion to Utilitarianism*, Cambridge: Cambridge University Press, pp. 146-165.

MILLER, David 1995, *On Nationality*, Oxford: Clarendon Press.

MOORE, Michael 2000, *Educating Oneself in Public: Critical Essays in Jurisprudence*, Oxford: Oxford University Press.

NOZICK, Robert 1974, *Anarchy, State, and Utopia*, New York: Basic Books.

PARFIT, Derek 1984, *Reasons and Persons*, Oxford: Clarendon Press.

PATEMAN, Carole 1985, *The Problem of Political Obligation: A Critique of Liberal Theory*, Cambridge: Polity Press.

PERRY, Stephen 2006, "Associative Obligations and the Obligation to Obey the Law", in Scott Hershovitz ed., *Exploring Law's Empire: The Jurisprudence of Ronald Dworkin*, Oxford: Oxford University Press, pp. 183-205.

PITKIN, Hannah 1966, "Obligation and Consent II", *The American Political Science Review*, vol. 60, no. 1, pp. 39-52.

—— 1967, *The Concept of Representation*, Oakland, CA.: University of California Press.

POSTEMA, Gerald J. 1987, "The Normativity of Law", in Ruth Gavison ed., *Issues in Contemporary Legal Philosophy: The Influence of H.L.A. Hart*, Oxford: Oxford University Press, pp. 81-104.

—— 1994, "Implicit Law", *Law and Philosophy*, vol. 13, no. 3, pp. 361-387.

—— 1996, "Law's Autonomy and the Public Practical Reason", in Robert P. George ed., *The Autonomy of Law: Essays on Legal Positivism*, Oxford: Clarendon Press, pp. 79-118.

—— 2002, "Philosophy of the Common Law", in Jules L. Coleman and Scott J. Shapiro eds., *The Oxford Handbook of Jurisprudence and Philosophy of Law*, Oxford: Oxford University Press, pp. 588-622.

—— 2004, "Integrity: Justice in Workclothes", in Ronald Dworkin and Justine Burley eds., *Dworkin and His Critics: With Replies by Dworkin*, Malden: Blackwell Publishing, pp. 291-318.

RAWLS, John 1964, "Legal Obligation and the Duty of Fair Play", in Sidney Hook ed., *Law and Philosophy*, New York: New york University Press.

—— 1999, *A Theory of Justice* (rev. edn.), Cambridge: Belknap Press.

—— 2005, *Political Liberalism* (expanded version), New York: Columbia University Press.

RAZ, Joseph 1979, *The Authority of Law: Essays on Law and Morality*, Oxford: Clarendon Press.

—— 1985, "The Morality of Obedience" (Book Review), *Michigan Law Review*, vol. 83, no. 4, pp. 732-749.

—— 1986, *The Morality of Freedom*, Oxford: Clarendon Press.

—— 1990a, *Practical Reason and Norms (with new Postscript)*, Oxford: Oxford University Press.

—— 1990b, "Authority and Justification", in Joseph Raz ed., *Authority*, New York and London: New York University Press, pp. 115-141（森際康友訳「権威と正当化」，森際康友編訳『自由と権利　政治哲学論集』勁草書房，1996，139-188頁）.

—— 1994, *Ethics in the Public Domain: Essays in the Morality of Law and Politics*, Oxford: Oxford University Press.

REAUME, Denise 1989, "Is Integrity a Virtue? Dworkin's Theory of Legal Obligation", *University of Toronto Law Journal*, vol. 39, pp. 380-409.

ROSS, David 1930 → 2003, *The Right and the Good*, in Philip Stratton-Lake ed., Oxford: Oxford University Press.

SARTORIUS, Rolf 1981, "Political Authority and Political Obligation", *Virginia Law Review*, vol. 67, no. 1, pp. 3-17

SCHEFFLER, Samuel 2001, *Boundaries and Allegiances: Problems of Justice and Responsibility in Liberal Thought*, Oxford: Oxford University Press.

SCHUMPETER, Joseph A. 1942, *Capitalism, Socialism, and Democracy*, Harper & Brothers（中山伊知郎＝東畑精一訳『資本主義・社会主義・民主主義』東洋経済新報社，1995）.

SHAPIRO, Scott J. 1998, "The Difference that Rules Make", in Brian Bix ed., *Analysing Law: New Essays in Legal Theory*, Oxford: Clarendon Press, pp. 33-62.

—— 2000, "Law, Morality, and the Guidance of Conduct", *Legal Theory,* vol. 6, no. 2, pp. 127-170.

—— 2001, "Hart's Way Out", in Jules L. Coleman ed., *Hart's Postscript: Essays on the Postscript to the Concept of Law*, Oxford: Oxford University Press, pp. 149-192.

—— 2002, "Authority", in Jules L. Coleman and Scott Shapiro eds., *The Oxford HandBook of Jurisprudence and Philosophy of Law*, Oxford: Oxford University Press, pp. 382-439.

SIMMONDS, Nigel E. 2002, *Central Issues in Jurisprudence: Justice, Law and Rights, 2nd. ed.,* London: Sweet & Maxwell.

—— 2007, *Law as a Moral Idea*, Oxford: Oxford University Press.

SIMMONS, Alan J. 1979, *Moral Principles and Political Obligations*, Princeton: Princeton University Press.

—— 1993, *On the Edge of Anarchy: Locke, Consent, and the Limits of Society*, Princeton: Princeton University Press.

—— 2001, *Justification and Legitimacy: Essays on Rights and Obligations,* Cambridge: Cambridge University Press.

—— 2003, "Civil Disobedience and the Duty to Obey the Law", in R. G. Frey and Christopher Heath Wellman eds., *A Companion to Applied Ethics*, Malden: Wiley-Blackwell Publishing, pp. 50-61.

SINGER, Marcus 1961, *Generalization in Ethics: An Essay in the Logic of Ethics, With the Rudiments of a System of Moral Philosophy*, New York: Macmillan.

SMITH, Dale 2006, "The Many Faces of Political Integrity", in Scott Hershovitz ed., *Exploring Law's Empire: The Jurisprudence of Ronald Dworkin*, Oxford: Oxford University Press pp. 119-153.

SMITH, M. B. E. 1973, "Is There a Prima Facie Obligation to Obey the Law?," *Yale Law*

Journal, vol. 82, no. 5, pp. 950-976.

SOPER, Philip 1984, *A Theory of Law*, Cambridge: Harvard University Press.

—— 1987, "Legal Theory and the Claim of Authority", *Philosophy & Public Affairs*, vol. 18, no. 3, pp. 209-237.

—— 2002, *The Ethics of Deference: Learning from Law's Morals*, Cambridge: Cambridge University Press.

THOREAU, Henry D. 2014, *On the Duty of Civil Disobedience,* Creatspace.

TUSHNET, Mark 2006, "Legislative and Judicial Interpretation", in Richard W. Bauman and Tsvi Kahana eds., *The Least Examined Branch: The Role of Legislatures in the Constitutional State*, Cambridge: Cambridge University Press, pp. 355-377.

WALDRON, Jeremy 1993, "Special Ties and Natural Duties", *Philosophy & Public Affairs*, vol. 22, no. 1, pp. 3-30.

—— 1994, "Why Law—Efficacy, Freedom, or Fidelity?," *Law and Philosophy*, vol. 13, no. 3, pp. 259-284.

—— 1998a, "Custom Redeemed by Statute", in M.D.A. Freeman ed., *Current Legal Problems 1998*, vol. 51: Legal Theory at the End of the Millennium, Oxford: Oxford University Press, pp. 93-114.

—— 1999b, *Law and Disagreement*, Oxford: Oxford University Press.

—— 1999c, *Dignity of Legislation*, Cambridge: Cambridge University Press（長谷部恭男＝愛敬浩二＝谷口功一訳『立法の復権——議会主義の政治哲学』岩波書店，2003）.

—— 2001, "Normative (or Ethical) Positivism", in Jules L. Coleman ed., *Hart's Postscript: Essays on the Postscript to the Concept of Law*, Oxford: Oxford University Press, pp. 410-433.

—— 2002, "Legal and Political Philosophy", in Jules L. Coleman and Scott Shapiro eds., *The Oxford Handbook of Jurisprudence and Philosophy of Law*, Oxford: Oxford University Press, pp. 352-381.

—— 2004, "The Rule of Law as the Theater of Debate", in Justine Burley ed., *Dworkin and his Critics: With Replies by Dworkin*, Malden: Blackwell Publishing, pp. 319-336.

—— 2006a, "Principles of Legislation", in Richard W. Bauman and Tsvi Kahana eds., *The Least Examined Branch: The Role of Legislatures in the Constitutional State*, Cambridge: Cambridge University Press, pp. 15-32.

—— 2006b, "The Core of Cases against Judicial Review", *The Yale Law Journal*, vol. 115, no. 6, pp. 1346-1406.

WALKER, A.D.M. 1988, "Political Obligation and the Argument from Gratitude", *Philosophy & Public Affairs*, vol. 17, no. 3, pp. 191-211.

—— 1989, "Obligations of Gratitude and Political Obligation", *Philosophy & Public Affairs*, vol. 18, no. 4, pp. 359-364.

WALUCHOW, W. J. 1994, *Inclusive Legal Positivism*, Oxford: Clarendon Press.

WELLMAN, Christopher H. 1996, "Liberalism, Samaritanism, and Political Legitimacy", *Philosophy & Public Affairs,* vol. 25, no. 3, pp. 211-237.

—— 2000, "Relational Facts in Liberal Political Theory: Is There Magic in Pronoun 'My' ?", *Ethics*, vol. 110, no. 3, pp. 537-562.

—— 2001, "Toward a Liberal Theory of Political Obligation", *Ethics*, vol. 111, pp. 735-759.

WELLMAN, Christopher H. and SIMMONS, Alan J. 2005, *Is There a Duty to Obey the Law? For and Against*, Cambridge: Cambridge University Press.

WINSTON, Kenneth I. 2001, "Introduction", in Kenneth I. Winston ed., *The Principle of Social Order: Selected Essays of Lon L. Fuller* (rev. edn.), Oxford: Hart Publishing, pp. 26-59.

WOLFF, Robert P. 1970, *In Defence of Anarchism*, New York: Harper & Row.

WOOZLEY, Anthony D. 1979, *Law and Obedience: Arguments of Plato's Crito*, London: Duckworth.

著者紹介

横濱竜也（よこはま・たつや）

1970年　大阪府生まれ
1995年　東京大学文科３類（政治コース）卒
2008年　東京大学大学院法学政治学研究科基礎法学専攻博士課程修了。博士（法学）
2009年　首都大学東京都市教養学部法学系助教
現　在　静岡大学学術院人文社会科学領域准教授
主要著作　「悪法問題と法の公共性」井上達夫編『公共性の法哲学』（ナカニシヤ出版・2006）、「法と道徳――遵法責務問題を手掛かりにして」井上達夫編『現代法哲学講義』（信山社・2009）、「規範的法実証主義の立法理論」井上達夫編『立法学のフロンティア１　立法学の哲学的再編』（ナカニシヤ出版・2014）ほか

遵法責務論【法哲学叢書10】

2016（平成28）年８月30日　初版１刷発行

著　者　横 濱　竜 也
発行者　鯉 渕　友 南
発行所　株式会社　弘　文　堂　101-0062 東京都千代田区神田駿河台１の７
TEL 03(3294)4801　振 替 00120-6-53909
http://www.koubundou.co.jp
装　丁　笠 井　亞 子
印　刷　港北出版印刷
製　本　牧製本印刷

ISBN978-4-335-30095-0